十三經注疏校勘記

劉玉才 主編

北京大學出版社
PEKING UNIVERSITY PRESS

U0714018

春秋左傳注疏校勘記卷二十二

22—001 附釋音春秋左傳注疏卷第三十二襄十三年盡十五年　春秋正義卷第二十二。

經十三年

傳十三年

002 桓二年傳曰　淳熙本「桓」作「相」，避所諱。

003 有功成策勳　宋本「成」作「則」。案，儀禮經傳通解引亦作「則」。

004 知策勳非唯討伐之功　閩本、監本、毛本「唯」改「惟」。×

005 注魯師至言之　宋本以下正義四節揔入「弗地日入」注下。

006 師是衆人揔名　宋本「人」下有「之」字，是也。

007 或用小師　閩本、監本、毛本「小」作「少」。

008 故注辯之　閩本、監本、毛本「辯」作「辨」。×

009 與滅亦同　毛本「同」作「名」，非也。

010 不爲巳有　宋本「巳」作「己」，是也。×

011 昔臣習於知伯　纂圖本、毛本「知」作「智」，非。

012 以從於下軍　石經「以從於下」四字是改刻，疑初刻脱一字。

013 晉侯至禮也　宋本以下正義三節揔入「恒必由之」注下。

014 皆以什討之　宋本、閩本、監本、毛本「討」作「計」，是也。×

015 欒黶爲汰　石經、宋本「汰」作「汏」，是也，與葉

抄釋文合。 ×

016 言文王之法善也　毛本「之」作「用」。 ×

017 小人農力以事其上　石經初刻作「展力」，後改「農」。陳樹華云：「魏了翁讀書襍抄曰『農力乃農用八政之農，厚也』，是也。」按，古文鴻範「農用八政」，鄭云「農讀曰『醲』」。❶

018 獲保首領以殁於地　釋文亦作「殁」，「音没」。石經、宋本、岳本、足利本作「没」。案，傳文前後多作「没」。

019 注窀厚至葬埋　宋本以下正義二節揔入「大夫從之」注下。

020 窀厚也　宋本「窀」作「屯」，與晉語合。

021 從月半見　宋本「見」作「是」，非也。

022 夜字從夕　宋本「夜」作「穸」，是也。

023 故長夜謂葬理也　宋本、閩本、監本、毛本「理」作「埋」，不誤。 ×

024 禮三年之喪畢　宋本無「之」字。 ×

025 則以遷新主入廟　宋本「則以」二字作「遠祖遞」三字。各本作「主」，此本誤「士」，今訂正。

026 是從先君之近也　宋本作「謂與見在生者爲禰廟」。

027 赫赫楚國　石經「楚」字改刊。

028 則致罪也　陸粲附注云：「『罪』字誤，當作『亂』字。」

029 詩小雅南山之篇　宋本「雅」下有「節」字。

030 注土功至爲時　宋本此節正義在「禮也」句下。

031 水昏正而栽　「水昏正而」四字此本實缺，據宋本補。閩本、監本、毛本「栽」作「裁」，非也。

032 故以此時興土功　「以此時興」四字此本實缺，據宋本補。閩本、監本、毛本「以此時興」作「得用力於」，非也。

033 當在火見致用之前此歲農收差早　「之前此歲」四字此本實缺，據宋本補。閩本、監本、毛本「此歲」誤作「當時」，此本「農」作「震」，亦非。

034 故云土功雖有常節通以事閒爲時　「有常節通」四字，此本實缺，據宋本、閩本、監本、毛本補。

035 言時節未是時　此本「是」字實缺，據宋本、閩本、監本、毛本補。

036 故言書事時也釋例曰　「事時也釋」四字，此本實缺，據宋本、閩本、監本、毛本補。閩、監、毛「釋」誤「經」。

037 故傳曰　毛本「故」誤「大」。　×

038 書事時也言興作出火　「時也言興」四字，此本實缺，據宋本補。閩本、監本、毛本「言興」作「此字」，非也。

039 於是將早城　諸本作「早」，此本誤「皁」，今訂正。

040 征謂巡守征行　各本作「守」，釋文云「下同，本又作『狩』」。

041 注先征至征行　此本「注」上脱「疏」字，宋本以下正義五節揔入「楚人歸之」句下。

042 而卜其吉凶也者以謂征前五年而預卜之也　「也者以」三字，宋本無，此本作墨釘。「之也」上「卜」字誤「小」，依宋本、閩本、監本、毛本改正。

043 先王之行謹慎而卜必是禮之大

者　「慎而卜必是」五字，此本實缺，據宋本補。閩本、監本、毛本「慎而卜必」作「敬之至況」，非也。

044 征謂巡守也征行釋言文也　「也征行釋言」五字，此本實缺，據宋本補。閩本、監本、毛本脱上「也」字，「釋言」誤作「之禮」。

045 案尚書舜典云五載一巡守　「典云五載一」五字，此本實缺，據宋本補。閩本、監本、毛本「典」誤「時」，脱「云」字。

046 堯又可知周禮大行人云　「周禮大行人」五字，此本實缺，據宋本補。閩本、監本、毛本「知」下衍「矣」字，「禮大行人」誤作「官又」。

047 天子五年一巡守鄭元云　「巡守鄭元」四字，此本實缺。據宋本補。閩本、監本、毛本「鄭元」二字誤作「傳」字。

048 虞夏之制也周則十二歲一巡守　「制也周則十」五字，此本實缺，據宋本補。閩本、監本、毛本脱「也」字。

049 一巡守然則卜征五年　「巡守然則卜」五字，此本實缺，據宋本補。閩本、監本、毛本「然則」作「是」字，非也。

050 蓋重古而言之　「蓋重古而言」五字，此本及閩本實缺，依宋本、監本、毛本補。

051 周十二年一巡守法歲星行天一周也　「守法歲星行」五字，此本實缺，據宋本補。閩本、監本、毛本「法」誤「者」，脱「行」字。

052 虞夏五年一巡守取五行遞王而偏也　「年一巡守取」五字，此本實缺，據宋本補。閩本、監本、毛本「守」誤「者」，「王」誤「主」，脱「取」字。

053 而歲習其祥祥習則行　鄭注禮記表記、周禮大卜正義引傳「習」作「襲」。案，習，古文「襲」字。

054 **五年五卜** 此本下「五」字實缺，據宋本、岳本、足利本補。淳熙本作「王」，纂圖本、閩本、監本、毛本作「習」，亦非。

055 **乃巡狩** 釋文「狩」作「守」。 ×

056 **祥善也歲因其善謂去年吉** 「也歲因其善」五字，此本實缺，據宋本補。閩本、監本、毛本脱「因」字，「歲」作「習」，「善」作「祥」，并非。

057 **謂五年五吉善善相因** 「善善相因」四字，此本實缺，據宋本補。閩本、監本、毛本「善善相因」作「歲歲因襲」，非也。

058 **而得五年五卜者卜不習吉** 「年五卜者卜」五字，此本實缺，據宋本補。閩本、監本、毛本「五卜」誤「言」字，下「卜」字誤「彼」。

059 **謂不可一時再卜耳此則每年一卜** 「再卜耳此則」五字，此本實缺，據宋本補。閩本、監本、毛本「再卜」誤「重吉」，脱「耳」字。

060 **不習則增脩德而改卜** 石經「脩」字下後人旁增「其」字，非唐刻也。釋文「不習則增」絶句，云「一本無『增』字，則連下揔爲句」。毛本「脩」作「修」，非。❷

061 **不習謂卜不吉** 「習」字此本空闕，據各本補。

062 **其善不因往年** 「善不因往年」五字，此本實缺，據宋本補。閩本、監本、毛本「善」作「曰」，「因往」作「習者」，並誤，「年」字亦脱。

063 **脩德改卜更以卜吉爲始** 「卜更以卜吉」五字，此本實缺，據宋本補。閩本、監本、毛本上「卜」字誤「行」，脱「更」字，「卜吉」誤「六年」。

064 **不能脩德與晉競** 「不」字、「與」字此本實缺，「能」誤「龍」，據宋本、淳熙本、岳本、閩本、監本補正。纂圖本、毛本「脩」作「修」。

065 焉用之　釋文曰：「本或作『焉將用之』。」　×

066 貴者多則勢相偪　毛本「貴」誤「責」。

067 位不偪則大臣和睦　「位不偪則」四字，此本實缺，據宋本補。閩本、監本、毛本脱「位」字。

068 以牢固事於晉　「以牢固事」四字，此本實缺，據宋本補。閩本、監本、毛本「牢固」二字誤作「堅」。

069 使歸至愈乎　「使」字此本實缺，據各本補。

070 其意欲得楚執良霄　「得」字此本實缺，據宋本補。閩本、監本、毛本作「使」。

經十四年

071 十四年注叔老至鄭地　宋本無「十四年」三字。

072 唯書使王　宋本、閩本、監本、毛本「王」作「主」。　×

073 故諸失國者　閩本、監本、毛本「諸」下有「侯」字，宋本同，脱「失」字。

傳十四年

074 故比年伐魯　宋本「比」作「此」字。按，「此」字非是。十年秋「莒人伐我東鄙」，十二年春「莒人伐我東鄙，圍台」，十四年夏「莒人侵我東鄙」，故曰「比年伐魯」。

075 四嶽之後皆姓姜　宋本、淳熙本、岳本、足利本「姓姜」作「姜姓」，是也。

076 傳注四嶽至燉煌　宋本無「傳」字，以下正義五節揔入「而益敬其使」注下。

077 從孫同姓未嗣之孫　宋本「未」作「末」，不誤。　×

078 被苫蓋蒙荆棘　宋本此節正義在「蓋苫之别名」條前。

079 蓋言語漏洩　淳熙本「洩」作「泄」，是也。李善注文選贈文叔良詩、任彦昇奏彈曹景宗引作「漏渫」。

080 秦本實其土地而遷也　宋本「實」下有「貪」字，「也」上有「之」字。閩本、監本、毛本脱「實」字。

081 裔遠也　岳本脱「也」字。

082 狐貍所居　岳本依釋文作「狸」。案，説文無「狸」字，陸氏云「本又作『貍』」。

083 無中二也　纂圖本、毛本「中」作「有」，非也。

084 取其愷悌君子　釋文「愷」作「凱」，「下及注同」。案，下文石經及各本並作「愷」，淳熙本作「榿」，謬。

085 齊子叔老字也　顧炎武云：「齊子，叔老謚也，注作字，蓋傳寫之誤。」

086 曹君公子負芻也　毛本「君」誤「召」。

087 事在成十三年　毛本「在」誤「化」。 ✕

088 詩邶至必濟　宋本以下正義三節揔入「爲之請於晉而復之」注下。

089 繇帶以上爲厲　閩本、監本「上」作「止」，非也。

090 夫苦匏不豹　宋本、閩本、監本、毛本「豹」作「材」，不誤。 ✕

091 左史晉大夫　宋本、岳本、足利本「夫」作「史」。

092 故曰吾帥　淳熙本「帥」作「師」，非也。

093 吾今實過　宋本、岳本、監本、足利本「今」作「令」，與石經合。

094 遷延却退　纂圖本「退」誤「進」。×

095 士鞅反　顧炎武云：「石經『反』誤『及』。」案，石經此處刓缺，所據乃王堯惠刻也。

096 欒黶汰侈　宋本「汰」作「汏」，淳熙本作「去」。

097 秦伯問於士鞅曰　淳熙本「問」誤「門」。

098 召公奭聽訟於甘棠之下　宋本、足利本「訟」下有「舍」字。淳熙本「甘」誤「世」。

099 勑戒至宴食　宋本以下正義十二節摠入「欲無入得乎」注下。

100 二子欲則爲宴食　宋本「則」作「共」，是也。×

101 明皮冠是田獵之冠也　毛本「明」作「昭」，非也。

102 王見之去皮冠　案，昭十二年傳作「去冠被」。

103 所以怒也　毛本「怒」誤「忘」。

104 居河之麋　釋文云：「麋，本或作『湄』。」×

105 公如郵　閩本、監本「如」作「于」，非也。

106 使子行於孫子　石經「子行」二字改刊，此行只九字，初刻尚有一字。山井鼎云「足利本後人記云『子行下，異本有請字』」，然則石經刊去之字即「請」字也。

107 敗公徒于河澤　石經、宋本、淳熙本、岳本、纂圖本、監本、毛本「河」作「阿」，不誤。案，水經河水注引傳作「柯澤」。

108 射爲禮乎　石經「爲」字改刊；釋文云「或一讀『射而禮乎』」，疑石經「爲」字初刻乃「而」字也。

109 孟子辯士之説　閩本、監本、毛本「辯」作「辨」。

110 輈車軛下曲者　宋本無「車」字，與今說文同。

111 告宗廟　宋本、淳熙本、岳本、足利本「廟」下有「也」字。

112 公使厚成叔弔于衛　釋文：「厚，本或作『郈』。」「弔于衛，本或作『弔于衛侯』，『侯』衍字也。」案，李注文選稽康哀憤詩引作「郈成叔」。惠棟云：「呂氏春秋有郈成子，與右宰穀同時，以傳考之，即厚成叔也。『厚』與『郈』通，世本作『厚』，外傳作『郈』，禮記作『后』，左氏或作『厚』，或作『郈』，字異而實同。」

113 余狐裘而羔袖　石經「余」下後人旁增「猶」字，非也。

114 玉藻云　監本「玉」誤「王」。　×

115 臧紇如齊唁衛侯　釋文云：「唁，徐作『⿰歹言』字。」按，「⿰歹言」字，古書少有。

116 與之言　淳熙本、岳本「與」之上有「衛侯」二字，與石經合。

117 注成國大國　宋本此節正義在「故舍之」注下。

118 賜之以方百里二百里三百里之地者方四百里以上爲成國　按，此與今周禮注不同，而不可據改。

119 仰之如日月　釋文「仰」作「印」，云「本亦作『仰』」。　×

120 敬之如神明　石經初刻作「明神」，改刻「神明」。

121 畏之如雷霆　釋文云：「霆，本亦作『電』。」　×

122 夫君神之主也民之望也　宋本、淳熙本、岳本上「也」字作「而」，與石經合。

123 若困民之主匱神乏祀　釋文亦作「乏」，云

「本或作『之祀』，誤也」。沈彤云：「『主』當作『生』，『乏』當作『之』。」按，國語亦有此文。

124 注賞謂宣揚　宋本以下正義十節摠入「必不然矣」注下。

125 各有父兄子弟　淳熙本「兄子」二字誤倒。

126 無目眹謂之瞽　宋本「眹」作「眹」，下文同。按「眹」乃俗字，説文有「眹」無「眹」，眹之言縫也。

127 是言瞽爲歌詩之事　宋本「事」下有「也」字。

128 以歌誦小別　閩本、監本、毛本「以」作「與」。

129 以恩親正君曰規　此本「恩」字模糊，依宋本、正德本、閩本改正；監本、毛本「恩親」作「愚見」，非也。

130 故云規正諫誨其君　閩本、監本、毛本「君」下有「也」字。✕

131 聞君過則誹謗　宋本、足利本「則」作「得」。陳樹華云：「玩正義中『聞君過失不得諫，争得在外誹謗之』之文，則諸本作『則』者非也。」釋文「誹」作「非」，云「本或作『誹』」。

132 昭四年　閩本、監本、毛本「昭」上誤增「〇」。

133 遒人以木鐸徇于路　淳熙本「于」作「於」。與石經合，釋文亦作「於」。注内「徇於路」「於」字，纂圖本、監本、毛本作「于」，非。閩本、監本、毛本「徇」作「狥」，亦誤，正義及下注同。

134 遒人行令之官也　宋本、淳熙本、岳本「令」作「人」，是也。✕

135 木舌金鈴　釋文「鈴」下有「也」字。

136 以其云徇於道路　監本、毛本「於」改「于」。✕

137 天之愛民甚矣　淳熙本「天」誤「夫」。

138 以從其淫　釋文云：「從，本或作『縱』。」

139 殿軍後　纂圖本、監本、毛本「軍」、「後」互倒。

140 右我先王　詩伐木正義引作「佐我先王」。

141 師保萬民　宋本以下正義二節摠入「無廢朕命」注下。

142 王室之不壞　釋文云：「服本『壞』作『懷』。」

143 無忝乃舊　纂圖本、監本、毛本「舊」作「舅」，非也。

144 仲虺至道也　宋本以下正義二節摠入「齊人始貳」注下。

145 有亡形則侮之　案，作「形」，與譌孔傳合，毛本「形」作「刑」，非也。

146 假羽毛於齊而弗歸　案，「毛」乃「旄」之誤，當改正，注同。經典「旄」誤爲「毛」者，不止此一處也。

147 王者游車之所建　案，孟子梁惠王疏引注文作「斿車」。

148 游車載旌　案，周禮「游」作「斿」。

149 所謂注旄於干首也　閩本、監本「旄」作「毛」，非也。

150 則旌旗有是綏者　毛本「綏」作「緌」，非也。段玉裁周禮漢讀考云：「『是綏』乃『徒綏』之誤。」

151 綴於幢上　宋本「幢」作「橦」，是也。

152 所謂注旄於干首者　閩本、監本「旄」作「旌」，非。毛本「干」誤「于」。

153 釋天云　閩本、監本、毛本「天」誤「文」。

154 以旄牛尾者旌首者也　宋本上「者」字作「著」，是也。

155 縣之於干　監本「干」誤「于」。×

156 計羽毛所用真費無多　毛本「真」作「直」，亦非；宋本作「其」，是也。×

157 子囊欲訖而未暇　淳熙本「暇」作「假」，非也。

158 言德行歸於忠信　纂圖本、監本、毛本「於」作「于」。

159 即爲萬民所瞻望　淳熙本「瞻」作「膽」，誤。×

160 ○注云城郭之域曰都　宋本、毛本無「○」，是也。浦鏜正誤云「『注』當作『箋』」，是也。

161 所行要歸於忠信　毛本「所」誤「人」。×

經十五年

162 十五年及向戌盟于劉　宋本無「十五年」三字。以下正義二節摠入「夏逆王后于齊」注下。

163 荀庚孫良失郤犨等來聘　宋本、閩本、監本、毛本「失」作「夫」，不誤。監本「郤」作「卻」，非也。×

164 皆望經傳爲義也　閩本、監本、毛本「傳」下衍「以」字。

傳十五年

165 尤責過也　纂圖本、毛本「責」誤「貴」。

166 是友于兄也　監本「友」誤「反」。×

167 無所隱諱也　宋本無「也」字。

168 劉夏右尚是也　宋本、閩本、監本、毛本「右」作「石」。

169 此公既行矣　閩本、監本「既」作「就」，非。

170 子馮叔敖從子　宋本以下正義四節揔入「所謂周行也」注下。

171 杜集解及釋例　毛本「解」作「云」，非也。

172 詩人嗟嘆　宋本、淳熙本、岳本「嘆」作「歎」。

173 甸采衛五服之名也　纂圖本、閩本、監本、毛本脱「也」字。

174 詩注以周行　浦鏜云「『注』當作『傳』」，是也。

175 亂在十年　毛本「十」誤「卜」。×

176 三月公孫黑爲質焉　宋本「三」作「二」。

177 公孫黑子晳　纂圖本、閩本、監本、毛本「晳」誤「晢」，後同。

178 三人堵女父尉翩司齊　毛本「堵」誤「者」，山井鼎云當作「堵」。

179 鄭人醢之三人　宋本此節正義在「子罕聞之」節注下。

180 故言之三人　宋本無「之」字。

181 豈其以千乘之相　宋本作「豈以其」，誤。

182 是重淫樂而輕相國　宋本、足利本「相國」作「國相」，是也。

183 爲明年會溴梁傳　宋本、淳熙本、岳本、纂圖本「溴」作「湨」。

184 不若有其寶　宋本「若」下有「人」字，是也。此節正義在「富而後使復其所」注下。

185 是我女二人各有其寶　宋本「女」上有「與」字。

186 鄭人奪堵狗之妻　釋文「狗」作「茍」，云「本或作『狗』」。×

187 鄭人既誅女父　淳熙本「誅」誤「詵」。

附釋音春秋左傳注疏卷第三十二

188 附釋音春秋左傳注疏卷第三十三襄十六年盡十八年　石經春秋經傳集解襄三第十六，岳本「襄」字下增「公」字，並盡二十二年。

經十六年

189 十六年注踰月而葬速　宋本無「十六年」三字。

190 杜云踰月而葬速也　監本、毛本「云」作「公」，非是。×

191 故杜宏通兩解之　宋本「之」作「也」。

192 三月公會晉侯至溴梁　石經、宋本、岳本「溴」作「湨」，下同，釋文同。案，臭聲與臭聲迥别。陸氏公羊音義云「狊，本又作『湨』」，今公羊亦作「湨」。

193 不書至故也　宋本以下正義二節摠入「大夫盟」注之下。

194 刺大夫不臣也　毛本「不」作「之」，非也。×

195 又隔袁僑如會　宋本「又」作「文」。

196 十五年邾人伐我南鄙　毛本「邾」作「莒」，非也。

197 乃是自歸晉國　毛本「晉」作「于」，非也。

198 取其事也　宋本「取」作「是」，不誤。

199 圍郕　宋本、岳本「郕」作「成」，與石經合，傳同。案，公羊、穀梁皆作「成」。

傳十六年

200 悼公子彪　釋文「彪」下有「也」字，諸本脱。

201 傳羊舌肸爲傳　監本「傳」作「注」，非也。宋本、毛本脱「傳」字。宋本以下正義四節揔入「速遂塞海陘而還」注下。

202 士渥濁爲大傳　閩本亦誤作「傳」，下同；宋本、監本、毛本作「傳」，是也。

203 ○宣十六年　宋本「○」無，浦鏜正誤云「『宣』上當脱『注代士渥濁』五字」。

204 無忌子也　宋本、足利本無「也」字。

205 晉人歸諸侯　淳熙本「人」作「候」，非也。

206 故得會鄭伯　宋本、足利本脱「故」字。

207 乃其書策　宋本、閩本、監本、毛本「乃」作「及」，是也。　×

208 魯非實在先　宋本、閩本、監本、毛本「先」下有「也」字。　×

209 傳稱稱在禮　宋本、閩本、監本、毛本「稱」字不重，是也。　×

210 據用魯矣成文　宋本、監本、毛本「矣」作「史」，不誤。　×

211 以報宋揚梁之役　足利本「揚」作「楊」，注同。石經初刻从木，後改从扌，説詳十二年。

212 秋齊侯圍郕　監本「郕」作「成」，是也，注同。

213 貳晉故伐魯　淳熙本「貳」作「二」，非。

214 孟孺子速徼之　釋文：「孺，本又作『孺』。速，本亦作『遬』。」　×

215 注禘祀至吉祭　宋本以下正義三節揔入「宣子曰」節注下。

216 知其禘祀　宋本「其」作「此」，與續儀禮經傳通解引合。

217 以齊人之朝夕釋憾於敝邑之地　釋文「憾」作「感」，云「本亦作『憾』」。案，羣經音辨云：「感，恨也，動也，户暗切，春秋傳『朝夕釋感於敝邑』。」

218 圻父予王之爪牙胡轉予于恤　「胡轉予于恤」五字，此本實缺，依宋本補。毛本上「予」字誤「子」，閩本「爪」作「八」，亦非。×

219 女何移我於憂使我無所止居乎　「我於憂使我」五字，此本實缺，據宋本補。閩本、監本脱「我」字，毛本脱「於」字。×

220 與姜戎戰於千畝爲敗之時也　「戰於千畝」四字，此本實缺，據宋本補。閩本、監本、毛本「爲」作「而」，宋本同。×

221 哀鳴嗸嗸　此本下「嗸」字作「嗷」，今改正。

222 謂我劬勞　淳熙本「謂」作「爲」，非是。

經十七年

223 弁縣東南有桃虚　閩本、監本、毛本此注入「闈桃」下。

224 不知其實以冬出　宋本「不」作「下」，屬上句讀。

225 不在九月内耳　宋本「不」作「當」。

傳十七年

226 傳十一年　石經、宋本、淳熙本、岳本、纂圖本、足利本「一」作「七」，不誤。❸

227 飲馬于重丘　釋文「飲」上有「遂」字。

228 重丘人閉門而詢之　宋本「閉」誤「閑」。

229 親逐至爲厲　宋本以下正義二節揔入注文「晉人執石買傳」下。

230 或可事由孫蒯故決之　閩本、監本、毛本「可」作「曰」。

231 齊人以其未得志于我故　淳熙本、纂圖本「于」作「於」，非也。

232 前年圍成辟孟孺子　毛本「成」改「郕」。

233 郰叔紇　岳本「郰」作「鄹」，釋文同。

234 抑君賜不終姑又使其刑臣禮於士　石經此行「君」字起，「刑」字止，此行只九字，非初刻也。

235 以杙抉其傷而死　釋文云：「傷，一本作『瘍』。」

236 曰畀余而大璧　閩本、監本「璧」誤「壁」。

237 苟過華臣之門必騁　顧炎武云：「石經『騁』誤『聘』。」案，石經此處不誤，炎武非也。

238 不如蓋之　宋本以下正義二節摠入「遂奔陳」注之下。

239 左師經鷹鸇之志　宋本、毛本「經」作「無」，是也。監本「無」字改刊。

240 國人逐瘈狗瘈狗入於華臣氏　釋文云：「瘈，字林作『狾』。」案，說文「狾」字下引春秋傳曰「狾犬入華臣氏之門」，漢書五行志引亦作「狾」，是左傳古文本作「狾」也。諸本無「之門」字，惟論衡感類篇引與說文同。

241 妨於農功　石經、宋本、淳熙本、岳本、纂圖本、足利本「功」作「收」，釋文同。

242 澤門之晳　纂圖本、閩本、監本、毛本「晳」作「晢」，注同。案，晢乃明晢之晢，从日，折聲，與此从白、折聲異也。石經及各本作「澤門」，釋文云「本或作『臯』者誤」。案，詩大明、緜正義引作「臯門之晳」。惠棟云：「古『臯』、『澤』字相同。孫叔敖碑云『收九罣之利』，婁壽以爲『澤』字。但『臯』字白下本，『睪』爲四下羍，本一字，漢碑從四、下羊者誤。上林賦云『亭臯十里』，服虔注云『臯，澤也』。詩『鶴鳴于九皋』，王仲任、薛夫子皆以爲『九折之澤』。諸侯本有皋門，何獨宋不然也。」

243 **親執扑** 釋文亦作「扑」，足利本作「朴」。石經初作「朴」，後唐玄度挍正從扌，是也。

244 **注闔謂門户閉塞** 宋本此節正義在注文「傳善子罕分謗」之下。

245 **晏嬰麤縗斬** 釋文「麤」作「麄」，云「本又作『麤』」；「縗」作「衰」，云「本又作『縗』」。案，説文無「麄」字；鄭注禮記雜記、後漢書東海恭王傳注、李善注文選解嘲、注齊竟陵文宣王行狀引傳文並作「麤斬衰」；陸氏以「縗」爲「又作」之字。按，「縗」見説文，乃喪服正字，而經典多假「衰」爲之。

246 **注斬不至升布** 宋本以下正義五節揔入「曰唯卿爲大夫」節注下。

247 **故云有胷前也** 宋本、毛本「有」作「在」，是也。

248 **布之最麄** 宋本「麄」作「麤」，下同。

249 **取甚麤也** 宋本、淳熙本、岳本、纂圖本、足利本「甚」作「其」，不誤。

250 **杖竹杖也** 宋本「杖」上有「苴」字。按，喪服傳作「苴杖竹也」。

251 **絞帶兮繩帶也** 監本、毛本「兮」作「弓」，亦非；宋本作「者」，與喪服傳合。

252 **首是四體所先** 閩本、監本、毛本「所」作「之」。

253 **又有絞帶** 宋本「帶」下有「要」字。

254 **食鬻** 案，鄭注禮記雜記、漢書東海恭王傳引作「食粥」。

255 **注此禮與士喪禮至正文** 宋本無「與士喪禮」四字。

256 及士喪禮記　監本、毛本「及」作「乃」，非也。

257 同木爲廬　閩本、監本、毛本「同」作「用」，亦非；宋本作「倚」，是也。

258 苫編藳也　宋本「藳」作「藁」。

259 詩之所行　宋本、淳熙本、岳本、纂圖本、監本、毛本「詩」作「時」，不誤。

260 行從大夫之法　宋本「行」作「得」，是也。

261 義服齊服六升　宋本下「服」字作「衰」，是也。

262 義服小功十二升　毛本「升」誤「月」。

經十八年

* 十七年于阿陵　補：諸本「阿」作「柯」。

傳十八年

263 執孫蒯于純留　釋文云：「地理志作『屯留』。」

264 厲公獻子所弒者　釋文「弒」作「殺」。淳熙本脱「者」字。

265 首隊於前　石經「隊」作「墜」，俗字。

266 獻子以朱絲係玉二瑴　岳本「瑴」作「瑴」，與釋文合。

267 齊環怙恃其險　石經「齊」下後人旁增「侯」字。

268 注彪晉至末臣　宋本此節正義在「南及沂」注下。

269 平陰城在濟北盧縣東北　陳樹華云：「案，酈道元水經注八引注文『縣』下有『故城』二字。」

270 平陰至書圍　宋本以下正義三節揔入注

文「彪晉至末臣」節之後。

271 形猶在　宋本「形」上有「地」字，是也。

272 又門于場門　宋本「場」作「揚」，是也。

273 僞以衣服爲人形也　宋本、足利本「服」作「物」，淳熙本作「旆」，非。

274 以揚塵　淳熙本「揚」作「楊」，非。

275 齊師其遁　淳熙本「其」誤「之」。

276 曰有班馬之聲　郭注爾雅釋言引作「般馬之聲」。案，「班」、「般」古字通。

277 乃代之殿　淳熙本「代」誤「伐」。

278 故塞其首　宋本、淳熙本、岳本、纂圖本、閩本、監本、毛本「首」作「道」，是也。×

279 欲使晉得之心　宋本、淳熙本、岳本、足利本無「心」字，纂圖本作「也」，亦非。此本「心」下有「隘於懈反」四字，乃釋文而誤入者。❹

280 數目頭脰　宋本「頭」作「顛」，不誤。

281 稱宋萬愽閔公　宋本、毛本「愽」作「搏」，不誤；閩本、監本作「摶」，非也。

282 乃弛弓而自後縛之　釋文云：「弛，本又作『施』，音同。」閩本、監本「縛」作「縳」，非也，下同。

283 反縛之　岳本「之」作「也」。

284 平陰西有邿山　淳熙本「山」誤「出」。此本「山」下有「邿音詩」三字，乃釋文而誤入者。

285 及秦周伐雍門之萩　惠士奇云：「呂氏春秋慎大篇曰『齊達子率其餘卒，以軍於秦周』，高誘注曰『秦周，齊城門名也』。案，『秦周』當是齊地名，杜注以爲魯大夫，失之。」閩本「萩」誤「荻」，釋文云「本又作『秋』」。按，「萩」者，「楸」之假借字，如史、漢貨殖傳「千樹萩」即「千樹楸」也。

286 孟莊子斬其橁以爲公琴　淳熙本「橁」誤

「椅」，注同。監本「琴」誤「雍」。惠棟云：「公琴，頌琴也，『頌』與『公』古字通。」按，惠棟語非。

287 范鞅門于揚門　石經初刻「揚」字木旁，後改扌。

288 左驂迫還干東門中　石經、宋本、淳熙本、岳本、足利本無「東」字，是也。傳之門，即上文之東閭。

289 數其枚示不恐　宋本、淳熙本、岳本「枚」作「板」，是也。

290 東侵及濰　各本作「濰」；葉抄釋文作「維」，云「本亦作『濰』」。

291 使楊豚尹宜　石經、宋本、淳熙本、岳本、足利本「楊」作「揚」，釋文同。

292 死將不能先君之禮　宋本、淳熙本、岳本、足利本作「死將不得從先君之禮」。

293 旃然水出熒陽城皋縣　宋本、監本、毛本「熒」誤「滎」。城皋，宋本、纂圖本、監本作「成皋」。按，水經注引同。❺

294 蔿子馮　釋文「蔿」作「薳」，云「本又作『蔿』」。案，二字同。張參五經文字序例云「蔿、薳同姓，春秋互出」，是也。

295 在熒陽密縣東北　案，劉昭郡國志引「東北」作「西北」。

296 甚雨及之　案，惠棟云「甚，古文『湛』字，見詛楚文。莊子天下篇云『沐甚雨，節疾風』，崔譔本『甚』作『湛』，音淫，湛雨猶久雨也。或云檀弓云『雨甚至』『甚』當讀如字，亦通也」。按，後説是。

297 楚師多涷　石經、淳熙本「涷」作「凍」。案，毛氏六經正誤云：「作『涷』誤。『涷』音東，夏月暴雨曰『涷』，非凍冱之『凍』。『凍』從冫，冫與冰同。」

298 故曰不競也師也　宋本、淳熙本、岳本、足利本無「師也」二字。

299 **雨甚及之**　宋本以下正義五節揔入「叔向曰」節注下。❻

300 **逐及楚師**　閩本、監本、毛本「逐」作「遂」。

301 **注歌者至彊弱**　監本、毛本「彊」作「强」，與注合。

302 **艮風調**　宋本、閩本、監本、毛本作「艮」，此本誤「良」，今改正。

303 **坤風凉**　宋本「凉」作「涼」，是也。

304 **歲君右行於天**　宋本、監本、毛本「君」作「星」，是也。

305 **夏之中月**　宋本、監本、毛本「中」作「十」，不誤。

附釋音春秋左傳注疏卷第三十三　止

附釋音春秋左傳注疏卷第三十四　襄十九年盡二十一年

經十九年

306 **十九年公至自伐齊**　宋本無「十九年」三字。

307 **爲其亟伐**　宋本「伐」下有「也」字。

308 **以郭水爲界也**　宋本、淳熙本、岳本、纂圖本、閩本、監本、毛本「郭」作「漷」，是也。

309 **漷水出東海合鄉縣**　各本作「海」，宋本誤作「北」。

310 **十七年自盟于柯陵**　閩本、監本、毛本「自」作「同」，是也。

311 **泰山南武城縣**　錢大昕云：續漢志、宋、齊、隋志皆作「南城」，晉書列傳中亦無「武」字，唯志有之，係誤衍。杜注哀十四年傳作「南城」，劉昭注續漢志引注文亦是「南城」。此「武」字必後人誤加也。❼

傳十九年

312 督揚即祝柯也　淳熙本「揚」作「楊」，非也。

313 傳注邾田至邾田　宋本無「傳」字。以下正義三節揔入「賦六月」注下。

314 唯無完路　宋本、淳熙本、岳本、纂圖本、毛本「完」作「先」。

315 荀偃癉疽　案，玉篇「疽」字下引左氏傳云「荀偃疽疽生瘍於頭」，「疽疽，惡創也，亦作『癉』」。

316 不可含　顧炎武云：「石經『含』誤作『舍』。」案，石經此處刓缺，所據乃王堯惠刻也。釋文云：「含，本亦作『唅』，下同。」論衡死僞篇、李注文選潘安仁馬汧督誄引並作「唅」字。按，「唅」乃俗字，「含」乃古字，許氏說文則作「琀」。

317 其爲末卒事於齊故也乎　石經「也」字起一行，計十二字，惜碑刓缺，不可考矣。

318 所不嗣事于齊者　顧炎武云：「石經『事』誤『是』。」案，石經「事」字上半尚存，炎武誤。

319 其天下輯睦　釋文云：「輯，本又作『集』。」李注文選王元長永明十一年策秀才文引傳作「集睦」。案，「集」、「輯」古字通。

320 百穀　正義曰穀之種類極多言百舉成數也　此段正義宋本在上節正義「略言其病創耳」之下，各本皆脫。❽

321 作林鍾而銘魯功焉　石經、宋本、淳熙本、岳本、纂圖本、閩本、監本、毛本「鍾」作「鐘」，注同。

322 注林鍾律名鑄鍾聲應林鍾因以爲名　各本「鍾」作「鐘」，下同。宋本「律名鑄鐘聲應林鐘因以」十字作「至」字，以下正義二節揔入「亡之道也」注下。

323 古之神聲　宋本「聲」作「瞽」，與國語合。

324 天子令德　顧炎武云：「石經『天』誤『夫』。」案，石經此處刓缺，所據乃謬刻也。

325 當言時既功時計功　案，「時既功」三字衍文，宋本、監本、毛本無。

326 亡之道也　石經「之」字下後人旁增「之」字，非也。

327 鬷聲姬　纂圖本、監本、毛本「鬷」作「鬷」，非也。

328 諸子仲子戎子　釋文「仲」作「中」，云「亦作『仲』，下皆放此」。　×

329 廢立嫡之常　釋文「嫡」作「適」，云「本或作『嫡』」。　×

*遂專大子光　補：諸本「專」作「東」，「專」字誤也，今改正。

330 廢而徙之東鄙　淳熙本「徙」誤「徒」。

331 注終言之　宋本以下正義三節揔入「禮也」注下。

332 故傳終言之　宋本「故」下有「知」字。

333 還若事未畢之辭也　浦鏜正誤「若」作「者」，考文同，與穀梁合。

334 宜樿帷而歸命乎　宋本、閩本、監本、毛本「樿」作「墠」，是也。

335 范宣子言於晉侯　各本作「於」，詩周頌臣工正義引作「言諸晉侯」。

336 而勸之濟涇　宋本「濟」字空缺。

337 與比並賜諸侯之卿　閩本亦作「比」；宋本、監本、毛本作「此」，是也。

338 故言其用無常也　宋本「無」作「非」。

339 膏肓何休以天子車稱大路　案，一本改作「何休膏肓」，是也。

*守手反　補：諸本「手」下有「又」字。

340 士子孔亦相親也　石經、宋本「士」作「二」，不誤。

341 司徒孔實相子革子良之室　石經「徒」字下後人旁增「子」字，非也。

342 司徒孔與三父相親　宋本、淳熙本、岳本、纂圖本、毛本「三」作「二」，是也；監本二字模糊。

343 見衛至乃登　宋本以下正義二節摠入「醢衛于軍」句下。

344 服虔引彭仲博云　閩本、監本、毛本「博云」作「傳文」，非也。

345 仲博以爲齊侯號衛　閩本、監本、毛本「博」誤「傳」。

346 何故下文方云　此本「云」字模糊，依宋本補；閩本、監本、毛本作「曰」。×

347 徐晃與關羽對語　毛本「晃」作「冕」，非也。

348 二子因其血備先住城上　宋本「血」作「無」，「住」作「往」，是也。×

349 又鑄其器爲鍾　宋本、淳熙本、岳本、纂圖本、閩本、監本、毛本「鍾」作「鐘」。

350 注四章全救助　宋本此節正義在「乃城武城」句下。

351 文一十二年　宋本無「一」字，是也。

352 穆叔曰　石經、宋本、淳熙本、岳本、纂圖本、足利本「叔」下有「歸」字，是也。

353 注躧猶拔也　宋本此節正義在「必不有其宗」注下。

354 己人皆不愛　宋本無「己」字，是也。

經二十年

355 今名繁汙　水經注五引注文作「繁淵」，云

「澶淵即繁淵也」。

356 二十年注稱弟明無罪也　宋本無「二十年」三字。

*叔孫如齊　補：明監本、毛本「叔孫」作「叔老」，「孫」字誤也，今改正。

傳二十年

357 傳盟于至故也　宋本無「傳」字，毛本「于」下有「向」字。此節正義宋本在「齊成故也」注下。

358 恐黃偪奪其政　淳熙本「奪」作「達」，非也。

359 先君與於踐土之盟　石經「先」字上後人旁加「吾」字，非也。

360 徵發無準　宋本「準」作「准」，非也。

361 注稱弟至二慶　宋本此節正義在「是無天也」注下。

362 齊子初聘于齊禮也　淳熙本「于」作「於」，非也。

363 賦常棣之七章以卒　釋文亦作「常」，石經此處刓缺，淳熙本作「棠」，非。

364 樂爾妻帑　岳本「帑」作「孥」，淳熙本「樂」上衍「故」字。

365 賦魚麗之卒章　宋本此節正義在「臣不堪也」注下。

366 取其樂只君子　釋文云：「只，本亦作『旨』。」

367 喻武子奉使能爲國光煇　岳本「煇」作「暉」，淳熙本、纂圖本、閩本、監本、毛本「煇」作「輝」。

368 若不能　石經「能」字下後人旁加「掩」字，非也。

369 不來食矣　足利本、閩本、監本「矣」誤「也」。

經二十一年

370 郲庶其以漆閭丘來奔　釋文云：「漆，本或作『淶』。」❾

371 二邑在高平南陽至之辭　毛本作「二邑在高至内外之辭」，宋本無「在高平高陽」五字。

372 以並不審　宋本、監本、毛本「並」作「亓」，是也。❿

373 趙鞅　浦鏜正誤「趙」上增「晉」字，是也。

374 此及莒牟夷　毛本「及」誤「乃」。　×

375 據其至魯爲奔　宋本「奔」作「文」，是也。

376 明其來是叛也　宋本「來」作「亦」，不誤。

377 文八年　監本、毛本「文」誤「又」。

378 庚辰朔日有食之　此本脱「日」字，據石經、宋本、淳熙本、岳本、纂圖本、閩本、監本、毛本補。

傳二十一年

* 成二年至此二十八歲　補：案，「二十」當作「三十」，諸本皆不誤，今依改。

379 成九年　監本、毛本「九」作「元」，非也。

380 傳注計公至二人　毛本無「傳」字，「公」下有「年」字。宋本作「注計公至二人」，以下正義六節揔入「重地也」注下。

381 安可以妻庶期　宋本、閩本、監本、毛本「期」作「其」。案，漢書地理志作「郲庶期」。

382 吾謂國中　纂圖本、監本、毛本「國中」誤倒。

383 衣裳劒帶　纂圖本、毛本「劒」作「劍」。

384 民之歸也　足利本記云「『歸』上，異本有『所』字」，非也。

385 言帝念也　宋本、淳熙本、岳本、纂圖本、毛本「也」作「功」，是也。

386 故與尚書本文稍殊也　宋本無「也」字。

387 其人書則惡名彰　足利本「彰」作「章」。

388 公侯伯子男　宋本、閩本、監本、毛本作「伯」，此本誤「侯」，今訂正。

389 周官具有等差　毛本「具」誤「其」。

390 諸侯大國之卿　閩本、監本「國」誤「夫」。

391 則邾莒杞鄫之屬　宋本「鄫」作「鄶」。

392 問曹之公子　宋本「問」作「唯」，是也。×

393 邾卑我之等　閩本、監本「卑」作「畀」。

394 潁氏以爲再命稱人　宋本作「穎氏」，是也。×

395 終有弑殺之禍　盧文弨云：「『弑殺』不成文，當本是『見殺』，而後人注『弑』字於『殺』字旁，傳寫者誤以改『見』爲『弑』也。」釋文「殺音申志反」，陳樹華以釋文爲或有誤，非也。

396 重繭衣裘　案，爾雅釋言「袍襺也」，郭注引作「重襺衣裘」。説文「襺」字注「春秋傳曰『盛夏重襺』」。

397 繭緜衣　淳熙本「緜」作「綿」，俗字。

398 注繭緜衣　宋本此節正義在「乃使子南爲令尹」注下。

399 纊謂今之新緜緼謂今纊及舊絮也　毛本「謂」並作「爲」，非也。閩本、監本下「謂」字亦作「爲」。

400 十四年欒黶彊逐范鞅使奔秦　宋本、足利本「彊」作「强」，淳熙本、閩本、監本作「疆」，非也。

401 以范至政矣　宋本以下正義十一節摠入「使候出諸轘轅」注下。

402 其家衰弱　閩本、監本、毛本「衰」作「喪」，宋本作「衰」。

403 秋欒盈出奔楚　閩本、監本亦脱「秋」字，據石經、宋本、淳熙本、岳本、纂圖本、毛本補。

404 叔羆　石經及諸本作「羆」，監本作「罷」，釋文同。

405 論逞志而虧君以亂國者之後而去之　浦鏜正誤「論」作「掄」。案，晉語作「掄」。

406 而使祁午　宋本、閩本、監本、毛本「祁」作「祈」，非也。

407 詩小雅　各本作「小」，此本誤「爾」，今訂正。×

408 有覺德行　禮記緇衣引詩作「有梏德行」，鄭注云「梏，大也」。

409 聖有謩勳　釋文云：「勳，書作『訓』。」

410 當明定安之　宋本、淳熙本、岳本、足利本「明」下有「信」字，是也。

411 行本當作訓　宋本「行」作「則」，是也。

412 流共工丁幽州　宋本「州」作「洲」，非。案，文十八年正義及孟子萬章篇、禮記射義注引書皆作「州」。段玉裁云：「今尚書作『洲』者，衛包以俗字改也。」

413 孔安國云作者叙典刑　宋本「者」下有「先」字。

414 皆言誅鯀乃舉禹　閩本、監本、毛本「乃」作「而」。

415 故王肅雖云　宋本「雖」作「難」，是也。

416 改梅而復之　宋本、淳熙本、岳本、纂圖本、閩本、監本、毛本「梅」作「悔」，不誤。

417 世本紀文也　閩本、監本、毛本「紀」作「記」。

418 叔向之母妬叔虎之母美而不使　毛本「妬」作「妒」。案，說文「妒」字注「婦妒夫也」，干禄字書以「妒」爲正，非也。今石經及諸本並作「妬」。石經「使」字下旁增「視寢」二字。按，「視寢」二字，依王充論衡言毒篇所引增入，不足爲據也。

419 實生龍蛇　石經初刻「虵」，後改「蛇」，下同。

420 龍蛇踰奇怪　淳熙本、岳本、足利本「踰」作「喻」，是也。×

421 不仁人間之　石經「不」字上後人旁加「而」字。

422 欒盈過於周　石經「過」字上有「奔楚」二字，「盈」字下旁有「出」字。案，周禮侯人正義引作「晉欒盈出奔楚，過周」，此「出」字似非後人所加也。

423 周西鄙掠之　石經「鄙」字下後人旁加「人」字，非也。

424 大君君之大者　毛本下「大」字誤「太」。

425 官名改易　閩本、監本「改易」誤倒。

426 尤而效之　釋文「效」作「傚」，云「或作『效』」。×

427 以此追胥　宋本「此」作「比」，是也。

428 爲二十五年齊弑光二十六年衛弑剽傳　釋文「弑」作「殺」，「申志反」。×

429 政侍禮而行　宋本「侍」作「待」，不誤；閩本、監本、毛本作「恃」。

430 身藏其忠　宋本、監本、毛本「忠」作「中」，是也。

431 注四子晉大夫　宋本以下正義二節摠入「寢處其皮矣」注下。

432 此謂也　宋本作「謂此也」。

433 晉伐齊及平陰　宋本、淳熙本、岳本、纂圖本、監本、毛本並作「及」。此本「及」，閩本作「反」，今訂正。

434 識其枚數　釋文云：「枚，本亦作『版』。」　×

435 識門版數　淳熙本、岳本「版」作「板」。

436 以馬枚數門扇之板此云識其枚數枚謂門扇之板　閩本、監本、毛本脱「此云識其枚數枚謂門扇之板」十二字。

附釋音春秋左傳注疏卷第三十四　止

附釋音春秋左傳注疏卷第三十五　襄二十二年盡二十四年

經二十二年

傳二十二年

437 念各將罷還　宋本、淳熙本、岳本、纂圖本、足利本「念」作「今」，是也。　×

438 注頻與晉侯外會至故不書　毛本作「注公頻與至不書」。宋本作「公頻至不書」，無「與」字；以下正義三節宋本揔入「令倍其賦」注下。

439 雨過御叔御叔在其邑　閩本、監本「御叔」字不重，非也。

440 知仁聖義忠和　監本、毛本「忠」作「中」。

441 者通識之名　宋本「者」上有「是聖」二字。

442 非爲武仲實是大聖也　宋本「也」上有「人」字。浦鏜云：「『爲』當『謂』字誤。」

443 古者家有國邑　宋本、足利本「有」作「其」。案，正義作「其」。

444 注少正鄭卿官也　宋本以下正義四節揔入「執事實重圖之」注下。

445 在十二年　宋本、淳熙本、岳本、足利本「二」作「一」，是也。×

446 而何敢差池　釋文云：「池，徐本作『沱』。」×

447 鍾磬之屬　宋本、纂圖本、監本、毛本「鍾」作「鐘」。

448 注朝正也　宋本無「也」字。

449 天子飲酎　監本「子」字模糊。

450 故云與慹燔焉　宋本、閩本、監本、毛本「慹」作「執」，是也。

451 謂祭未受胙肉也　浦鏜正誤「未」作「末」，是也。⑪

452 與執燔焉　釋文云：「燔，本有作『膰』。」案，惠棟云：「僖廿四年傳及成十三年傳皆作『膰』。說文曰：『鐇，宗廟火孰肉，从炙，番聲。春秋傳曰：天子有事鐇焉，以饋同姓諸侯。』此傳『燔』字當作『鐇』，轉寫誤爲『燔』耳。」⑫

453 實謂譴讓也　宋本「實」上有「口」字，是也。

454 歸邑于公　淳熙本「于」作「於」，非。

455 黜官無多受只　宋本、淳熙本、岳本、纂圖本、閩本、監本、毛本「只」作「職」，不誤。×

456 注四時至盛也　宋本以下正義二節揔入「鄭子張其有焉」注下。

457 故進用等　宋本「用」下有「一」字。

458 大夫無禘祫而而云殷三年祭者　案，上「而」字衍文，宋本所無，監本、毛本誤作「二」，閩本墨釘。

459 是大夫然有用大牢時也　宋本「然」作「祭」，是也。×

460 今黑肱全滅之盛也　宋本無「盛」字。

461 用此以戒不億度之事 閩本、監本「億」作「憶」，誤。

462 洩命重刑 釋文「洩」作「泄」。陳樹華云：「注内『漏泄君命』『泄』字，唯宋本作『洩』，此外諸本皆作『泄』，與釋文合。此刻本本字之僅存者。」

463 言恐與子所罪 宋本、淳熙本、岳本、足利本「所」作「并」，是也。×

464 已死復生白災更肉 宋本、淳熙本、岳本、纂圖本、閩本、監本、毛本「災」作「骨」，不誤。×

465 十二月鄭游販將歸晉 纂圖本、監本、毛本「販」作「眅」，亦非；宋本、淳熙本、岳本作「眅」，「歸」作「如」，與石經合。案，北宋刊本釋文亦作「眅」。山井鼎云：「從目爲是。説文『眅，多白眼也，从目，反聲。春秋傳曰鄭游眅字子明。普班反』。」

466 以館于邑 淳熙本「于」誤「子」。

467 舍止其邑不復行 纂圖本、監本、毛本「舍」誤「令」。

468 則交之不脩益明也 宋本、淳熙本、岳本、纂圖本、閩本、監本、毛本「交」作「父」，不誤。×

22—469 是父之行不脩益明也 宋本「是」上有「非」字。

校記

❶「厚」下「也」字，底本脱，據陳樹華春秋經傳集解考正補。

❷南昌本無「釋文」至「爲句」二十字及句末「非」字。

❸此條南昌本作「傳十七年：石經、宋本、淳熙本、岳本、纂圖本、足利本作『七』，此本誤『一』，今正」。

❹南昌本末增「○補：案，『心』字當改○」。

❺此條南昌本作「旃然水出熒陽城皋縣：宋本、纂圖本、監本『城皋』作『成皋』。案，水經注引同」。

❻ 雨甚，南昌本作「甚雨」，爲是。

❼ 隋志，底本誤作「隨志」，今改正。

❽ 此條南昌本并入上條「其天下輯睦」之末，作「〇按，此節下有『百穀〇正義曰穀之總類極多，多言百，舉成數也』疏文一段，宋本誤在上節正義『略言其病創耳』之下，各本皆脱」。

❾ 南昌本末增「〇補：釋文校勘記：盧文弨本『淶』作『溹』，考證云舊作『淶』，梁仲子云『韓勑禮器碑溹不水解，溹亦漆字，知作淶爲誤』。案，此韓勑碑非也。陸氏引『桼』、『來』字相混已久，正謂或從來作『淶』也。〇案，盧本『溹』作『𣹟』，上從亡字，不從土也」。

❿ 南昌本末增「〇補：案，此因下行『并不審其處』相涉而誤也，今依改正」。

⓫ 南昌本末增「〇今依作『末』」。

⓬ 僖廿四年，底本與南昌本皆誤作「禧廿四年」，今改正。

春秋左傳注疏校勘記卷二十三

23—001 經二十三年　宋本春秋正義卷第二十三。石經春秋經傳襄四第十七，岳本「襄」下增「公」字，淳熙本無「集解」二字，「襄」下亦增「公」字，並盡廿五年。

002 二十三年注五同盟　宋本無「二十三年」四字。

003 夏邾畀我來奔　宋本「畀我」作「卑我」，石經亦作「卑我」。按，釋文凡「畀」字皆云「必利反」，以音理言之，「卑」在五支，「畀」在六脂，「卑」字不可代「畀」音必利反，石經始譌，而宋本仍之，非也。

004 卑我不得彼邑　宋本同，下同。閩本、監本、毛本改「畀」。×

005 妄爲規非也　宋本「非」上有「過」字，是也。

006 注書名至義例　宋本此節正義在注文「故爲楚所納」句下。

007 成十八年　宋本「八」作「七」，是也。×

008 晉殺其大夫士穀　宋本「穀」作「穀」，不誤。×

009 之甲以入晉　宋本「之」上有「乃率曲沃」四字。

010 謂其後入　宋本「其」下有「敗而」二字。

011 注兩事故言遂　宋本此節正義在注文「東有雍城」之下。

012 故乃言遂也　宋本無「乃」字。

013 以取奔亡罪之　閩本、監本、毛本「取」作「此」，非也。

014 注輕行掩其不備曰襲因伐晉還至有事　宋本無「掩其」至「晉還」十字。

015 舍其輕重　宋本、閩本、監本、毛本「輕」作「輜」，是也。

016 倍道輕行　宋本「倍」作「信」，非。

傳二十三年

017 杞孝公姊姝　宋本、淳熙本、岳本、纂圖本、閩本、監本、毛本「姝」作「妹」，是也。淳熙本「姊」誤「姝」。❶

018 傳注禮諸侯至責之　宋本、毛本無「傳」字，宋本作「注禮諸至責之」。

019 雖有本服賜者　宋本「賜」作「期」。

020 慶樂二慶之族　淳熙本誤作「之裓」。

021 板隊而殺人　石經「隊」作「墜」。

022 知之不爲經也　宋本「之」作「其」。

023 藩車之有障蔽者　釋文「障」作「鄣」。按，說文：「障，隔也，从𨸏，章聲。」

024 晉將至滕之　宋本以下正義十一節揔入「晉人圍之」注下。

025 皆非禮也　閩本、監本「皆」作「者」，非也。

026 而不言非禮者　閩本、監本、毛本「而」作「傳」，非。

027 亦是彊族　閩本、監本、毛本「彊」作「强」。

028 又執民之八柄也　宋本無「也」字。

029 子無懈矣　石經、宋本「懈」作「解」，與釋文合。

030 王鮒使宣子墨縗冒至　石經、宋本、淳熙本、岳本、纂圖本、閩本、監本、毛本「至」作「絰」，是也。

釋文云：「縗，本又作『衰』。」

031 使宣子謂爲夫人孝服也　宋本「謂」作「詐」，是也。

032 故爲婦人服而入　淳熙本「入」下有「之」字。

033 固宮宮之有臺觀備守者　宋本上「宮」字誤「言」。

034 備隋隊　釋文「隊」下有「也」字。

035 劫之　纂圖本、閩本、監本、毛本「劫」作「刼」，非也。

036 逆獻子也　岳本脱「也」字。

037 斐豹　廣韻「斐」字注「姓，左傳晉有裴豹」，是「斐」本又作「裴」也。

038 蓋犯罪没爲官奴　漢書張衡傳注引注文「犯」上有「豹」字。

039 女子入于春稾　宋本「春」作「春」，「稾」作「稾」，是也。

040 男女同名　宋本「女」作「子」，非也。

041 言不負要明如日　纂圖本、閩本、監本、毛本「明」作「盟」。

042 踰隱而待之　毛本「踰」誤「隃」。

043 用短劍兵接敵　宋本、淳熙本、岳本、纂圖本、毛本、足利本「短劍」作「劍短」。

044 言雖死猶不告女罪　宋本、淳熙本、岳本、纂圖本、毛本「告」作「舍」，是也。

045 欒樂車櫟槐而覆　閩本「櫟」作「擽」，亦非；宋本、淳熙本作「轢」，與釋文合。

046 申齊前鋒軍　宋本、淳熙本、岳本、纂圖本、

毛本「申齊」作「先驅」，是也。×

047 申鮮虞之傅摯爲右　釋文云「本或作『申鮮虞之子傅摯』」，即正義所謂「俗本」是也，定本亦無「子」字。

048 申鮮虞之傅摯爲右　宋本以下正義二節揔入注文「自抑損」之下。

049 若傳先有子字　監本「傳」作「傅」，非也。

050 牢成　釋文云：「一本作『罕成』。」×

051 大殿後軍　纂圖本「後軍」誤「從軍」。

052 燭庸之越駟乘　淳熙本「庸」誤「戎」。

053 欲弑之以説晉　釋文「弑」作「殺」，云「申志反，下同」。×

054 過於背盟主　監本「主」誤「王」。×

055 張武軍於熒庭　釋文「庭」作「廷」，云「本亦作『庭』」。×

056 謂築壘壁　釋文作「辟也」，「音壁」。各本脱「也」字。

057 注張武至壘壁　宋本「至」字作「軍謂築」三字，正義三節揔入「八月」節注下。

058 子干帥陳蔡之師入楚　重脩監本、毛本「干」作「于」，非也。

059 張設旗鼓也　宋本「鼓」作「此」，非。

060 獲晏氂　石經「氂」作「釐」，岳本作「氂」，釋文同，云「徐音來」。案，惠棟云：「外傳作『萊』，古字通，徐音是也。」毛本誤作「甃」，注同。

061 趙勝趙旃之子　淳熙本「旃」作「同」，非也。

062 繆之甚矣　毛本「繆」作「謬」。×

063 亦存邢　宋本「亦」下有「以」字，是也。

064 新樽絜之　釋文云：「樽，本或作『尊』，是也。」案，五經文字有「尊」無「樽」，左氏凡作「樽」者皆爲後人所加，唯昭九年「請佐公使尊」不誤。惠棟云：「案，曹憲文字指歸云『檢字無此從缶、從木者，説文曰：字从酋、寸，酒官法度也。今之尊卑從此得名，故尊亦爲君父之稱』。」

065 獻酬禮畢通行爲旅　宋本、淳熙本、岳本、足利本「通」上有「而」字。

066 注獻酬至爲旅　宋本以下正義十四節摠入「其孟椒乎」注下。

067 富倍季氏可也　淳熙本「可」誤「何」。

068 若能至民可也　閩本、監本、毛本「民」作「氏」，是也。

069 具饗燕之具　纂圖本、監本、毛本「饗燕」誤倒。

070 孺子秩　淳熙本「秩」誤「疾」。

071 户側喪主　淳熙本「主」作「之」，非也。

072 常志相爲戾　宋本、淳熙本、岳本、足利本「爲」作「違」，是也。

073 本草所云鐘乳　宋本、閩本、監本、毛本「鐘」作「鍾」，是也。

074 夫謂大了也　閩本、監本「大」誤「夫」。

075 吾亡無日矣　淳熙本「日」誤「自」。

076 孟氏閉門　淳熙本「氏」作「大」，誤也。

077 戒爲備也　淳熙本「爲」作「僞」，非是。

078 藉除於臧氏　石經「藉」初刻从竹，改从艹。

079 正夫隧正　宋本、淳熙本「隧」作「遂」。

080 注正夫遂正　閩本、監本、毛本「遂」作

「隧」。

081 是役夫遂正所主　宋本、閩本、監本、毛本「遂」作「隧」，下同。山井鼎云：「此疏有四『遂正』，但最上『隧正』同今本也。」

082 奔郲出此門以爲便　宋本無「以」字。

083 與穆姜爲姨昆弟　淳熙本「昆」作「兄」，非也。

084 因以名名焉非也　宋本「名」字不重。案，論語疏作「因以爲名焉」。✕

085 言應有後　淳熙本「後」作「之」，非。✕

086 盟謂大夫以爲戒　宋本、淳熙本、岳本、纂圖本、閩本、監本、毛本「謂」作「諸」，是也。✕

087 季孫所忌　足利本後人記云：「忌，異本作『忘』。」✕

088 惡臣謂奔亡者　淳熙本、足利本「謂」作「諸」。

089 盟首載書之章首　淳熙本「章」誤「卓」。

090 謂譖公與季孟於晉　淳熙本「季」作「香」，誤也。

091 無或如臧孫紇　石經此處刓缺。釋文「無」作「毋」，「音無，下同」。案，上文作「毋」，此則不應獨異，釋文是也。

092 杞殖華還　案，李注文選洞簫賦引作「芑梁殖」，云「『芑』與『杞』同」。孟子告子正義引「還」作「旋」。

093 夜入且于之隧　宋本以下正義二節揔入「弔諸其室」注下。

094 齊莊公襲莒予奪　宋本、閩本、監本、毛本「予」作「于」，是也。✕

095 則此亦爲地名　宋本「此」上有「謂」字。

096 別也奪地　宋本「也」作「有」，是也。×

097 莒子親鼓之　淳熙本「鼓」作「豉」，誤。

098 婦人無外弔者　宋本「弔」作「事」，是也。×

099 謂庶人又微小之臣也　宋本「又」作「及」，是也。×

100 齊侯弔諸其室齊侯將爲臧紇田　石經「侯」字起，「紇」字止，計十一字，刓缺無考。

101 抑君似鼠　淳熙本「似」作「以」，非也。

102 不穴於寢廟　宋本以下正義二節揔入「順事恕施也」之下。

103 即畏人故也　重脩監本「即」作「自」，非也。

104 止是畏人故也　宋本、閩本、監本、毛本「是」作「爲」，是也。×

105 非鼠何如　石經、宋本、岳本作「如何」，是也，「如何」即「而何」。❷ ×

106 謂能辟齊過　宋本、淳熙本、岳本、足利本「過」作「禍」，不誤。×

經二十四年

107 注賀克欒氏　此「叔孫豹如晉」注，監本脫。

108 以爲五月二十二分月之二十　宋本「二分」作「三分」，與律厤志合。

109 此年七月八月日食　宋本「日」字上有「頻月」二字。

110 月行天既帀　毛本「帀」作「而」，非也。

111 則後月復食無疑　閩本、監本「月」誤「且」。宋本「疑」作「理」，是也。×

112 既不復其相揜故也　宋本無「其」字，是也。

113 莫能改易　宋本「能」作「敢」，是也。×

114 宜知此意也　宋本無「也」字。

傳二十四年

115 自虞以上爲陶唐氏　李注文選謝元暉齊敬皇后哀策文引作「巳上」。

116 注陶唐至以上　宋本以下正義六節揔入「不可謂不朽」注下。

117 其后有劉累　考文云「『后』作『後』」。

118 至商而滅　監本「滅」字模糊，重脩監本誤作「成」。

119 遷之於杜爲杜伯杜伯之子　閩本、監本脱下「杜伯」二字。

120 食邑於范氏　宋本、淳熙本、岳本、纂圖本、足利本「氏」上有「復爲范」三字。

121 故辯之也　宋本「辯」作「辨」。

122 訾祏對范宣子云　監本作「祏」，毛本作「祏」，並非。

123 昔隰叔子違周雖　宋本「雖」作「難」，與晉語合。

124 不信元愷之言　宋本「愷」作「凱」。

125 既沒其言立　案，禮記禮器正義引作「其言立於後世」，釋文云「今俗本皆作『其言立於世』，檢元熙以前本，則無『於世』二字」，禮疏所引疑即陸氏所謂「俗本」，而增損之。

126 立功謂拯厄除難　閩本、監本、毛本「厄」作「危」。

127 故服杜皆以史佚周任臧文仲當

之　毛本「任」作「佚」，非也。

128 賈逵　段玉裁挍本「逵」作「誼」。

129 祊故廟門名也　浦鏜正誤云：「『故』字衍。」

130 則子之家壞　惠棟云：「石經改刻『則子家壞』，無『之』字。」

131 没没沈滅之言　淳熙本「沈」作「滅」。

132 樂只君子　石經、宋本、岳本「只」作「旨」。案，十一年傳、昭十三年傳引詩並作「旨」。

133 詩云至名也夫　宋本以下正義三節揔入「敢不稽首」注下。

134 寡君是以請罪焉　釋文作「是以請請罪焉」，「請並七井反，徐上『請』字音情」。案，石經「罪焉」二字刓缺，不重「請」字，脱文也，而各本仍其誤。

135 請得罪於陳也　宋本「於」作「施」，是也。「施陳」猶言加兵於陳。❸

136 祭禮因閲數軍器　宋本、淳熙本、岳本、足利本「禮」作「社」，是也。

137 計基城是也　釋文「基」作「其」，「音基，又如字」，云：「漢書作『斤』，如淳：斤音基。」段玉裁云：「『斤』當作『亓』，音基，作『斤』是誤字。」

138 諸侯還救鄭　此本「救鄭」二字實缺，脩板無「救」字，閩本同，據石經及各本補正。

139 輔躒　諸本作「躒」，説文引春秋傳作「輔𨘋」。

140 大叔游吉　淳熙本脱「大」字。

141 無有至一也　宋本以下正義四節揔入「公孫之亟也」注下。

142 部婁無松柏　閩本、監本「柏」作「栢」。案，説文附字注云「附婁，小土山也」，引傳作「附婁無松柏」，「部」與「附」蓋古字通。北宋刻釋文：「婁，本或作『塿』。」應劭風俗通義、李注文選魏都賦引並作「培塿」，周伯琦六書正譌云「俗用『培塿』，非也」。

143 喻小國異於大國　重脩監本下「國」字誤「山」。

144 張骼輔躒　淳熙本「躒」作「樂」，非也。

145 使御廣車而行　纂圖本「御」作「銜」，非。

146 皆踞轉而鼓琴　惠棟云：「『踞』當作『居』。」傳氏辨誤云：「『轉』字從車，與衣裝何與，此必『軫』字之譌。詩小戎『俴收』注云『收軫也』，謂車前後兩端橫木，踞之可以鼓琴。且下文云『取冑於橐而冑』，則橐固爲衣裝矣，又何衣裝之有也？」按，惠棟語當更詳之。杜意謂「轉」即「縳」之假借字也。二十五年傳「申鮮虞以帷縳其妻」，縳直轉反，即衣裝之義也。

147 轉衣裝　正義本作「衣囊」，即釋文以爲「一作」之本也。

148 故再不謀　石經、宋本、淳熙本、岳本、纂圖本、監本、毛本「故」作「胡」，是也。

149 馳入遇法而出　宋本、閩本、監本、毛本「法」作「怯」，是也。

150 求媚於天子　淳熙本「於」誤「旋」。

151 郟王至城之　宋本此節正義在「賜之大路」注下。

152 故齊人今歲爲王城之也　重脩監本「王城」誤「正成」。

153 爲昭四年叔孫所以賜路葬張本　宋本、淳熙本、岳本、足利本作「以所」，不誤。

154 揮子相也　宋本、淳熙本、岳本、纂圖本、毛本「相」作「羽」，是也。

155 注問自降下之道　宋本以下正義二節摠入篇末。

附釋音春秋左傳注疏卷第三十五

附釋音春秋左傳注疏卷第三十六 襄二十五年盡二十五年

經二十五年

156 齊侯雖背盟主 淳熙本「侯」誤「俠」。

157 問陳之罪 浦鏜正誤云「『問』上脱『且』字」。

158 盟主遠理 宋本、閩本、監本、毛本「遠」作「道」，是也。 ×

159 己巳七月二十日經誤 岳本「二」作「一」，非也。

160 記事昔常辭 宋本、閩本、監本、毛本「昔」作「者」，不誤。 ×

161 楚人不獲其尸 淳熙本「人」作「不」，誤也。

傳二十五年

162 孟公綽曰 釋文云：「綽，徐本作『卓』。」案，漢成陽令唐扶頌曰「朝有公卓，家有參騫」，洪适曰「公卓即孟公綽也」。

163 注棠公至大夫 宋本以下正義十三節揔入「不以中兵」注下。

164 使偃取之 釋文云「取，注本或作『娶』字」，淳熙本誤作「敢」。

165 辨別也 釋文「辨」作「辯」。 ×

166 故不可昏 淳熙本「昏」作「婚」。

167 澤以鐘水 浦鏜正誤云「『鐘』當作『鍾』」。

168 風隕妻不可娶也 釋文「娶」作「取」。 ×

169 不可以動也 宋本、淳熙本、岳本、足利本無「也」字。

170 據于蒺棃 石經、纂圖本、閩本亦作「棃」，下及注同。岳本、監本、毛本作「藜」，與釋文合。宋本作「蔾」，從易本文也。淳熙本誤「黎」。

171 釋草云　毛本「草」作「艸」，下同。

172 茨蒺蔾　監本、毛本作「蒺藜」。

173 死其將至　浦鏜正誤「其」作「期」，是也。

174 易下係辭文也　宋本「係」作「繫」，是也。✕

175 非合所困而困之　宋本「而」下有「乃」字。

176 於蒺蔾之間　監本、毛本作「蒺藜」。✕

177 身必危也　毛本「危」作「安」，非也。

178 嫠也何害先夫當之矣　釋文云：「嫠，本又作『釐』。」顧炎武云「石經『夫』誤『天』」。案，石經此處模糊，唯「夫」字尚可辨，炎武非也。❹

179 或冠模制作有異　毛本「模」誤「摸」。

180 故以賜人　宋本「人」下有「也」字。

181 欲弒公以說于晉　釋文「弒」作「殺」，云「申志反」。按，杼但知欲殺公耳，豈自知爲弒哉？弒者定其罪之辭也，凡若此等可以意求之。

182 伺公間隙　淳熙本「伺」作「間」，非也。

183 姜入于室　石經初刻作「姜氏入于室」，改刊去「氏」字，故此行九字。

184 陪臣干掫有淫者　正義引定本亦作「掫」。釋文曰：「說文云『掫，夜戒有所擊也，從手，取聲』，字林同，音子侯反。服本作『諏』，子須反。今傳本或作『諏』，猶依掫音。」案，史記作「陪臣爭趣有淫者」，徐廣曰「爭，一作『扞』」，索隱曰「左傳作『扞趣』」。陳樹華云：「干，『扞』本字也。『掫』、『趣』古字通。」

185 扞諏行夜　釋文「夜」下有「也」字，諸本脫。

186 說文曰掫夜戒守有所擊從手取　宋本「取」下有「聲」字。段玉裁云：「此有『守』字，『從』上無『也』字，與徐鉉本合。」

187 故以干掫爲夜行官名也　宋本「夜行」作「行夜」，是也。×

188 掫謀也　宋本「掫」作「諏」，不誤；服本作「諏」，見釋文。

189 公踰牆　岳本「牆」作「墻」，非也。

190 中股反隊　石經「隊」作「墜」。

191 豈以陵民　淳熙本「豈」作「可」，非也。

192 且人有君而弒之　釋文「弒」作「殺」，「申志反」。石經此處刓缺，「式」字上半可辨。

193 枕尸股而哭　淳熙本「哭」下衍「之」字。

194 殺慶舍張本　淳熙本「舍」作「莒」。

195 曰所不與崔慶者　石經「崔慶者」下多「有如上帝」四字。釋文云：「本或此下有『有如此盟』四字者，後人妄加。」陳樹華云：「石經涉下文而誤衍也。」按，晏子春秋作「所不與崔慶者晏子，晏子仰天歎曰」，此淺人妄增「晏子」字耳，語未終而晏子攙越説之，必無是也。❺

196 閭丘嬰以帷縛其妻而載之　石經、宋本、岳本、閩本、監本「縛」作「縳」，不誤。❻

197 出弇中　石經此行十一字，「中」字覆挍時補刊。案，上文注云「弇中狹道」，哀十四年「失道於弇中」即此，是也。

198 側瘞埋之　淳熙本「埋」誤「理」。

199 四翣　案，周禮縫人鄭司農注、羣經音辨引並作「四翣不蹕」，「翣」爲「翣」之假借字也。

200 必先纏衣其木　浦鏜正誤「木」作「材」。按，宋板周禮注作「木」。

201 廣三尺四寸　宋本「四」上有「高二尺」三字，與鄭注喪大記合。

202 又有甲兵　岳本作「兵甲」。案，正義當作

「甲兵」，岳氏誤倒。

203 北軍伍挍士軍　宋本、毛本「北」作「比」。浦鏜正誤「伍」作「五」。×

204 注以弑莊公説晉也　宋本以下正義五節摠入「寡君聞命矣」句下。×

205 樂器鍾磬之屬　宋本、淳熙本、纂圖本、閩本、監本、毛本「鍾」作「鐘」。

206 三十帥　石經「三十」作「卅」。正義云：「俗本『三十帥』爲『三十師』，非也。」按，唐人書「帥」爲「帥」，「帥」乃「帥」之俗字，或遂譌爲「師」，見五經文字及干祿字書。

207 縱今受賂　宋本「今」作「令」，是也。×

208 注纍自至待命　宋本以下正義二節摠入「乃還」注下。

209 飾兵符　宋本、淳熙本、岳本、纂圖本、閩本、監本、毛本「飾」作「節」，不誤。×

210 脩其所職　纂圖本、閩本、監本「職」作「軄」，俗字，毛本正義同。×

* 二十七年同盟于幽傳云鄭成云　補：案，此十三字誤衍，各本並無。×

211 趙武代范匄　纂圖本、閩本、監本、毛本「武」作「氏」，非也。×

212 注令尹屈建　宋本此節正義在「兵可以弭」注下。

213 子彊　閩本、監本、毛本「彊」作「疆」，非也，下同。

214 注埶隘慮水雨　宋本此節正義在「楚滅舒鳩」注下。

215 駐後爲陳　釋文作「後駐」。

216 注獻入至其俘　宋本此節以下正義八節摠入「慎辭哉」注下。

217 闕父爲武王陶正　淳熙本「闕」誤「於」。

218 舜聖故謂之神明　閩本、監本「聖」作「賢」，非也。

219 庸以元女大姬配胡公　釋文「配」作「妃」，云「本亦作『配』」。

220 或失纘　宋本「失」下有「或」字，是也。

221 以備三恪　説文引作「以陳備三愙」，徐鉉等曰「今俗作『恪』」。按，惠棟云「義雲章亦以『愙』爲『恪』」。

222 而封黄帝之後於薊　監本、毛本「而」作「乃」，誤也。

223 投殷之後於宋　宋本「投」作「封」，與樂記合。

224 桓公弟　淳熙本「桓」作「相」，避所諱。　×

225 至於莊宣　石經、宋本「於」作「于」。

226 宣十一年陳夏徵舒弑靈公　諸本並衍「一」字。山井鼎云：「宋板『十』字下闕，後人補入『一』字，非也。徵舒弑靈公在宣十年，諸本作『十一年』，誤也。」

227 以憑陵我敝邑　宋本、淳熙本、岳本「憑」作「馮」，與釋文合。

228 當成隧者井堙木刊　顧炎武云：「石經『堙』誤『煙』。」案，炎武所據乃謬刻，家語、洪範正義引並作「井陻」，周禮稍人正義作「井闉」。

229 授手于我　案，家語作「授首于我」，惠棟云「手，古『首』字」，儀禮大射儀、士喪禮並以「手」爲古文「首」字。沈彤云「『手』當爲『首』，聲同而誤」，非也。

230 辟誅也　淳熙本「誅」誤「除」。

231 且昔天子之地一圻　纂圖本、監本、毛本

「昔」誤「夫」。案，周禮鄭司農注引傳「圻」作「畿」，古字同。

232 方千里圻音祈　下三字乃釋文，閩本、監本誤入注。

233 小國五十　毛本「十」下有「里」字。×

234 何以至焉　足利本後人記云：「『至』下異本有『大』字，非也。」

235 易係辭文也　宋本「係」作「繫」。×

236 注庀治　宋本以下正義十二節揔入「禮也」注下。

237 使民不得焚燎壞之　浦鏜正誤云「壞，衍字，以續通解挍」。案，正義無「壞」字。

238 澤水所鐘也　宋本、閩本、監本、毛本「鐘」作「鍾」。

239 渟鹹也　浦鏜正誤「也」作「地」。×

240 吴起爲鄴令　案，高誘注吕氏春秋樂成篇云「西門豹，文侯用爲鄴令，史起亞之」，「吴」乃「史」字之誤。

241 賈逵以疆爲疆𣗲境埆之地　宋本「爲疆」作「爲彊」。閩本、監本、毛本「𣗲」作「檕」，亦非，下同；宋本作「檕」，是也。

242 彊檕彊堅者　閩本、監本、毛本「彊」作「疆」，非；宋本下「彊」字作「强」。

243 偃豬下濕之地　纂圖本、監本、毛本「濕」作「溼」。

244 寬平當與隰相配　毛本「隰」作「隉」，非。

245 陸阿山田　宋本「陸」作「陵」，是也。

246 水涯不濕　纂圖本、監本、毛本作「水崖下溼」，岳本作「水厓下濕」，宋本「崖」作「岸」，是也。×

247 以土會之法　毛本「土」誤「上」。 ×

248 衍地高於原　宋本「原」下有「也」字。

249 沃是高平而美者　監本、毛本「高」作「底」，亦非；宋本作「下」，是也。 ×

250 有溉田沃　宋本、監本、毛本「田」作「曰」，是也。 ×

251 周禮小司牧云　宋本「牧」作「徒」，是也。 ×

252 賦車兵徒卒　石經、宋本、岳本、監本「卒」作「兵」。顧炎武云「石經『卒』誤作『兵』」，非也。梁履繩云：「杜於『徒兵』下注云『步卒』，釋文『卒，子忽反』。若傳文爲『徒卒』，則杜不須注，陸氏何不舉傳文而標注字邪？」

253 賦車兵徒卒　宋本、監本「卒」作「兵」。

254 徒兵者　毛本「兵」誤「卒」。

255 使器杖有常數　宋本作「仗」，是正字。陳樹華云「作『仗』非」，誤也。

256 彊其少安　宋本、淳熙本、岳本、纂圖本、閩本、監本、毛本「彊」作「疆」；釋文同，「居良反」；石經本作「彊」，後加土。

257 蔑然明名　淳熙本「蔑」作「夢」，非也。 ×

258 子大叔問政於子産　淳熙本「子」誤「乎」。

259 言有次　纂圖本、監本、毛本「有」誤「其」。

260 曰烏乎　石經、宋本、淳熙本「乎」作「呼」，是也。

261 詩所謂我躬不説　石經初刻作「閲」，後改「説」；釋文云「詩作『閲』」。

262 我躬至我後　宋本以下正義二節揔入篇末。

263 不如弈棋 纂圖本、監本、毛本「弈」作「奕」。按，説文作「弈」，云「圍棊也，从亦，廾聲」。

264 弈圍棋也 纂圖本、監本、毛本「弈」誤「奕」，正義同。

265 故説文弈從其 宋本「其」作「廾」，是也。

23—266 秋人自以善弈而著名也 浦鏜正誤云：「『人』疑『蓋』字誤。」

校記

❶ 南昌本末增「〇今改正」。

❷ 南昌本末增「〇此本誤作『何如』，今訂正」。

❸ 南昌本末增「〇今從宋本」。

❹ 南昌本無「釋文云嫠本又作鼇」八字。

❺ 南昌本無「釋文」至「妄加」十九字。

❻ 南昌本末增「〇今訂正」。

春秋左傳注疏校勘記卷二十四

24—001 **傳** 春秋正義卷第二十四。石經春秋經傳集解襄五第十八，岳本「五」上增「公」字，並盡二十八年。按，宋殘本此卷起。

002 **會于夷儀之歲** 閩本、監本、毛本亦在卅六卷之末，皆仍十行本之誤。

003 **此傳本爲後年**至**以在此耳** 案，此三十二字乃釋文，淳熙本誤作注。

004 **注在二至儀會** 宋本以下正義二節揔入篇末。

005 **傳寫失之** 諸本作「傳」，釋文云「一本作『轉』」。

006 **麇子逃歸** 毛本「麇」誤「麋」，下「伐麇」同。

007 **欲今與下相接** 宋本「今」作「令」，是也。監本、毛本作「合」，並非。

008 **涖音利**至**廉反** 案，此十三字及釋文淳熙本誤入注。

附釋音春秋左傳注疏卷第三十六 止

附釋音春秋左傳注疏卷第三十七 襄二十六年盡二十六年

經二十六年

009 **經二十有六年** 石經「二十」作「廿」，岳本脱「有」字。

010 **注衎雖至叛也** 宋本以下正義二節揔入「復歸于衛」注下。

011 **公會晉侯** 宋本、宋殘本、淳熙本、岳本、足利本「侯」作「人」，不誤；石經此處刓缺。❶

傳二十六年

012 注御進至當行　宋本以下正義三節揔入「能無卑乎」注下。

013 遞進御　宋本「遞」上有「更」字，是也。

014 集成　淳熙本二字誤作傳文。

015 拂衣褰裳也　釋文作「騫裳」，云「本或作『褰』。音雖同，義非也」。按，依説文「攐，摳衣也」，此爲正字；「騫」、「褰」皆假借字。褰，袴也。

016 拂衣披迅之義　宋本「衣」作「者」，不誤。監本、毛本「披」作「振」，宋本亦作「振」；重修監本作「張」，非也。

017 國事必興　監本「興」誤「與」。　×

018 叔向以子員無私欲令應客亦非叔向無可争　宋本、毛本「應客」下有「縱子員應客」五字，「亦非」下有「叔向争善」四字，監本此九字刓擠。

019 唯言子朱之心也　閩本、監本、毛本「唯」作「惟」，「言子」二字監本模糊。

020 敬姒强命之　宋殘本「敬」字缺末筆，下同。

021 不得上命　宋本、宋殘本、岳本、監本、毛本「上」作「止」，是也。　×

022 苟反　李善注文選豪士賦引作「苟反國」，非也。

023 前出獻公今弑剽　釋文「弑」作「殺」，「申志反」；諸本作「弑」。　×

024 吾受命於先人　纂圖本「吾」作「善」，非也。

025 觀知可還否　淳熙本脱「還」字。

026 辛卯角殺子叔及太子角　閩本亦誤衍上「角」字。宋本、監本、毛本「太」作「大」，是也。宋本標起止，無上三字。以下正義四節宋本揔入「復愬于晉」注下。

027 唯以專邑自隨爲罪　纂圖本、監本、毛本「唯」誤「徒」。

028 叛者判也　毛本「判」誤「叛」。

029 言其不得專以爲已有也　宋本「已」作「己」，是也。

030 必書其名　監本、毛本「必」作「以」，非。

031 傳言以戚如晉　此本「以」上衍「言」字。據宋本、閩本、監本、毛本刪。

032 頷之而已　毛本「頷」作「頜」，誤。葉抄釋文作「頷」，云「本又作『顉』」。案，惠棟云：「説文引作『顉』，云『低頭也』。玉篇引杜氏注亦作『顉』，又『音欽，曲頤也』。列子云『巧夫顉其頤而歌合律』，張湛注云『顉猶搖頭也』。」以「顉」爲「頷」，此古文假借耳。

033 遂自評論　考文云「『評』作『討』」。

034 不能負羈絏以從扞牧圉　釋文「絏」作「紲」。

035 蒯感父言　淳熙本「父」作「之」，非也。

036 雍鉏孫氏臣　閩本、監本、毛本「臣」下衍「也」字。

037 賜之先路三命之服　釋文作「輅」，云「本亦作『路』」。案，輅，俗「路」字，經、傳多作「路」。釋名云「路亦車也」，儀禮注「君所乘車曰路」，是也。

038 注先路至於王　宋本以下正義三節揔入「讓不失禮」句下。

039 案論語有千室之邑　宋本、監本、毛本「千」作「十」，是也。

040 不應更以八个大邑而又與之　宋本「个」作「箇」。

041 隆殺以兩　石經、宋殘本、宋本、纂圖本、監本、毛本「隆」作「降」。案，漢書韋元成傳引傳作「降殺」。

042 子西即世政焉辟之　諸本作「政」。按，傳作「將」。

043 杜據傳上文以次之　案，宋本「之」下有「耳」字。

044 雩婁今屬安豐郡　閩本空闕「安」字。宋本、宋殘本、淳熙本、足利本「今」上有「縣」字，是也。

045 夫子爲王子圍　淳熙本脱下「子」字。

046 主作辭令之正　監本、毛本「正」作「止」，誤也。

047 秦不其然　纂圖本、閩本、監本、毛本「不其」誤倒。

048 秦其不然　宋本作「秦不其然」，此節正義在「而後獲之」注下。

049 傳稱子産之善　宋本、宋殘本「稱」作「積」，非也。

050 有懿城　淳熙本「城」作「成」，誤也。

051 注戚城至井也　宋本以下正義七節揔入「子展儉而壹」注下。

052 懿氏不見經傳　閩本、監本、毛本脱「懿氏」二字。

053 如不失其所自是常事　監本「如」誤「知」。

054 使女齊以先歸　淳熙本「使」誤「傳」。

055 衛侯如晉晉人執而囚之於士弱氏　宋殘本不重「晉」字，非也。

056 受禄于天　宋殘本、宋本「于」作「於」。

057 注嘉樂至于天　宋本「于」作「於」。

058 言自以殺晉戍三百人爲罪　監本、毛本「戍」誤「成」。

059 國子賦轡之柔矣　毛本「子」誤「之」。

060 漢書藝文志無周書篇目　宋本「無」作「有」，是也。×

061 子展賦將仲子兮　釋文曰：「本亦無『兮』字，此依詩序。」×

062 衛侯雖別有罪　宋本、宋殘本、淳熙本、足利本「衛」上有「言」字。

063 而衆人猶謂晉爲臣執君　足利本無「人」字；重修監本「謂」誤「請」。

064 子然二子孔三族巳亡　閩本「二」誤「七」。

065 故稱七穆也　監本、毛本「穆」作「族」，非也。

066 芮司徒宋大夫　淳熙本「司」作「同」，誤。

067 棄諸堤下　釋文「堤」作「隄」。漢書五行志引作「棄之隄下」。

068 佐元公　宋本、宋殘本、淳熙本、岳本、纂圖本、監本、毛本作「佐元公」。此本誤作「佐公元」，「佐」下空缺一字，今據各本訂正。閩本作「佐元公名」。

069 大子痤美而很　痤，淳熙本誤「座」。

070 寺人惠牆伊戾　諸本作「牆」，葉抄釋文作「廧」，云「或作『牆』」。石經「牆」字改刊，疑初刻亦作「廧」。

071 注惠牆氏伊戾名　宋本以下正義四節摠入「而後再拜稽首受之」注下。

072 伊戾爲名也　毛本「戾」誤「房」。×

073 則嫌楚客過在他年　纂圖本「則」誤「别」。

074 尹戾請從之　石經、宋本、宋殘本、岳本、閩本、監本、毛本「尹」作「伊」，是也。

075 縱有共其外莫共其內　釋文云：「共，本又作『供』，下同。」×

076 伊戾爲大子內師　纂圖本、監本、毛本「大」作「太」，非。淳熙本「師」誤「帥」。

077 有盟徵焉　纂圖本、監本、毛本「盟」作「明」，非。宋本、宋殘本、淳熙本、岳本、足利本「焉」作「也」，是也。

078 聒讙也　李注文選嵇叔夜絶交書引作「聒諠也」。

079 聲亂耳謂之聒　此本「耳」字模糊，依宋本補；閩本、監本、毛本誤作「叫」。

080 多爲言語人　宋本「人」作「讙」，屬下讀，是也。×

081 左師令使者改命也　閩本「令」誤「合」。淳熙本「者」誤「首」。

082 傳言宋公闇　諸本作「宋」，此本誤「字」，今改正。×

083 初楚伍參與蔡太師子朝友　石經初刻「伍」作「五」，後加「亻」，下同。宋本、宋殘本、淳熙本、岳本「太」作「大」，與石經合。

084 其子伍舉與聲子相善也　毛本下「子」字誤「予」。

085 注聲子至舉也　宋本以下正義十四節揔入「彼若謀害」節注下。

086 伍舉實送之　臧琳云：「下文聲子曰『子牟得戾而亡，君大夫謂椒舉女實遣之』，又國語楚語上『子牟有罪而亡，康王以湫舉爲遣之』，又『子牟得罪而亡，執政弗是』，『謂湫舉曰：女實遣之』，則伍舉實送之，『送』乃『遣』字之譌。楚之君臣以子牟出奔爲伍舉遣之行，將罪及於起謀者，故伍舉亦懼禍出奔，若但送子牟之行，則伍舉罪輕當不至於出奔也。」

087 饗之以璧賄曰　宋本「賄」作「侑」，與楚語合。

088 故椒舉降三拜　浦鏜云：「『故』衍字。」按，明道本國語無「故」字。

089 明年聲子始説子木　宋本「木」作「氏」。

090 不監佚也　宋本、閩本、監本、毛本「監」作「濫」，是也。×

091 詩大雅瞻卬之篇也　毛本「卬」作「仰」，非。

092 故能爲下國所命爲天子　此本「故」字實缺，據宋本、宋殘本、淳熙本、岳本、纂圖本、足利本補正。閩本、監本、毛本「故」作「則」，非也。

093 推命湯爲天子　毛本「爲」誤「於」。×

094 古之治民者　淳熙本「者」誤「也」。

095 恤民不倦　纂圖本「倦」誤「偺」。

096 飫饜也　釋文云：「饜，本亦作『厭』。」案，李注文選王仲宣從軍詩引作「厭」，依説文則當作「猒」。

097 酒食賜下　諸本作「酒」，此本誤「酉」，今訂正。×

098 國之大憂　宋本「國」上有「凡」字，與周禮合。

099 若多鼓鈞聲　毛本作「多鼔」，是也；宋殘本作「多皷」。

100 君與夫人不善是也　宋本、宋殘本、岳本「夫人」作「大夫」，與石經合。

101 晉楚遇於靡角之谷　閩本、監本、毛本「楚遇」二字誤倒。

102 蒐閲　釋文「閲」下有「也」。

103 譙國酇縣　諸本作「酇」，釋文「或作『贊』」。❷

104 楚晨壓晉軍而陳　釋文「壓」作「厭」，云「本又作『壓』」。

105 注塞井至爲陳　宋本「至」字作「夷竈以」三字。

106 以傳言誘之　宋本「以」上有「杜」字，是也。

107 則謂羸師毁軍示弱以誘敵　閩本、監本、毛本「羸」誤「嬴」。

108 苗賁皇之爲　監本、毛本「賁」作「奔」，非也。

109 中行二郤　石經、宋本、宋殘本、淳熙本、岳本、纂圖本、閩本、毛本「郤」作「郄」，下同，是也。

110 郤錡時將上軍　宋殘本「時」作「味」，非也。

111 令此三人分良以攻二穆之兵　監本「二穆」誤「三穆」。

112 四萃至攻之　宋本「至」字作「四面集」三字。

113 中軍見入　監本、毛本「見」作「先」。按，韋注作「先」。

114 瞻夷察傷　閩本、監本「瞻」作「贍」。按，月令作「瞻傷察創」，依説文「夷」當作「痍」，「傷也」。

115 今又有甚於此　石經「此」下旁增「者」字，非唐刻也。

116 椒舉娶於申公子牟　釋文云「娶，本又作『取』」，石經及諸本作「娶」。

117 椒鳴伍舉子傳言聲子有辭　淳熙本「伍」作「五」，「傳」作「舉」，並非。

118 逞快也　宋殘本「快」誤「怏」。

119 釁於勇嗇於禍以足其性而求名焉者　石經此行「勇」字起，「而」字止，止九字，初刻似多一字，此重刊也。

120 嗇貪也　正義曰：「定本云『嗇養也』，非也。」

121 夫小至從之　宋本以下正義三節揔入「而後葬許靈公」注下。

122 故子産爲此言以被之　宋本、閩本、監本、毛本「被」作「破」，是也。

123 仡奮釁以軒鬐　案，文選「釁」作「舋」，李善引杜注亦作「舋」，俗字。

124 於汜城下涉汝水南歸　宋本「汜」作「氾」，正義同。按，音凡，則字當作「氾」。

125 對曰晉士起　禮記曲禮正義引作「擯者曰晉士起」，與今本異。

126 注起宣至斥尊　宋本此節正義在「辭不失舊」注下。

127 注烏餘至城是　宋本以下正義三節揔入「而貪之」節注下。

128 案廩邱地在東都　宋本「都」作「郡」，是也。

129 如鄭公孫段之得用　正德本、閩本「用」字空缺，監本誤「川」。宋本、毛本作「州」，是。

130 皆反其邑　宋本「反」作「取」，不誤。

131 取魯高魚　淳熙本「魯」作「曾」，非也。

132 宣子范匄　諸本作「宣」，淳熙本誤「入」。

133 而貪之是無以爲盟主也請歸之公曰諸孰可使也對曰胥梁帶能無用師晉侯使往胥梁帶晉大夫能無用師言有權謀 ●經文廿三字、注文十四字，各本在「諸侯弗能治也」節後，此本全脱，據各本補正。閩本注文亦脱，足利本無注中「能」字。 ×

附釋音春秋左傳注疏卷第三十七 止

附釋音春秋左傳注疏卷第三十八 起二十七年盡二十八年

經二十七年

134 宋爲主人 淳熙本「人」作「故」，非也。

135 故經唯序九國大夫 淳熙本「唯」誤「進」。

136 陳于晉會常在衛上 足利本後人記云：「晉會，異本作『盟會』。」

137 甯喜至從赴 宋本以下正義二節揔入「衛侯之弟」節注下。

138 於當誅 宋本「於」下有「法」字，是也。

139 不以殺君之罪討之故言追也 浦鏜正誤云：「『罪』當『時』字誤。」

140 書弟則示兄曲也 閩本、監本、毛本「示」作「是」。

141 君弱臣彊 閩本、監本「彊」作「疆」，非也，下同。 ×

142 恐不從巳意 宋本「巳」作「己」，是也，下「己心」同。 ×

143 未爲大失 毛本「失」誤「夫」。 ×

144 禮不馳請 宋本「禮」作「既」，是也。 ×

* 其君民食於深宮 補：案，「民」當作「眠」。

145 宋衛吾匹不視邾滕 閩本、監本「視」

作「是」，非也。

146 冬十有二月乙卯朔　石經、宋本、宋殘本、淳熙本、岳本、足利本「卯」作「亥」，不誤。

147 非十二月也　毛本「十」作「一」，非也。

傳二十七年

148 傳使烏餘具車徒　宋本、毛本無「傳」字。以下正義二節宋本摠入「諸侯是以睦於晉」注下。

149 烏餘以衆出　石經、宋本、宋殘本、淳熙本、岳本、纂圖本、監本、毛本、足利本「以」下有「其」字，是也。

150 皆取其邑而歸諸侯是以睦於晉　案，劉炫云「晉宋古文皆不重言『諸侯』」，正義曰「定本重有『諸侯』」，今石經及諸本皆重「諸侯」二字。細玩傳文，當以「使諸侯至皆取其邑而歸」爲句，下文「諸侯是以睦於晉」爲句，若此處重「諸侯」字則文理有礙，然則晉宋古本是，定本非也。

151 免餘衛大夫　監本「夫」誤「失」。×

152 祇成惡名止也　宋殘本「祇」作「祗」。纂圖本、監本、毛本作「秖」，亦非。宋本作「衹」，與石經及宋刻釋文合。

153 祇適也　淳熙本誤入上注「恐伐之未必勝之」句下。按，唐人「衹」，適也，其字衣旁，廣韻、玉篇皆然。

154 無他及臣皆死　宋本、宋殘本、淳熙本、岳本、纂圖本、監本、毛本「他」作「地」，是也。×

155 父子死余矣　顧炎武云：「石經『余』誤『餘』。」按，石經不誤。

156 注獻公所殺　宋本、監本、毛本「公」下有「至」字，以下正義五節宋本摠入「乃使文子爲卿」注下。

157 夏免餘復攻甯氏　顧炎武云：「石經『餘』誤『余』。」案，石經此處刓缺，所據乃謬刻也。

158 納我者死　釋文「納」作「內」，云「本又作『納』」。

159 不鄉衛國而坐　釋文：「鄉，本亦作『嚮』，俗字。」 ×

160 繐縗裳　釋文「縗」作「衰」，云「本亦作『縗』」。 ×

161 注稅即至言終身　宋本、監本、毛本無「言」字。

162 服之輕者　宋本「服」上重「稅服」二字。

163 杜以言義不通　宋本「言」作「其」，是也。

164 論語稱千室　諸本作「千」，此本誤「十」，今訂正。 ×

165 大夫稼家　閩本、監本、毛本「稼」作「之」，亦非；宋本作「稱」，是也。

166 欲弭諸侯之兵以爲名　案，周禮男巫「春招弭」，注「杜子春讀爲彌兵之『彌』」，傳作「弭兵」。段玉裁云：「古文假借也。」 ×

167 財用之蠹　葉抄釋文「蠹」作「蠧」，云「本亦作『蠹』」，注及正義同。

168 蠹害物之虫　宋本、宋殘本、淳熙本、岳本「虫」作「蟲」，不誤，正義放此。

169 注蠹害物之蟲　宋本以下正義十七節揔入「盟于蒙門之外」注下。

170 蝎木蟲也　宋本「木」下有「中」字。

171 興軍千萬　毛本「軍」作「師」，宋本、閩本、監本、毛本「千」作「十」，皆不誤。 ×

172 楚亦許之如齊齊人難之陳文子曰晉楚

許之　石經「楚」字起，「之」字止，分作二行，行九字。初刻似「齊」下多一字，「晉」、「楚」二字之間亦多一字。

173 則固攜吾民矣　石經、宋殘本、岳本「攜」作「攜」，是也。

174 以爲此享多文辭　宋本、閩本、監本、毛本作「文」，此本誤「人」，今訂正。

175 禮有定式　監本、毛本「定」作「足」，誤也。

176 丁卯宋戌如陳　宋本、宋殘本、淳熙本、岳本、纂圖本、監本、毛本「宋」下有「向」字，是也。石經初刻「向」上有「宋」字，後刊去，故「向」字一行九字。案，錢大昕云「上文已書『向戌』，此不當更言，『宋』石經刊去是也」。

177 不能服而使之　纂圖本「服」作「復」，非也。

178 子木使馹謁諸王　石經此處刓缺，閩本、監本、毛本「馹」作「驛」，非也，注文同。

179 戊寅左師至　淳熙本「左」誤「反」。

180 至盟時不得復訟爭　宋殘本「得」作「復」，淳熙本無「時」字，重「復」字，並非。×

181 陳孔奐蔡公孫歸生至　石經及諸本作「奐」，毛本誤「渙」。

182 此藩籬爲軍者　宋本「此」下有「以」字，是也。

183 是棄其所以服諸侯也　石經及諸刻本作「所」，淳熙本誤「信」。

184 四夫至其死　宋本、閩本、監本、毛本「四」作「匹」，是也。×

185 與宋致死　岳本無此四字。沈彤云：「此疑因疏文誤增，舊本無之。」

186 晉獨取信　淳熙本「取」作「旺」，誤。

187 則貢賦重　淳熙本「貢」作「真」，非是。

188 未有比交相見之議也　宋本、監本、毛本「比」作「此」，是也。 ×

189 但叔孫彊直　閩本、監本「彊」作「疆」，非也。

190 辛巳兮始結盟　閩本、監本、毛本「兮」作「乃」，亦非；宋本作「方」，是也。❸

191 其去盟日猶遠　毛本「日」作「旦」，非也。 ×

192 反魯復請　宋本「復」作「覆」。

193 是言其間定得反請　宋本「定」作「足」，是也。 ×

194 今君唯以此命告豹　淳熙本「唯」作「[口隼]」，誤。 ×

195 而乃校計公言是非　毛本「校」作「較」。

196 楚爲晉細　淳熙本、纂圖本、監本、毛本「爲」作「謂」，非也。

197 欲推使楚主盟　淳熙本、纂圖本「欲」作「故」，非也。

198 路堵父爲客　浦鏜正誤「路」作「露」，與國語合。

199 公與燕　宋本「與」下有「卿」字，是也。

200 無愧辭　釋文「愧」作「媿」。按，依說文則當作「媿」。

201 注五君謂文襄靈成景　宋本此節正義在「不可與爭」句下。

202 晉語訾祏對范宣子曰　閩本、監本「祏」作「祐」，非也。

203 **諸侯無二心** 監本「二」字脱上畫，考文云「『二』作『貳』」。按，明道本國語作「二」。

204 **及爲元師** 宋本、閩本、監本、毛本「師」作「帥」。按，作「師」是也。國語作「及爲成師」，唐固注云「爲成公君師」，此「元」字亦當爲「成」字之誤。

205 **居大傅** 監本、毛本「大」作「太」，下同。 ×

206 **景公爲大傅也** 宋本無「也」字。 ×

207 **晉荀寅遂如楚涖盟** 閩本、監本、毛本亦誤作「寅」，宋本、宋殘本、淳熙本、岳本、纂圖本、足利本作「盈」，與石經合。

208 **鄭伯享趙孟于垂隴** 淳熙本「于」作「子」，非也。

209 **請皆賦以卒君貺** 李善注荅東阿王書「請」下有「詩」字，似以意增也。

210 **注鶉之至君也** 宋本以下正義五節揔入「不亦可乎」句下。

211 **牀第之言** 淳熙本「第」作「第」，並非，下同。

212 **曰既見君子** 山井鼎云：「足利本後人『曰』上補『又』字，非也。」

213 **中心藏之** 山井鼎云：「一本後人改『藏』作『臧』。」案，作「臧」是也。

214 **何日忘之** 淳熙本「之」作「也」，非。 ×

215 **不忘族也** 閩本、監本、毛本「亡」作「忘」，非也。

216 **故能受天之祜** 宋殘本、閩本「祜」作「祐」。按，釋文作「祜」。

217 **匪交匪敖** 山井鼎云：「後人改『匪交』作『彼交』，不知據何本。」案，王念孫云「匪」即「彼」也，説詳廣雅疏證五下。

218 **趙孟因以取義** 監本「因」作「囙」。 ×

219 **以爲剚賓之榮樂也** 宋本、監本、毛本「剚」作「對」，是也。×

230 **謂賦蟋蟀曰** 纂圖本「曰」上衍「詩」字。

231 **即不淫也** 宋本「即不」上重「無荒」二字。

232 **民皆愛之** 「皆」字此本空闕，據宋本、閩本、監本、毛本補。

233 **宋左師請賞** 宋本、閩本、監本、毛本此節經文及注在正義「不亦可乎」之後。

234 **注欲宋君稱功無之邑也** 閩本「無」作「至」，宋本、監本、毛本作「欲宋至邑也」。以下正義三節宋本摠入「向戌之謂乎」注下。

235 **自矜其功** 宋本、閩本、監本、毛本作「矜」，此本誤「今」，今訂正。×

236 **自以爲已免死也** 宋本「已」作「己」，下同。

237 **而子求之** 石經、宋本、宋殘本、淳熙本、岳本、纂圖本、監本、毛本「求」下有「去」字，閩本初刻無，後刓擠。

238 **以誣道蔽諸侯** 石經及諸本作「蔽」，釋文云「服虔、王肅、董遇並作『弊』」。案，正義云「董遇、王肅本皆作『蔽』，謂以誣人之道掩諸侯也」，與陸氏異。惠棟云：「『敝』與『弊』通。昭十四年傳云『叔魚蔽罪邢侯』，周禮大司寇職云『以邦成弊之』，鄭衆曰『弊之，斷其獄訟也』，服虔又作『獘』，字異而音義實同也。」

239 **服虔曰獘踣也一曰罷也則知服本作獘** 閩本、監本、毛本上「獘」字改「敝」，下改「弊」。案，「獘踣也」本爾雅釋詁文。

240 **左師辭邑** 淳熙本「師」作「帥」。

241 **彼已之子** 石經、宋本、岳本「已」作「己」，是也。×

242 何以恤我我其收之　石經初刻「收」誤「牧」，後改刊。惠棟云：「頌云『假以溢我』，説文及廣韻引詩云『誐以謐我』，『誐』與『何』音相近。伏生尚書云『惟刑之謐哉』，古文作『恤』。恤，慎也，故毛傳亦訓溢爲慎，今傳作『恤』與毛傳義合。或古『謐』『溢』字通，鄭氏訓爲盈溢，失之。杜氏訓恤爲憂，尤誤。説文云『誐，嘉善也』，毛傳訓假爲嘉，義亦同。」按，段玉裁云：「莊子書『以言其老洫也』，陸德明云『洫，本亦作溢，同音逸』，然則『恤』與『謐』『洫』皆同部相假借。」

243 收取也　岳本「也」誤「之」。

244 東郭姜以孤入　纂圖本、監本、毛本「姜」作「彊」，誤也。

245 曰棠無咎　石經、宋本、宋殘本「無」作「无」，與釋文合。惠棟云：「『无』見衛宏古文奇字，今易『无咎』字皆從此。」

246 注有惡疾也　宋本以下正義三節揔入「慶封當國」注下。

247 疾之惡者也　宋本「疾」字上重「惡疾」二字。

248 不可自斤於己　宋本、閩本、監本、毛本「斤」作「斥」，是也。

249 爲崔杼所弒　纂圖本「弒」作「殺」。

250 苟利夫子必去之　考文云「宋板『之』作『也』」，非是。

251 使盧蒲嫳帥甲以攻崔氏　足利本「帥」作「率」。

252 終入於其宮　宋本「宮」誤「言」。

253 間先人之冡以藏之　間，諸本作「閒」，此本誤。宋本、宋殘本、岳本「冡」作「冢」，是也；淳熙本誤「家」。

254 必能養民　毛本「必」誤「以」。

255 申鮮虞來奔　纂圖本「申」作「中」。

256 以應大止　宋本、閩本、監本、毛本「大止」作「天正」，是也。

257 具依春秋經傳　監本、閩本、毛本「具」作「俱」。

258 大凡經傳有七百七十九日　監本、毛本「七十」作「九十」。李鋭云「晉書志作『七十』」，宋本是也。

經二十八年

259 以絶位不爲卿　淳熙本「卿」作「罪」，非也。

260 楚子昭卒　案，史記、論衡吉驗篇「昭」作「招」。

261 十二月戍戌　宋本、閩本、監本、毛本「戍」作「戊」，是也。

傳二十八年

262 注梓慎至其事　宋本以下正義六節揔入「不饑何爲」注下。

263 飢寒之不恤　監本「飢」作「饑」，非也。

264 枵之言耗耗虚之意也　宋本「耗」作「秏」，是也。❹

265 一千七百二十八年　浦鏜正誤云：「『二』上脱『計』字，從昭卅二年疏挍。」

266 利得行天一周也　宋本「利」作「剌」，不誤。

267 以十一除之　宋本「一」作「二」，是也。李鋭云：「漢書三統術『日積次盈十二，除去之』。」❺

268 而温無冰　淳熙本「冰」誤「泶」。

269 地氣發洩　釋文「洩」作「泄」，是也。

270 而有天時温煖之菑　宋本「煖」作「暖」。

271 歲星自淫行天時自温暖　監本「行天」二字誤倒。

272 蛇乘龍　石經初刻「虵」，後改「蛇」。

273 木位在東方　宋本「木」誤「末」。

274 枵耗名也　石經、宋本、宋殘本、淳熙本、閩本「耗」作「秏」，與釋文合，注及正義並同。❻

275 虚爲其中　監本、毛本「爲」作「危」，非也。

276 飢寒之不恤　監本、毛本「飢」作「饑」，非。

277 夏齊侯陳侯蔡侯北燕伯　淳熙本脱「陳侯」二字，「伯」誤「地」。

278 楚屬也　淳熙本「屬」誤「子」。

279 今薊縣　淳熙本「薊」誤「蘇」。

280 注陳侯至薊縣　宋本以下正義二節摠入「子其勸行」注下。

281 從之如志　此本「如志」二字誤作注，今訂正。

282 未可忘也　顧炎武云：「石經『忘』誤『志』。」案，石經此處刓缺，所據乃補刻也。

283 入于鄭鄭伯享之　石經此處刓缺，淳熙本不重「鄭」字，非也。

284 君使子展迋勞於東門之外而傲　案，漢書五行志引「迋勞」作「往勞」，「傲」作「敖」，下「隋敖」同。釋文「於」作「于」。

285 君小國事大國　按，漢書五行志引傳亦作「君小國」，釋文云「古本無『小』字」，正義曰「晉、宋古本及王肅注其文皆如此。君國謂爲國君，言其爲君之難也。今定本作『小國』」。案，臧琳云：「案正義知孔本作『君國事大國』，晉、宋古本及王肅本並同。蓋君國猶言君人，正義云『君國謂爲國君』，是也。唐定本因『君國』字古，因改『君』字爲『小』，陸氏更參合古今本作『君小國事大國』，則愈改而愈失其真。猶幸有『古本無小字』一言，考之正義爲合，而陸氏參合之迹亦不求而自見矣。正義標起至『君小國』『小』字，亦因釋文誤衍也。」

286 君小國事大國　宋本此節正義在「恒有子禍」注後。

287 爲三十年蔡世子班弒其君傳　淳熙本、纂圖本「三」作「二」，非。案，班，經文作「般」。

288 吾將使馹奔問諸晉而以告　閩本、監本、毛本「馹」作「驛」，非也。

289 跋涉山川　案，儀禮聘禮注云「詩傳曰『軷道祭也，謂祭道路之神』，春秋傳曰『軷涉山川』」。○宋殘本自「必使而君」「君」字起至「知無能謀也」「謀」字止，缺兩葉。

290 今執至敢憚　宋本以下正義五節搃入「周楚惡之」注下。

291 今游吉還使鄭伯來　宋本、毛本「今」作「令」，不誤。×

292 也極更無所往　閩本、監本、毛本「也」作「已」，亦非；宋本作「位」，是也。×

293 艮止於上　宋本、閩本、監本、毛本作「艮」，此本誤「良」，改正。×

294 輔爵物以養人　宋本、毛本「爵」作「嚼」。

295 吾乃休吾民矣　淳熙本、足利本「矣」作「也」。

296 裨竈曰　石經、宋本、岳本「裨」作「禆」，是也。

297 舍不爲壇　石經「舍」上有「草」字，乃重刊增入也。正義曰「服虔本作『墠』」，惠士奇云「『墠』、『壇』二字俱從土，而單、亶爲聲，似古通用」。案，三家詩今文作「東門之墠」，毛詩古文作「東門之壇」，左氏亦古文，當作「壇」爲正。

298 注至敵至郊勞　宋本以下正義二節揔入「無昭禍焉可也」注下。

299 昭其禍　宋本「昭」上有「以」字，是也。

300 千言草舍者　宋本、閩本、監本、毛本「千」作「下」，是也。

301 因循不廢也　宋本「因」上有「言」字。

302 宣告後人無怠於德　石經「後」字起，一行計十一字，「人無怠」三字改刊。

303 奉行大國之政　淳熙本「行」作「其」，非也。

304 國遷朝焉　宋本以下正義十五節揔入「其將聚而殲旃」注下。

305 亡人辟崔氏難出奔者　宋本「出」誤「山」。

306 辨別也　釋文「辨」作「辯」。

307 別姓而後可相取　釋文：「取，亦作『娶』。」

308 則女亦辟宗　閩本、監本、毛本「女」作「妻」，非。

309 言彼宗不於處相辟也　宋本「於」下有「我」字。

310 寢戈親近兵杖　淳熙本「近」作「迫」。

311 朔月少牢　毛本「牢」誤「斗」。

312 而以其洎饋　宋本無「而」字。

313 子雅子尾怒　案，惠棟云：「韓非子云『子夏、子尾者，景公之二弟也』。『夏』與『雅』古字通。」

314 使析歸父告晏平仲　顧炎武云：「石經『晏』

誤『宴』。」案，石經「曰」字上半猶存，炎武非也。

315 不敢洩謀　淳熙本「洩」作「淺」，誤也。

316 文子使召之　顧炎武云：「石經『召』誤『君』。」案，石經此處刓缺，炎武所據謬刻也。

317 慶嗣聞之　釋文云：「繼嗣之嗣，本或作『慶翩』，誤。」 ×

318 子家慶封字　岳本「字」誤「子」。

319 幸而獲在吳越　毛本「在」作「其」，誤也。

320 十一月乙亥嘗于大公之廟慶舍涖事盧蒲姜告之且止之　石經「一」字起一行，「舍」字起一行，每行計十一字。

321 慶奊　宋本、宋殘本「奊」作「奊」，是也。案，說文云「頭衺、骫奊態也，從夨，圭聲」。

322 又此祭慶舍涖事　宋本、閩本、監本、毛本作「涖」，此本誤「位」，今訂正。

323 慶氏之馬善驚　顧炎武云：「石經『馬』誤『焉』。」案，「馬」字石經尚存一半，炎武所據補刊本也。

324 士皆釋甲束馬　監本「馬」誤「焉」。

325 士往觀之　監本「士」字脱下畫。 ×

326 國人從旁爲優　毛本「旁」作「傍」，非也。

327 劉輒以爲規　閩本、監本、毛本無「劉」字。

328 桷椽也　宋殘本作「椽也」，非也。

329 盧蒲癸自後刺子之　宋本、宋殘本、岳本「刺」作「刺」，是也。

330 猶援廟桷動於甍　閩本、監本「甍」誤「薨」；淳熙本作「薨」，尤非，注同；石經初刻亦誤作「薨」，後改正。

331 此是屋上之長林　宋本「林」作「材」，是也。

332 以俎壺投殺人而後死　石經初刻「人」誤「之」，後改正。

333 羣臣爲君故也　石經初刻脱「也」，後旁增入，是也。

334 言欲尊公室　宋本、宋殘本、淳熙本、纂圖本、閩本、監本、毛本作「室」，此本誤「宝」，今訂正。

335 人必瘁　石經作「瘁」，誤也。

336 慶封汜祭　岳本作「氾」，釋文同，「芳劒反」。案，周禮大僕注「『窆』讀如『慶封氾祭』之『氾』」。

337 取韭菹以偏擩于醢　宋本「偏」作「徧」。按，儀禮作「辯」。段玉裁校本「擩」作「㨎」，云：『古音『耎』聲在十四部，『需』聲在四部，其音畫然分別，後人乃或淆亂其偏旁，本从『耎』者譌而爲『需』，而音由是亂矣。』説詳説文注。

338 祭飲酒於上豆之間　宋本「酒」作「食」。

339 穆子不説　石經、宋本作「弗説」，與釋文合。

340 吳句餘予之朱方　淳熙本「句」作「勾」，宋殘本「予」作「子」，並非。

341 子服惠伯謂叔孫曰　石經「叔孫」誤倒。

342 善人富謂之賞　後漢書方術傳注引作「善人富謂之幸」。

343 故鉏在魯　釋文云：「本或作『故公鉏者』，非。」✕

344 賈在句瀆之丘　案，二十一年傳云「公執子買于句瀆之邱」，此作「賈」，未知孰是。❼

345 在襄二十一年　宋本、宋殘本、淳熙本、足利本無「襄」字。宋殘本、宋本、岳本、足利本「一」誤「五」。

346 與晏子邶殿　石經、宋本、宋殘本、淳熙本、岳本、纂圖本、毛本「邶」作「邶」，不誤，下同。❽

347 注六十邑　宋本以下正義七節摠入「皆曰崔子也」注下。

348 下云與北郭佐邑六十　諸本作「云」，此本誤「示」，今訂正。

349 受而稍致之　淳熙本「稍」誤「梢」。

350 武王有亂臣十人　宋本、宋殘本、淳熙本、岳本、足利本無「臣」字，與石經合。案，石經此行止九字，蓋初刻有「臣」字，後改正也。惠棟云：「石經論語亦然。又昭廿四年傳引大誓亦無『臣』字，後人皆據晉時所出古文大誓以益之，非也。」顧炎武云石經脱「臣」字，失之。

351 崔氏大璧　宋殘本「大」作「之」。

352 始求崔杼之尸不得　諸本作「尸」，此本誤「凡」，今改正。✕

353 注始求而知之　閩本亦誤作「而」，宋本、監本、毛本作「至」，是也。

354 伯有廷勞於黄崖　釋文云「崖，本又作『涯』」，石經及諸本皆作「崖」。

355 熒陽宛陵縣　宋本、岳本、纂圖本、毛本「熒」作「滎」，非也。✕

356 伯有無戾於鄭　諸本作「伯」，纂圖本誤「荀」。

357 濟澤至尸之敬也　宋本無「尸之」二字，以下正義二節摠入「宋公遂反」句下。

358 南澗之濱　宋本、閩本、監本、毛本「間」作「澗」，是也。

359 **如是女之服蘭也**　閩本、監本、毛本「如」誤「知」。宋本重「是」字，「之」作「子」。

360 **飢寒之不恤**　監本「飢」作「饑」，非，下同。

361 **成伯榮駕鵞**　宋本「駕」作「鴐」，北宋刻釋文同，説詳定元年。

362 **宋盟有衷甲之隙**　釋文云：「隙，本或作『郤』。」 ×

363 **不以此廢好**　纂圖本「此廢」誤「比發」。

364 **以徵過也**　釋文：「徵，本或作『懲』，誤。」 ×

365 **非有事宜**　纂圖本「宜」誤「且」。

366 **故以此廢例**　纂圖本「亦」作「以」，「例」誤「列」。諸本「廢」作「發」，淳熙本亦誤「廢」。❾

24—367 **注徵審至發例**　閩本「徵」作「懲」，非。諸本作「發」，此本誤「廢」，今改正。 ×

附釋音春秋左傳注疏卷第三十八　止

校　記

❶ 南昌本末增「○今依訂正」。

❷ 南昌本此條頂格，誤作傳文出校例。

❸ 南昌本末增「○今從宋本」。

❹ 南昌本末增「○今從宋本」。

❺ 南昌本末增「○今改作『二』」。

❻ 南昌本末增「○今訂作『秏』」。

❼ 公孰子，左傳注疏諸本皆作「孰公子」，校勘記當爲不慎誤例。

❽ 南昌本末增「○今并訂正」。

❾ 南昌本末增「○案，毛本『以』作『於』，義長」。

春秋左傳注疏校勘記卷二十五

25—001 附釋音春秋左傳注疏卷第三十九起二十九年盡二十九年　宋本春秋正義卷第二十五。石經春秋經傳集解襄第十九，翻刻岳本「襄」下增「公」字，並盡三十一年。○案，岳本此卷缺，今以明翻本挍。

經二十九年

002 冬公會諸侯于黑襄　宋本、閩本、監本、毛本「襄」作「壤」，不誤。×

003 十一年春　毛本「一」作「二」，非也。

004 十八年于虛杍　宋本、閩本、監本、毛本「杍」作「朾」，是也。×

005 令知不然者　宋本、閩本、監本、毛本「令」作「今」，是也。×

006 河不尋此理　宋本、閩本、監本、毛本「河」作「劉」，是也。×

007 閽弒吳子餘祭　釋文「弒」作「殺」，「申志反」。禮記曲禮「刑人不在君側」，正義引同。

008 王官每門四人　宋本「官」作「宮」，是也。×

009 令蓋以攝卿行　宋本、纂圖本、翻岳本、閩本、毛本「令」作「今」，是也。監本「今」字模糊。

010 賈逵服虔皆以爲夷未新即位　宋本、閩本、毛本「未」作「末」，是也。

011 下文有利　宋本、監本、毛本「利」作「秋」，是也。×

012 告以三月被弒　宋本「三」作「五」，是也。×

傳二十九年

013 注釋至朝正　宋本「釋」下有「解」字，以下正義五節揔入「既而悔之」注下。

014 楚人使公親襚　案，説文引傳作「楚使公親襚」。

015 諸侯有遺使賵襚之禮　釋文云：「襚，本作『贈』。」

016 令楚欲遺使之此　諸本「令」作「今」，「此」作「比」，宋本、淳熙本、岳本、纂圖本、足利本「欲」下有「依」字，是也。

017 諸侯至之此　宋本、閩本、監本、毛本「此」作「比」，不誤。

018 楚人以諸侯相於　閩本、監本、毛本「於」作「好」，非也。

019 欲以公依遺使之此　宋本、閩本、監本、毛本「此」作「比」。

020 祓殯而襚　岳本、閩本、監本「祓」誤「袚」，注及正義同。

021 先使巫祓除殯之凶邪　閩本、監本、毛本脱「除」字。

022 令楚人以公身在　宋本、閩本、監本、毛本「令」作「今」，是也。

023 公依遺使之比　宋本「公」上有「令」字。

024 然後致亨　宋本、閩本、監本、毛本「亨」作「享」。

025 自然致襚似布幣　毛本「似」作「以」。

026 令賛曰䟽云　宋本「令」作「今」。

027 既無而行襚禮　宋本「既無」上有「凶邪」二字。

028 葝是箒　宋本「箒」作「帚」，是也。

029 今世所謂苕帚者　閩本、監本、毛本「帚」作「箒」，非。

030 注兵死至比郭　宋本、閩本、監本、毛本「比」作「北」，是也。×

031 周禮家人　宋本、閩本、監本、毛本「家」作「冢」，不誤。

032 卞其兆域　閩本、監本、毛本「卞」作「下」；宋本作「辨」，是也。

033 熊麇也　監本、毛本「麇」誤「麋」。×

034 言楚君弱　淳熙本「弱」作「郭」，誤也。

035 季武子取卞　釋文「卞」作「弁」，云「本又作『卞』，俗字」。×

036 璽書追而與之　石經、宋本「與」作「予」。案，外傳亦作「予」。

037 注璽印也　宋本以下正義三節揔入「且無使季氏葬我」句下。

038 璽印也信也　浦鏜正誤云「『信』上脱『印』字」，是也。

039 周封璽　段玉裁挍本「周」作「固」。按，今月令作「固封疆」。

040 又以玉　今本獨斷「以」上有「獨」字。

041 令之印章也　宋本、閩本、監本、毛本「令」作「今」，是也。×

042 欲之而言叛　石經初刊脱「叛」字，即增「言」字下。

043 衹見疏也　宋本「衹」作「祇」，正義引服虔本亦作「衹」，釋文同。石經作「祇」，是也。凡唐石經、廣韻皆作「衹」，从衣、从氏，適也。毛誼父六經正誤云「『衹』作『衹』，誤。『衹』音低，衹裯，短衣」。案，「衹裯」之「衹」見方言，從氏，不從氐。釋文云「本又作『多』」，正義云「晉宋杜本皆作『多』，古人『多』、『衹』同音」。惠棟云：「『䟽』當爲『詤』字之誤也。呂覽知接篇云『無由接而言見詤』，高誘曰『詤讀誣妄之誣』，下云『欺其君何必使余』，明『䟽』爲『誣』，欲之而言叛非誣乎？」陳樹華云：「杜氏好改古文，故古文、古義存者少矣。」詤，呼光切，見説文。

044 服虔本作祇　按，「祇」當作「衹」，下同。

045 公謂公冶曰　翻岳本「謂」誤「問」。

046 公令以恩加賜　宋本「令」作「今」，是也。

047 固辭强之而後受　石經「固辭」二字誤倒。

048 勸公歸也　宋本、足利本無「也」字。

049 注葬靈至段往　宋本正義無「注」字，以下正義二節在「遂使印段如周」注下。

050 蓋別有所掌兵子展守國　宋本「兵」作「共」，閩本、監本、毛本作「矣」，非也。

051 不遑啓處　石經、宋本「遑」作「皇」。

052 皇暇也　宋本「皇」下有「閒」字。按，今本爾雅作「偟暇也」。

053 以蕃王室也　釋文「蕃」作「藩」。

054 以子展之命　宋本以下正義二節揔入「其以宋升降乎」注下。

055 注治理至其城　宋本以下正義四節揔入「子賤之也」注下。

056 知治杞之地　宋本重「治杞」二字，是也。

057 文子衛人叔儀　宋本、淳熙本、纂圖本、翻岳本、閩本、監本、毛本「人」作「大」，是也。

058 周宗諸姬也　諸本作「諸」，此本誤「諎」，今訂正。

059 夏肆杞也　岳本脱「也」字。

060 鄭元云　案，當作「毛傳云」。

061 猶木之栫生小我也　宋本、閩本、監本、毛本「我」作「栽」，不誤。

062 則昏姻甚歸附也　宋本、足利本無「也」字。

063 齊高子容　石經本有「齊」字，後磨去，改刊「高子容」三字，故此行九字。案，錢大昕云：「此『齊』字後人妄加，石經磨改本是也。傳於列國諸卿或書國，或不書國，皆有義例，如此篇大叔文子不書衛，高子容不書齊，已見經文故也。經不書游吉，故子大叔稱鄭以別之；華定書官不書族，故稱宋以別于他國。左氏傳不可增損一字如此。」

064 相禮侍威儀也　淳熙本「侍」誤「特」。

065 侈將以其力斃專則人實斃之將及矣　石經此行九字，「斃」字起，「及」字止，「將及」二字改刊，疑初作「侈將及矣」。釋文所云「本或作『侈將及矣者』，非」，是也。案，漢書五行志引傳文「斃」作「敝」。

066 爲此秋高止出奔燕　淳熙本、纂圖本「止」誤「正」。

067 展玉父　宋本、翻岳本「玉」作「王」，與石經合。

068 公巫召伯仲　釋文「召」作「邵」。案，唐韻云「魯有仲顏、莊叔」，是「仲」當連下。

069 下叔侯云　宋本「下」下有「文」字，是也。

070 杜以其言大悖無復君臣之禮　宋本「悖無」作「爵欲」，非也。

071 先君不高尚此叔侯之取貨也　閩本、監本、毛本作「尚」，此本模糊，據以補正。

宋本「此」作「地」，非也。

072 追恨不殺靈王　宋本「恨」作「欲」，非也。

073 霍揚韓魏　諸本作「揚」，石經初刻「楊」，後改從扌。段玉裁云初刻「作揚」，是也。

074 焦在陜縣　淳熙本「陜」作「郟」，非。

075 何有盡歸之　淳熙本「有」誤「存」。

076 書魯之朝聘　岳本脱「之」字。

077 言先君毋寧怪夫人之所爲　淳熙本「君」誤「若」。

078 不得以壽終　宋本、明翻岳本「終」作「死」。

079 爲昭四年豎牛作亂起本　閩本、監本、毛本「豎」誤「竪」。

080 好善而不能擇人　宋本正義自此節起至「君侈而多良」節止摠入「自免於難」句下。

081 有曰好善仁擇人鑒　閩本、監本、毛本「有」誤「貴」。×

082 命魯公世世祀周公以天子之禮樂　毛本「祀」作「祝」，非也。×

083 使工爲之歌周南召南　釋文云：「召，本亦作『邵』。」×

084 周召者岐山之陽地名　毛本「岐」作「歧」，非，下同。×

085 文王改都於豊　宋本、閩本、監本、毛本「豊」作「豐」。

086 令此爲季札歌者　宋本、閩本、監本、毛本「令」作「今」，是也。×

087 詩者志之所乏也　宋本、閩本、監本

「乏」作「之」，是也。×

088 故嗟嘆之　宋本「嘆」作「歎」。

089 取詩爲章　宋本「取」作「歌」。

090 神瞽人賢　宋本「人」作「大」，是也。×

091 此作周召也詩　宋本、監本、毛本「也」作「之」，是也。×

092 爲之歌邶鄘衛　諸本作「邶」，監本誤「⿰比阝」，下同。

093 注武王伐紂分其他西監　閩本、監本、毛本「他西」作「地三」。宋本作「注武王至之化」。×

094 更於此三國　毛本「三」誤「二」。×

095 兼并彼一國　宋本「一」作「二」，是也。

096 而必爲三者　宋本「必」下有「分」字，是也。

097 武公康叔九世孫　諸本作「世」，此本誤「出」，今訂正。×

098 注王黍離至爲雅　宋本無「離」字。

099 於漢則京兆郡鄭縣　齊召南云：「西漢京兆稱尹，不稱郡。鄭氏詩譜本無『郡』字，河南郡同，『扶風』下亦衍『郡』字。」

100 與晉文侯定平王於東都王城　監本「與」誤「爲」。

101 武公又作卿士　宋本亦作「又」；閩本、監本、毛本作「入」，是也。×

102 齊者古少皞之世　宋本「皞」作「皡」。×

103 維淄之野　宋本「維」作「濰」，是也。×

104 後凡十一篇皆齊風也　宋本「後」上

有「以」字，是也。

105 爲之歌豳　毛本作「豳」，與説文合。

106 是其郡也　宋本「郡」作「都」，是也。×

107 美哉亦美其聲也　監本、毛本「亦」作「又」，非也。

108 禮樂傳御之好　宋本「傳」作「射」，是也。×

109 而受其地　宋本、淳熙本、明翻岳本「其」下有「故」字，是也。

110 魏姬姓國　宋本、淳熙本、纂圖本、明翻岳本、閩本、監本、毛本作「姓」，此本誤「往」，今訂正。

111 魏君儉嗇目褊急　閩本「目」作「自」，亦非。宋本、監本、毛本作「且」，是也。監、毛「褊」誤「徧」。

112 險而易行　注云：「『險』當爲『儉』字之誤也。」惠士奇云：「險，史記作『儉』，古文也。古文易云『動乎儉中』，又云『儉德辟難』，皆讀爲險。『險而易行』即易之『易以知險』，杜云『當爲儉誤』，是也。」惠棟云：「漢劉脩碑云『動乎儉中』，今易作『險』。」案，文選張載魏都賦注引傳作「儉」，是也。釋文依注音儉。

113 則險節易行　宋本、明翻岳本、監本、毛本「險」作「儉」，是也。上文曰「當爲儉矣」，則竟易爲「儉」字，此漢人注經之例也。

114 周成王封母弟叔虞於堯之故虛　宋本、閩本、監本、毛本「虛」作「墟」。案，「墟」、「虛」古今字。

115 其有陶唐氏之遺民乎　案，漢書地理志引亦作「遺民」，杜注云「晉本唐國，故有堯之遺風」，詩唐風正義、史記吳世家引傳作「遺風」。

116 何憂之遠也　石經「何」下有「其」字。案，詩唐風正義引傳作「何其憂之遠也」;「之遠」上,石經旁加「思」字,非唐刻也。

117 曰思深哉至能若是　宋本無「深哉」「能」三字。×

118 陳者大皞伏犧氏之虚也　閩本、監本、毛本「犧」作「羲」。

119 帝舜之胄　毛本「舜」誤「堯」。

120 言季子聞此二國歌　淳熙本「二」作「一」,非。纂圖本、閩本、監本、毛本作「三」,亦誤。

121 而好衣服　浦鏜云:「『好』下脱『絜』字,從詩譜增。」

122 曹者禹貢兖州陶邱之地名　浦鏜云「『之』下脱『北』字,從詩譜增也」。

123 國人作蜉蝣之詩以刺之　閩本、監本「詩」誤「時」。×

124 代殷繼伐　宋本、閩本、毛本作「伐殷繼代」,閩本惟上「伐」字作「代」。按詩序皇矣「是代殷之」詩,文王有聲「是繼伐之」詩,此本是也。

125 仁及草木　毛本「草」改「艸」。×

* 既有小雅之體　補:案,「小雅」下當有「大雅」二字。

126 無復小體　浦鏜正誤「小」作「别」。

127 本由此風雅而來　宋本「此」作「比」。

128 思文武之德　監本「武」作「王」,毛本作「工」,並非。

129 謂有殷王餘俗故末大衰　宋本、淳熙本無「衰」字,史記集解引注文同。正義云「故使周德未得大也」,亦無「衰」字。

130 衰小也　宋本、閩本、監本、毛本作「衰」,

此本誤「襄」，今改正。

131 其文王之德于故也　宋本、閩本、監本、毛本「于」作「乎」，是也。

132 頌者以其成功告於神明　足利本「神明」二字誤倒。

133 以其成功告於神明可也　閩本「亦」作「可」，宋本、監本、毛本作「者」。

134 民安而財豊　宋本、閩本、監本、毛本「豊」作「豐」，是也。

135 未嘗不祭羣神祖廟　浦鏜正誤「祖廟」二字作「但」字，屬下讀。

136 故大平德治　宋本、閩本、監本、毛本「治」作「洽」，不誤。

137 頌詩止法祭祀之狀　宋本、監本、毛本「法」作「述」。

138 先祖非人　宋本「非」作「匪」，是也。

139 止謂周頌也　閩本、監本、毛本「止」作「正」，誤。

140 纔如變風之美者　閩本、監本、毛本「如」作「知」。

141 曰至矣哉　釋文云：「一本無『矣』字。」

142 曲而不屈　史記「屈」作「詘」。案，作「詘」是正字，古人言「詰詘」猶今人言「屈曲」也。

143 屈橈　釋文亦作「橈」，是也。宋本作「憢」，閩本、監本、毛本作「撓」，並非。

144 處而不底　石經「底」作「底」，非。案，說文「底，山居也，下也，从广，氐聲」，玉篇同，廣韻云「底，下也，止也」。

145 **之十四事**　宋本「之」作「凡」，不誤。×

146 **失於屈橈**　閩本、監本、毛本「橈」作「撓」，非，下同。×

147 **倩疑在下**　宋本、監本、毛本「倩」作「猜」。×

148 **數遷德者**　宋本、閩本、監本、毛本「德」作「徙」，是也。×

149 **不爲下風厭薄**　宋本、閩本、監本、毛本「風」作「之」，是也。×

150 **此哀而能不愁也**　宋本、正德本、閩本亦作「不」，監本、毛本誤作「憂」。

151 **本非德治之歌**　宋本、閩本、監本、毛本「治」作「洽」，是也。×

152 **商頌之大體**　宋本「商」作「但」，是也。×

153 **象箾舞所執**　足利本「舞」下有「者」字，李善注文選長笛賦引同。

154 **大咸大磬**　閩本、監本、毛本「磬」誤「罄」。×

155 **舞大獲以享先妣**　宋本、閩本、監本、毛本「獲」作「濩」，不誤。毛本「妣」作「姒」，非也。×

156 **樂以先歌後舞**　宋本「以」作「必」，是也。×

157 **言天下樂箾去無道**　段玉裁云：「『箾』當作『削』，此以削訓箾也。」

158 **各以意言之耳**　監本「各」誤「外」。×

159 **詩云維清奏象舞則此象箾之舞**　浦鏜云：「『詩』下脱『序』字，『則』疑『即』字誤。」

160 **不應復象文王之伐**　浦鏜正誤「應」作「言」。

161 **故此直言舞也**　浦鏜正誤「舞」作「象」。

162 捎鳳凰　宋本「凰」作「皇」，是也。

163 其箾拍字同也　宋本、監本、毛本「拍」作「捎」。

164 曰美哉猶有憾　釋文「憾」作「感」，云「本又作『憾』」。×

165 四成而南國是彊　宋本「彊」作「疆」。浦鏜云：禮記正義云「象武王伐紂之後，南方之國於是疆理也」。

166 言其德能成武功也　閩本、監本、毛本脱「也」字。

167 比舞四代之樂　宋本、監本、毛本「比」作「此」，是也。×

168 以象以一代大樂　閩本、監本、毛本下「以」字作「爲」，亦誤；宋本作「非」，是也。❶

169 見舞韶濩者　諸本作「韶」，釋文云「本或作『招』」。

170 韶亦紹也　浦鏜正誤「亦」作「言」。

171 聖人之宏也　蔡邕注典引引作「聖人之治也」。

172 樂記解此樂名　宋本「名」下有「云」字。

173 禹治水敷土　監本「土」誤「上」。×

174 鳳皇來儀　閩本、監本、毛本「皇」改「凰」。×

175 言簫見細器之備也　宋本、閩本、監本、毛本作「也」，此本誤「他」，今改正。

176 如天之無不幬也　案，後漢書宋穆傳注引作「如天之無不燾」，史記同，是二字古多通用。

177 在吴雖已涉見此樂歌之文　淳熙本「涉」誤「步」。

178 縞白繒也　毛本「繒」誤「繪」。×

179 公叔發　案，禮記檀弓注云「文子，衛獻公之孫，名拔，或作發」，正義曰「案，世本『衛獻公生成子當，當生文子拔』」。是獻公孫也，或作「發」者，以春秋左氏傳傳作「發」，故云或作「發」。

180 言晉國之政　諸本作「政」，史記正義引作「祚」。

181 故政在家　案，史記正義引作「故政在三家也」。

182 君侈而畏多　宋本、閩本、監本、毛本作「君侈而多良」，是也。×

183 放其大夫高止於於北燕　諸本不重「於」字，此衍文也。

184 注實放至示罪　宋本此節正義在「故難及之」句下。

185 不以禮出也　毛本「以」誤「必」。×

186 故傳通以違文　閩本、監本、毛本「違」作「爲」；宋本作「以違爲文」，是也。

187 齊人至仲也　宋本此節正義在注文「晉人善其致邑」句下。

188 裨諶曰　惠棟云：「漢書古今人表作『卑湛』，師古曰『卑音脾，湛音諶』；風俗通曰『卑氏，鄭大夫卑湛之後，後漢有卑躬爲北池大守』。杜改『卑』爲『裨』，俗又改『湛』爲『諶』，古文盡亡矣。釋文猶作『湛』，云『本亦作諶』。」段玉裁云：「裨諶之名葢本是『煁』字。『煁』者，烓也；『烓』者，行竈也。故裨諶之字曰竈。」

189 不然將亡矣　石經「將亡」二字改刊，初刻脱「將」字，後增正也。

190 案傳伯有死後　毛本「後」誤「彼」。×

191 故鄭人使知政耳　宋本無「耳」字。×

附釋音春秋左傳注疏卷第三十九　止

附釋音春秋左傳注疏卷第四十　襄三十年

經三十年 盡三十一年

192 天火曰灾 宋本、淳熙本、纂圖本、明翻岳本、閩本、監本、毛本「灾」作「災」。

193 共姬從夫謚也 宋本、明翻岳本、毛本「謚」作「諡」，非。

194 三月而葬速 纂圖本「三」誤「二」。 ×

195 據傳子皙伐伯有 閩本、監本、毛本「皙」誤「晳」。

196 宋灾故 石經、宋本、淳熙本、纂圖本、明翻岳本、毛本「灾」作「災」。石經「故」下後人增「也」字，非也。

197 以戌宋亂 宋本、閩本、監本、毛本「戌」作「戍」，是也。 ×

198 杜此注故以唯言惡宋人 宋本、監本、毛本「故」作「何」，是也。

199 以傳云書曰某人某人 浦鏜正誤云：「『某人』下脱『會于澶淵』四字。」山井鼎云：「『某』作『厶』，俗字也。」

傳三十年

200 穆叔問王子之爲政何如 釋文作「問王子圍之爲政」，云「一本無『圍』字」。案，石經此行重刻，疑初刊有「圍」字也。

201 王子之爲政 宋本此節正義在注文「故穆叔問之」下。

202 子蕩將與焉 石經、宋本、淳熙本、纂圖本、明翻岳本、閩本、監本、毛本作「蕩」，此本誤「湯」，今訂正。

203 郟敖微弱 監本「郟」作「郲」，誤。 ×

204 愎很也 閩本、監本、毛本「很」作「狠」，非也。 ×

205 良霄出本傳　宋本、淳熙本、纂圖本、明翻岳本、閩本、監本、毛本「本」作「奔」，是也。

206 三月癸未　石經、宋本、淳熙本、明翻岳本、足利本「三」作「二」，不悞。

207 有與疑年　石經「有與」一行九字，初刻「有」字下有兩字，後刊去，刻「與」字。

208 有與至之年　宋本此節正義起至注「以役孤老故止」揔入「勉事之而後可」注下。

209 得甲子甲戊　纂圖本、閩本、監本、毛本「戊」作「戍」，亦非；宋本、淳熙本、明翻岳本作「戌」，是也。

210 吏走問諸朝　釋文「吏」作「使」。案，正義曰「俗本『吏』作『使』」。

211 魯叔仲惠伯會郤成子于承匡之歲也　石經「仲」字起，「承」字止，此行九字，「惠伯會郤」四字係改刊。

212 晉人之言　宋本「之」作「所」。

213 皆取長狄名　纂圖本「皆」誤「音」。

214 亥字二畫在上　淳熙本「亥」誤「月」。

215 併三六爲身　閩本、監本、毛本「六」誤「人」。

216 則是生來日數也　毛本「生」誤「主」。

217 其説文是小篆之書　毛本「小」字左點脱。

218 起接盛陰　毛本「盛陰」字誤倒。

219 然則二萬二千六百有六旬也　淳熙本、明翻岳本、足利本「二千」作「六千」，與石經合。按，正義本同。

220 爲一十四年　宋本、閩本、監本、毛本「一」作「七」，是也。

221 得二萬六千一百四十五日也　宋本、閩本、監本、毛本「一」作「六」，不誤。

222 所以少三日者　宋本「三」作「二」。

223 二十三日得癸未　監本「二」字脱上畫。×

224 云皮冠　閩本、監本、毛本「云」作「王」，非也。×

225 衣服之名復陶　監本、毛本「服」作「冠」，非也。×

226 辯其夫家人民　淳熙本、明翻岳本「辯」作「辨」。案，周禮作「辨」。

227 而辨其夫家人民　閩本、監本、毛本「辨」作「辯」。×

228 田來之數　宋本「來」作「萊」，不誤；閩本、監本、毛本作「畝」，非也。

229 蓋以居在絳邑　閩本、監本、毛本「居」作「車」，非是。

230 其庸可媮乎　纂圖本「媮」誤「偷」。

231 君臣詛盟　淳熙本「臣」作「子」，非也。×

232 蔡景侯爲大子般娶于楚　石經此處刓缺。顧炎武云：「娶」誤作「聚」，所據謬刻也。釋文「于」作「於」。

233 單公子愆期爲靈王御士　石經「期」誤「旗」。

234 烏乎必有此夫　石經、宋本、淳熙本「乎」作「呼」。釋文作「嗚呼」，云「本又作『烏乎』」。

235 不殺必害　石經「必」下有「爲」字，非也。

236 成愆奔平時　釋文云：「時，本或作『疇』。」×

237 或叫于宋大廟曰譆譆出出　宋本、明翻岳本「𠮧」作「叫」，釋文同。石經作「叫」。惠棟云：「叫，説文引作『訆』，云大呼也。傳遯曰『説文云譆痛也』。」案，説文「誒，可惡之辭」，引傳云「誒誒出出」，「從言，矣聲」；「譆，痛也，从言，喜聲」。蓋許意謂左作「誒誒」即「譆譆」之假借字也。其所見左氏作「誒」，與他家作「譆」者異耳。鄭氏周禮注引作「譆譆詘詘」。釋文云：「一本無『大』字。」

238 鳥鳴于亳社　宋本以下正義四節揔入「婦義事也」注下。

239 以爲廇屏戒也　宋本、閩本、監本、毛本「廇」作「廟」。

240 大及人　閩本、監本、毛本「大」作「火」。

241 鄭元昏禮注云　宋本「元」作「云」。

242 聚禾粟　石經及諸本作「禾」，此本誤「木」，今訂正。

243 大夫敖　釋文云：「敖，本亦作『慠』，服本作『放』。」案，正義云：「言大夫驕敖也。服虔云『言大夫淫放』，則服本爲『大夫放矣』，故今俗本多爲『放』字。」

244 其君弱植　宋本以下正義二節揔入「能無亡乎」節注下。

245 植爲樹立　宋本「爲」作「謂」。

246 則又將使子晳如楚　閩本、監本「晳」作「哲」，非也，下同。

247 伯有汏侈故不免　石經此處刓缺，宋本、淳熙本、明翻岳本「汏」作「汰」，是也，注同。釋文亦作「汰」。

248 就直助彊　閩本、監本「彊」作「疆」，非也，下及注同。

249 今三家未能伯有方爭　宋本、淳熙本、纂圖本、明翻岳本、足利本「能」下有「則」字。

250 子產斂伯有氏之死者而殯之　石經、宋本、淳熙本、明翻岳本、監本、毛本「歛」作「斂」，釋文亦作「斂」，下同。

251 壬寅子産入　淳熙本「入」誤「人」。

252 伯有聞鄭人之盟已也　石經、宋本、明翻岳本「已」作「己」，是也，下同。

253 聞子皮之甲不與攻已也　淳熙本「甲」誤「申」。

254 子皮與伐矣　石經、宋本、淳熙本、纂圖本、明翻岳本、閩本、監本、毛本「伐」作「我」，是也。

255 駟帶追之　石經「駟」作「四」；顧炎武云「石經『駟』誤『四』」，是也。

256 與子上盟用兩珪質于河　釋文無「盟」字，云「一本作『與子上盟』絶句，『用兩珪質于河』別爲句」。

257 巳巳復歸　石經、宋本、明翻岳本作「己巳」，是也。

258 游吉歸也　淳熙本「游」誤「海」。

259 注降婁至天明　宋本以下正義二節揔入「子皮以公孫鉏爲馬師」注下。

260 杜以周七月今五月　閩本、監本「今」作「令」，誤。

261 而規杜失　毛本「失」誤「矣」；監本初亦作「矣」，後刊去「厶」。

262 以衝反之　宋本、閩本、監本、毛本作「衝」，此本誤「衝」，今改正。

263 歲星十二年而一歲　宋本、淳熙本、纂圖本、明翻岳本、足利本「一歲」作「一終」，是也。

264 娵訾營室東壁　宋本、淳熙本、纂圖本、明翻岳本、閩本、監本、毛本「壁」作「壁」，是也。

265 故因名云　宋本「云」下有「也」字。

266 僕展鄭大夫　諸本作「夫」，此本誤「失」，今訂正。

267 楚公子圍殺大司馬蔿掩而取其室　石經、宋本「蔿」作「薳」。

268 蔿掩二十五年爲大司馬　宋本「蔿」作「薳」。

269 佗北宮之子　纂圖本、監本、毛本「宮」下有「結」字，閩本初刻無，後擠刊。宋本、淳熙本、明翻岳本、足利本「結」作「括」，是也。

270 又曰淑愼爾止無載爾僞　注云「逸詩」。案，陳樹華云：「『又曰』二字即承上而言，似皆屬大雅之文。梁履繩云：廿一年傳詩曰『優哉游哉，聊以卒歲』，杜云『詩小雅』，正義曰『此采菽之篇，彼詩云優哉游哉，亦是戾矣，與此不同者，蓋師讀有異』。是可取以爲證」。

271 宋災故尤之也　石經「宋災」上有「爲」字。按，此左氏援引聖經，斷不妄增一字。石經凡若此等，皆唐時濫惡之本，名儒所不窺者，而板本轉相傳不誤也。

272 戌爲正卿　宋本「正」作「政」。

273 而以求才合諸侯　宋本、淳熙本、纂圖本、明翻岳本、閩本、監本、毛本「才」作「財」，是也，下同。

274 注傳云至同文　宋本此節正義在「諱之也」注下。監本「云」作「文」，非也。

275 諸侯不歸宋才　宋本、閩本、監本、毛本「才」作「財」，不誤。

276 傳云既而無歸者　監本、毛本「云」作「曰」。

277 與不歸財者同文也　宋本無「也」字。

278 諸大夫許而不歸　足利本「諸」下有「侯」字

字，非。

279 子皮知政　毛本「政」誤「攻」。×

280 言成猶在我非在他也　宋本、淳熙本無「也」字。

281 言賂以邑欲爲和順　淳熙本「以」誤「欲」。×

282 乃受策入拜　石經、淳熙本「策」作「筴」，釋文作「筴」。

283 使次巳位　石經、宋本、明翻岳本「巳」作「己」，是也。

284 大人之忠儉者　石經初刻「夫」，後改「人」；釋文云：「本或作『大夫』者，非。」

285 因其罪而斃踣之　宋本、淳熙本、纂圖本、明翻岳本、足利本「其」下有「有」字，是也。

286 請於公不役入　明翻岳本、足利本「役」作「没」。陳樹華云：「十一年傳云『以其役邑入者無征』可証。」閩本、監本、毛本「入」作「人」，非也。

287 取我衣冠而褚之　案，吕覽樂成篇作「貯之」，玄應書引同。盧文弨云：「周禮廛人注『禇藏』，釋文云『禇，本作貯、又作褚』。」

288 褚畜也　纂圖本「畜」作「蓄」；釋文作「稸」，云「本又作『畜』，同」。

289 子産而死誰其嗣之　案，吕覽樂成篇「而」作「若」，李善東都賦注、潘安仁關中詩注、褚淵碑文注引並作「若」。

經三十一年

290 莒人殺其君密州　案，傳作「買朱鉏」。段玉裁云：「與『密州』音相同。左傳經自作『買朱鉏』，疑後人以公、穀之經易此。」

291 不稱弑者主名　釋文「弑」作「殺」，「申志反」。×

傳三十一年

292 **人生幾何**　漢書引傳作「民生幾何」，釋文同，云「本或作『民生無幾何』」。案，臧琳云：「陸本與漢志正同，當從之；本或作『無幾何』，『無』衍字也。」

293 **伐陽州不書不成伐**　諸本作「伐」，此本誤「代」，今改正。　×

294 **渻竈**　諸本作「渻」，釋文云「徐本作『省』」。

295 **大誓云**　釋文云「大，本亦作『泰』」。案，尚書撰異云：「大誓與大誥之『大』同音泰者，非。據正義引顧彪說則作『泰誓』，尚在彪以前，非衛包始改。」

296 **注今尚至疑之**　宋本此節正義在「由是得罪」注下。

297 **未立於學官**　毛本「官」誤「宮」。　×

298 **襄子休祥**　宋本「子」作「于」，是也。　×

299 **戎商必克**　閩本、監本、毛本「戎」作「伐」，誤也。

300 **略舉五事以明之**　閩本、監本、毛本「舉」改「引」。

301 **大誓近非本經**　段玉裁據書正義「近」下增「得」字，「非」下增「其」字。

302 **其內有泰誓三篇**　監本、毛本「三」誤「二」。　×

303 **而從取之**　石經初刻「而從」誤倒，後改正。

304 **胡歸姓之國**　淳熙本「姓」作「子」。

305 **年鈞擇賢義鈞則卜**　閩本、監本、毛本「鈞」誤「均」，注同。

306 **非適嗣**　釋文亦作「適」；石經初刻作「嫡」，後改從「適」；纂圖本、閩本、監本、毛本作「嫡」，非也。

307 **比及葬**　釋文云：「一本無『及』字。」　×

308 三易衰衰衽如故衰　史記漢書五行志引亦作「衰」；石經初刻並作「褑」，後改「衰」；釋文作「褑」，云「本又作『縗』，亦作『衰』字」。按，「縗」正字也，「衰」假借字也，「褑」俗字也。

309 衽　宋本此節正義在「於是昭公十九年矣」注下。

310 綴於身旁　監本、毛本「旁」作「傍」，非。

311 公孫於齊傳　閩本、監本、毛本「傳」誤「傅」。

312 子産使盡壞其館之垣　釋文云：「『館』字從食，字林云『客舍也』。旁或作『舍』，非。」

313 高其閈閎　釋文云：「閎，或作『閣』字。」案，爾雅釋宮郭注引作「高其閈閣」，釋文云云即郭氏所據本也。今本爾雅注作「閎」者，乃後人所改。

314 閎門也　後漢書馬援傳注引杜氏左傳注「閈閭門也」，此但解「閎」，疑有脱誤。

315 高其閈閎　宋本以下正義九節摠入「其知之矣」注下。

316 然則閈閎皆門名　宋本「皆」下有「是」字，是也。

317 無令客使憂寇盜　淳熙本「令」作「今」，非也。

318 繕完葺牆　李涪刊誤云：「『繕完葺』三字於文爲繁，當是『繕宇葺牆』，以書之峻宇雕牆爲比。」段玉裁云：「古三字重疊者時有，安可以今人文法繩之？下文『無觀臺榭』，豈非三字重疊耶？況此篇因壞垣屬辭，士文伯詬垣之好，不應見毀。添設『宇』字，則無謂矣。」

319 周禮匠人　監本「匠」作「任」，非也。

320 寡君使匄請命　明翻岳本「匄」作「匃」，釋文作「丐」。正義云：「晉、宋古本及釋例皆作『丐』，俗本作『匄』。此士文伯是范氏之別族，不宜與范宣子同名，今定本作『匄』，恐非。」據此，則正義本作「丐」字也。

321 皆作丐　宋本「丐」字則作「丏」字。按，作「丏」則當彌兖切，作「匄」則古代切，而「丐」則「匄」之俗體耳。❷

322 則恐燥濕之不時而朽蠹　毛本「濕」作「溼」，下同。　×

323 宮室卑庳　纂圖本「庳」誤「痺」，張載魏都賦注引作「埤」。案，説文：「庳，中伏舍，从广，卑聲，一曰『屋庳』，或讀若逋。」則此當作「庳」爲正。

324 無觀臺榭　釋文云：「榭，本亦作『謝』。」　×

325 圬人以時塓館宮室　張載魏都賦注引「塓」作「冪」。按，廣推作「摸」；而「塓」、「摸」、「冪」皆説文所無，説文祇有「幎」字，圬人塗塈義出於此。釋文「圬」作「污」，云「本又作『圬』」。

326 由齊相公始也　宋本、監本、毛本「相」作「桓」。按，作「相」避諱也。

327 今銅鞮之宮數里　纂圖本「今」誤「合」，「鞮」誤「鍉」。閩本、監本、毛本亦誤作「鍉」，注同。

328 而夭厲不戒　石經、宋本、淳熙本、纂圖本、明翻岳本「夭厲」作「夭癘」。毛誼父六經正誤云：「『大癘不戒』，注疏及臨川本作天地之『天』，興國本、監本作夭閼之『夭』。」案，杜氏注云「癘猶災也，言水潦無時」，據此義則當作「天地之天」；然經有言「癘疫夭札」，則「夭癘」亦不爲非。陸粲附注云：「天厲者，天之厲氣，猶周官司救所謂『天患』。」陳樹華云：「毛氏未見石經，故不能遽定。哀元年傳云『天有菑癘』，更是一證。」又按，凡經典「癘疾」、「癘鬼」字皆从疒，而轉寫傳刻多譌爲「厲」，正之不可勝正。

329 賈服王注　宋本「注」作「杜」，是也。

330 辭之繹矣　釋文：「繹，本亦作『懌』。」案，詩作「懌」，俗字。

331 及展輿　釋文：「輿，本又作『與』。」　×

332 弑之乃立　釋文「弑」作「殺」，「音試」，云「本或作『乃自立者』」。

333 展與立爲君　諸本作「輿」，此作「與」，因釋文「又作」之字而誤改也。❸

334 莒人弑其君買朱鉏　監本「鉏」誤「組」，注同。

335 買朱鉏　監本「朱」誤「未」。

336 成七年適吴爲行人　纂圖本、監本、毛本「七」誤「十」，閩本作「卜」，亦非。

337 延州來季札邑　毛本「延」上有「注」字。宋本此節正義在「雖有國不立」注下。

338 在二十五年　宋本、淳熙本、纂圖本、明翻岳本、足利本「五」作「九」，是也。

339 嗣君謂夷昧　宋本、明翻岳本「昧」作「末」字。按，依宋本作「末」，則作「昧」之本亦當是左日右末，非左日右未也。

340 文子北宫佗　毛本「佗」誤「陀」。

341 印段迋勞于棐林　釋文：「棐，本又作『斐』。」石經此行改刊，計九字。

342 此才性之敝　明翻岳本、足利本「敝」作「蔽」。

343 鄉校　宋本以下正義三節揔入「吾不信也」注下。

344 夫人朝夕退而游焉　石經初刻脱「朝」字，重刊增入，此行計十一字。纂圖本「游」作「遊」。

345 十有一月庚子　孫志祖云：「案，公羊經上文云『十月庚辰朔』，則庚子爲十月二十一日，十一月不得有庚子也。釋文：『庚子孔子生，傳文上有十月庚辰，此亦十月也。』據此，則古本公羊無『十有一月』四字，有者後人妄增。穀梁亦作『十月』。蓋孔子以周之十月，夏正八月二十一日生。此作『十有一月』，孔沖遠所據本已誤。」

346 蜀其子使事仲尼　宋本、閩本、監本、毛本「蜀」作「屬」，是也。

347 夏四月巳丑卒　宋本「巳」作「己」，是也。

348 杜此注從史記也　毛本「杜」誤「社」。×

349 愿吾愛之　石經初刻似作「願」，改刊作「愿」。×

350 不吾叛也　宋本以下正義二節揔入「子產是以能爲鄭國」注下。

351 猶未能操刀而使割也　纂圖本「未」誤「夫」。

352 其傷實多　釋文作「其傷多」，云「一本作『其傷實多』」。×

353 僑將厭焉　釋文：「厭，本又作『壓』。」×

354 令尹似君矣　石經、宋本、淳熙本、纂圖本、明翻岳本、閩本、監本、毛本作「似」，漢書五行志引傳亦作「似」。正義曰「服虔云『言令尹動作以君儀，故云以君矣』，俗本作『似君矣』」。按，此條孔本作「似君」，而正義詳引服注明當作「以君」，極爲明晰。

355 令尹似君矣　宋本以下正義四節揔入「謂之有威儀也」之下。

356 言令尹動作以君儀故云以君矣　王應麟引亦作「以」，閩本、監本、毛本誤「似」。

357 服言以君儀者　閩本、監本、毛本「以」誤「似」。×

358 俗本作似君若云似君不須言矣　閩本、監本、毛本「似」誤「以」。×

359 今定本亦作以之恐非　閩本、監本、毛本「之」作「字」。宋本作「似君恐非」，是也。

360 今聞長世　釋文：「聞，本亦作『問』。」李善魏都賦注、景福殿賦注引並作「問」。

361 威儀棣棣　釋文：「棣棣，本又作『逮逮』。」案，禮記孔子閒居作「威儀逮逮」。

362 富而閑也　毛本「閑」作「閒」字。按，「閒」即「嫺」字之假借，説文「嫺，雅也」。按，毛傳作「棣棣富而閒習也」。×

363 攝佐也　淳熙本「攝」誤「耳」。×

364 尚書武成篇曰　宋本「曰」作「也」。×

365 唯順天之法　閩本、監本、毛本「唯」作「惟」。×

366 文王受命惟中身　閩本、監本、毛本「惟」作「唯」。×

367 大本紀　宋本「大」作「周」，不誤；山井鼎云「恐『又』字誤」，非也。

368 二年伐邗　宋本、毛本「邗」作「邘」，是也；閩本作「邢」，監本作「刊」。

25—369 四年伐犬夷　閩本、監本、毛本「犬」誤「大」。

附釋音春秋左傳注疏卷第四十　止

校記

❶ 南昌本末增「○今從宋本」。

❷ 丏，底本及南昌本皆作「丐」，今據沈中實本改。

❸ 南昌本末增「○今訂正」。

春秋左傳注疏校勘記卷二十六

26—001 附釋音春秋左傳注疏卷第四十一 起元年盡元年　宋本春秋正義卷第二十六。石經春秋經傳集解昭元第廿，淳熙本、纂圖本、明翻岳本「廿」作「二十」，釋文及下卷同；淳熙本「昭」下有「公」字，明翻岳本作「昭公一」，並盡三年。

002 昭公

昭公名稠　杜氏釋例、史記十二諸侯年表、漢書古今人表、律麻志、世本並作「稠」，徐廣云「又作『袑』」。宋本作「裯」，魯世家同，與襄公三十一年、昭公廿五年傳文合。閩本、監本、毛本改「裯」。

經元年

003 元年　淳熙本「元」誤「六」。

004 先至於魯　宋本、淳熙本、纂圖本、明翻岳本、監本、毛本「魯」作「會」，宋、監、毛正義標起訖同，是也。

005 殺世子偃師貶　宋本「殺」上有「爲」字，與公羊合。

006 潁氏曰　監本、毛本「潁」作「穎」。×

007 非貶所也　監本、毛本「所」作「詞」。

008 楚亦始彊　閩本、監本、毛本「彊」作「强」。×

009 齊崔極使大子光先至于師　宋本、閩本、監本、毛本「極」作「杼」，是也。×

010 案傳武子伐莒　宋本「傳」下有「季」字。

011 今傳云　閩本、監本、毛本「云」作「言」。×

012 晉荀吴師師敗狄于大鹵　石經、宋本、淳熙本、纂圖本、明翻岳本、閩本、監本、毛本「師師」作

「帥師」，是也。

013 國逆而立之曰入　重脩監本「入」誤「人」。✕

014 莒展輿出奔吳　釋文無「輿」字，云「一本作『莒展輿』」。案，公羊、穀梁皆無「輿」字。

015 不稱爵　宋本「不」上有「故」字。

016 楚子麇卒　閩本、監本作「麋」，乃「麇」之誤。案，史記楚世家作「員」，索隱曰「左傳作『麏』」，陳氏云「麏」與「麇」通。

017 傳稱縊而殺之　毛本「縊」誤「謚」。閩本、監本「弒」作「殺」，非。

018 故不書弒　釋文：「弒，或作『殺』，音同。」✕

傳元年

019 公子比出奔晉　石經、宋本、淳熙本、纂圖本、明翻岳本、足利本「公」上有「楚」字，是也。

020 伍舉爲介　石經此「伍」字係原刻，已下「伍」字皆初刻作「五」，後加人旁。惠棟云：「孫叔敖碑作『五舉』。案，唐石經初刻亦作『五』，後改從人非也。」

021 以敝邑褊小　石經、宋本、明翻岳本「褊」作「褊」，與釋文合。

022 行昏禮　閩本、監本、毛本「昏」作「婚」。

023 令尹命大宰伯州犁對曰　監本、毛本「州」誤「氏」。

024 圍布几筵　釋文：「几，本亦作『机』。」案，「机」者，「几」之俗。

025 圍布至而來　宋本以下正義四節在「入逆而出」句下。

026 猶尚釋幣于禰乃行　閩本、監本、毛本脱「釋」字。

027 況昏是嘉禮之重　閩本、監本、毛本

「昏」作「婚」，下同。×

028 告父祖之廟而來也　閩本、監本、毛本作「告祖父母之廟而來也」，誤也。

029 不得列於諸卿之位也　閩本、監本、毛本「諸」作「侯」，非是。×

030 而無乃包藏禍心以圖之　李善注文選阮瑀爲曹公作書與孫權引傳「包」作「苞」。案，作「苞」是也，說詳僖四年注。

031 而有所壅塞不行是懼　諸本作「壅」，釋文作「雍」，云「本又作『壅』」，注及下注同。

032 得志謂先猷　淳熙本「得」誤「待」。×

033 子木之信　淳熙本「木」誤「才」。

034 以春言故云七年　山井鼎云：「足利本後人記云『言，異本作立』。」按，作「立」者非也。

035 於今七年　宋本以下正義十一節揔入「其是之謂矣」注下。

036 年末醫和則云八年　宋本「年」下有「也」字。閩本、監本「末」誤「未」。

037 宋人曹于澶淵　宋本、閩本、監本、毛本「于」上有「人」，是也。

038 及今會虢也　重脩監本「及」誤「反」。×

039 武有仁人之心　諸本作「仁」，此本誤「何」，今訂正。

040 今武猶是心也　顧炎武云：「石經『今』誤作『令』。」案，石經此處模糊，炎武所據乃謬刻。

041 武將信以爲本　閩本、監本、毛本「武」誤「我」。

042 是穮是蓘　石經「穮」字初刊作「藨」，後改正。案，李善注文選張茂先勵志詩「穮」作「藨」，引注文同。然說文「穮」下引春秋傳則作「是穮是衮」，「衮」字不从艸。

043 穮耘也　正義「耘」作「耨」，云「定本作『耘』」。×

044 漢書殖貨志　案，漢書「殖」當作「食」。

045 后稷始畂田　宋本「畂」作「甽」，與漢書食貨志合。

046 廣尺深尺曰甽　閩本、監本、毛本「甽」作「畎」。

047 苗生三葉以上　段玉裁云：「漢書無『三』字。」

048 因僨其士以附苗根　閩本「僨」作「潰」，監本、毛本作「墤」，宋本作「隤」，與漢志合。各本「士」作「土」，是也。

049 耨定本耘　宋本「本」下有「作」字，是也。

050 即明宮門之衛以爲離衛　宋本「明」作「名」，是也。

051 其言大不辭矣　閩本、監本、毛本「辭」作「侔」。

052 故稱離衛　閩本、監本、毛本脱「離」字。×

053 無所恠也　宋本、毛本「恠」作「怪」，是也。×

054 吾代二子愍矣　石經「愍」作「愍」。石經凡從民字，皆改從氏，避太宗諱也。案，漢書五行志引作「閔」。

055 言以憂生事　淳熙本「事」誤「前」。×

056 無所臧否　淳熙本「臧」作「藏」，非。×

＊ 小旻之卒章　補：案，此標注連正義，當在「晉欒王鮒」節下，誤置此處。

057 子與子家持之　釋文云：「持，本或作『特』。」按，「持」當作「恃」，十九年音義云「本或作恃怙之『恃』，非也」。

058 不如子羽之譏訐　監本、毛本「訐」作

「評」，閩本作「詳」。

059 持其兩端　重修監本「持」誤「得」。×

060 弈棋謂不能相害爲持　監本、毛本「弈」作「奕」。×

061 三大夫兆憂能無至乎　石經、宋本、淳熙本、纂圖本、明翻岳本、監本、毛本重「憂」字，是也。案，漢書五行志引下「憂」字作「矣」，「矣」蓋「憂」之譌。

062 開憂兆也　監本、毛本「開」誤「聞」。×

063 注言不至其國　宋本以下正義八節揔入「乃免叔孫」句下。

064 是吾出而絶之也　監本、毛本「絶」作「危」，與明道本國語合。

065 必不加請爲戮也　宋本、閩本、監本、毛本「加」下有「師」字。請，閩本作「靖」，非也。

066 吾又誰怨　纂圖本「怨」誤「恐」。

067 出不逃難　石經初刻作「不出逃難」，後改正。

068 所由來也　諸本作「由」，此本誤「田」，今訂正。

069 疆埸之邑　纂圖本、閩本、監本、毛本「埸」作「場」，非也，注同。

070 故傳通言其王耳　宋本無「其」字。

071 故三危者　宋本、淳熙本、纂圖本、明翻岳本、監本、毛本「故」作「放」，是也。

072 扈在始平鄠縣　宋本、淳熙本、纂圖本、明翻岳本、閩本、毛本「鄠」作「鄠」，不誤。

073 啓與有扈戰于甘之野　諸本作「于」，宋本作「於」。

074 注二國至淮夷　監本、毛本此段正義在上文「周有徐奄」注下。

075 誰能一一治之　宋本「之」下有「焉」字。

076 亢禦　釋文「禦」下有「也」字。　×

077 各敬爾儀大命一去　宋本、淳熙本、纂圖本、明翻岳本、監本、毛本「儀」字下有「天命不又言」五字。大，各本作「天」，是也。

078 注小宛至復還　宋本以下正義二節揔入「弗可久已矣」注下。

079 注又復也　宋本「注」下有「云」字。

080 天命所去不復來也　閩本、監本、毛本「所」作「一」。

081 令尹自以爲王矣　諸本作「王」，此本誤「去」，今訂正。

082 王弱令尹彊　閩本、監本「彊」作「疆」，非，下同。

083 是疆而不義　宋本、淳熙本、纂圖本、明翻岳本、監本、毛本「疆」作「彊」不誤。

084 褒姒滅之　釋文云：「滅，詩作『威』。」案，説文「威」字注云「滅也，从火，戌聲。火死於戌，陽氣至戌而盡」，引詩曰「褒姒威之」，漢書谷永傳引詩同。

085 爲十二年楚弑靈王傳　宋本、明翻岳本、足利本「二」作「三」，是也。

086 猶與賓客享之　諸本作「客」，此本誤「各」，今改正。

087 知其一獻　宋本、淳熙本、纂圖本、明翻岳本、監本、毛本「其」作「欲」。足利本「獻」下有「之禮」二字。

088 注朝聘至五獻　宋本以下正義二節揔入「吾不復此矣」注下。

089 皆獻數不同饔餼之數也　閩本、監本、毛本「不」作「各」。宋本無「數不」二字，是也。

090 唯三獻耳　閩本、監本、毛本「唯」作「惟」。　×

091 禮終乃宴　詩彤弓正義引作「禮終乃燕」。

092 謂之享禮既終　宋本無「之」字。

093 言享公當依享法　宋本、閩本、監本、毛本作「言」，此本誤「三」，今訂正。

094 享宴俎同　宋本、閩本、監本、毛本作「同」，此本誤「司」，今訂正。

095 義取蘩菜薄物　毛本「菜」誤「采」。×

096 不求其厚　岳本「厚」下有「也」字。

097 子皮賦野有死麕之卒章　纂圖本、監本、毛本「麕」作「麕」，非。釋文作「麐」，所據之本不同也。

098 無使厖也吠　宋本、明翻岳本、足利本「厖」作「尨」，不誤。

099 義取君子徐以禮來　監本「來」誤「求」。×

100 尨也可使無吠　纂圖本、閩本、監本、毛本「尨」作「厖」，非也。

101 雒汭在河南鞏縣南　毛本「雒」作「洛」，非也，下同。

102 微禹吾其魚乎　周禮大司徒疏引作「吾其爲魚乎」，「爲」字係別本所增。

103 吾與子弁冕端委以治民臨諸侯　釋文作「弁端委」，云「本亦作『弁冕端委』」。案，石經此行十一字，似初刻無「冕」字，後增入也。

104 弁冕冠也　惠棟云：「説文云『覍冕也』，故杜訓爲冕冠，弁冕之『冕』衍文也。」案，周禮大司徒疏引有「冕」字，非善本也。

105 注弁冕至之力　宋本以下正義四節揔入「又何以年」注下。

106 禮記深衣制　宋本「衣」下有「之」字，是也。

107 子盍亦遠績禹功　北宋刻釋文無「禹」字，云

「本或作『亦遠績禹功』」。案，周禮大司徒疏、李善注文選袁彦伯三國名臣序贊、陸士衡五等論引傳無「亦」字，疑釋文亦無「亦」字，非無「禹」字也，本或作「亦遠績禹功」。石經「子盍亦」一行十一字，似「亦」字亦初刻所無。北宋刻釋文「績」作「續」，説詳校勘記。

108 勸趙孟使簒禹功　淳熙本亦誤作「簒」，宋本、纂圖本、明翻岳本、閩本、監本、毛本作「纂」，是也。

109 謂勸武何不遠慕大禹之績　閩本、監本、毛本「慕」誤「纂」。何不，監、毛作「何以」，亦非。

110 齊等也　宋本、閩本、監本、毛本「齊」作「儕」，是也。

111 言吾等於彼卑賤苟且飲食之人　宋本「飲」作「求」。

112 不得惡諠譁之聲　釋文「諠」作「讙」，云「或作『諠』」。按，説文「讙，譁也，从言雚聲」，釋文「本作『讙』」與説文合。

113 注言譬至之聲　宋本此節正義在「乃出見之」注下。

114 犯鄭大夫　纂圖本、閩本、監本、毛本「大夫」誤作「夫人」。

115 既而櫜甲以見子南　毛本「南」誤「男」。櫜，釋文云「本或作『衷』」。案，鄭司農攷工記函人注引作「櫜甲而見子南」，賈疏同。

116 夫夫至順也　宋本自此以下正義三節揔入「何有於諸游」注下。

117 猶恐其尫　閩本「尪」作「𡯇」，非；監本、毛本作「𡰡」，亦誤。

118 猶懼其武　案，「武」本作「虎」，避諱改也。

119 故鈞其事　諸本作「故」，纂圖本誤「使」。×

120 五者所以爲國也　纂圖本重「以」字，非也。

121 忌畏也　監本「畏」誤「當」。　×

122 宥女以遠勉速行乎　淳熙本脱「勉」字。

123 周公殺管仲而蔡蔡叔　釋文云：「上『蔡』字音素葛反，放也。説文作『𥻦』，音同，字從殺、下米。」案，禹貢云「二百里蔡」，鄭氏云「蔡之言殺，減殺其賦」，古音「蔡」同「殺」。張參五經文字云「𥻦，春秋傳多借『蔡』字爲之」。

124 殺管叔至蔡叔　宋本無上「叔」字。

125 癸卯至伯也　宋本以下正義七節摠入「其與幾何」注下。

126 泰伯不豫教戒其弟　毛本「戒」作「誡」。　×

127 比舩爲橋　閩本「橋」誤「誓」。宋本「舩」作「船」，下同。

128 始禮自齎其一　釋文：「齎，本又作『賫』，同。」　×

129 必有幣隨之　此本「幣」下空缺二字，正德本、閩本作「車以」，監本、毛本作「帛以」，並誤。宋本作「必有幣隨之」，今訂正。

130 主人初獻於賓　毛本「於」作「于」。　×

131 服虔以爲每於十里置車一乘　此本「車」上空缺一字，閩本、監本、毛本作「幣」，非也。

132 一何駛乎　閩本、監本、毛本「駛」誤「駚」。

133 以示巳之豪富　宋本「巳」作「己」。　×

134 后子預前約束　閩本、監本「束」誤「速」；毛本作「東」，亦非。

135 故杜辨其車之所在　閩本、監本、毛本

「辨」作「辯」,「車」作「事」,並非。

136 趙孟曰天乎　石經作「夭乎」,漢書五行志引作「天虖」。按,錢大昕云:「與上文『亡乎』相對,謂國既不亡,則君當夭折也。」

137 趙孟視蔭曰　釋文云:「蔭,本亦作『陰』。」×

138 翫歲而愒日　諸本作「翫」,葉鈔釋文云「又作『忨』,是也」。案,説文心部「忨」字注云「貪也,从心、元聲」,引傳作「忨歲而潵日」;外傳作「忨日而潵歲」,韋昭云「忨,偷也。潵,遲也」;漢書五行志亦作「忨歲」。

139 公孫黑强與於盟　淳熙本「强」作「彊」,注同。

140 晉中至大原　宋本以下正義三節摠入「大敗之」注下。

141 所遇又阨　釋文云:「阨,本又作『隘』。」

142 更增十人以當一車之用　監本「增」誤「堦」。

143 皆臨時處置之名　監本、毛本「處」誤「取」。×

144 公子召去疾于齊　石經「于」作「於」。

145 叔弓帥師疆鄆田　石經及諸本作「帥」,此本誤「師」,今訂正。

146 棄人也夫　淳熙本脱「夫」字。

147 詩曰無競維人善矣　石經、宋本、淳熙本、明翻岳本「維」作「惟」。

148 則國家彊　閩本、監本「彊」誤「疆」。×

149 競彊也　閩本、監本「彊」誤「疆」,非,下同。×

150 居于曠林　纂圖本、監本、毛本「于」作「於」,非也。

151 注后帝至堯也　宋本無「至」字,以下正義廿一節摠入「重賄之」句下。

152 襄九年傳云　監本、毛本「九」誤「五」。×

153 故商主大火　毛本「主」誤「王」。×

154 故稱商人也　宋本無「也」字。

155 主參　釋文云：「所林反，注及下同。」案，注文無「參」字。

156 二十九年傳云　閩本、監本、毛本「二」作「三」，非也。

157 其季世曰唐叔虞　李善注文選曹子建與吴季重書引作「季葉」，改「世」作「葉」，避所諱。

158 杜以傳説唐人　監本、毛本「傳」誤「傅」。×

159 是唐人之末世　閩本、監本、毛本「末」誤「未」。×

160 當武王邑姜方震大叔　釋文云：「震，本又作『娠』。」案，史記鄭世家、漢書高帝紀應劭注、吕覽重言篇高誘注引傳並作「娠」。正義引説文云「娠，女妊身動也」，「是懷胎爲震，震取動義，字書以是女事，故今字從女耳」。陳樹華云：「『邑姜方震』，自爲震動之字，不作『娠』。」

161 十二年傳稱吕級王舅　監本、毛本「級」作「伋」，下同。

162 夢帝謂巳　石經、宋本、明翻岳本「巳」作「己」，是也。

163 余命而子曰虞　漢書地理志引作「余名」。案，説文云「名，自命也」；史記天官書「免七命」，索隱云「謂免星凡有七名也」；祭法「黄帝正名百物」，國語魯語作「成命百物」；是「名」、「命」二字古同聲同義。

164 帝天取唐君之名　毛本「天」誤「入」。

165 及成王滅唐而封大叔焉　惠棟云：「史記鄭世家『封』作『國』。案，尚書序云『武王既勝殷，邦諸侯』；又康誥序云『以殷餘民邦康叔』，孔氏云『國康叔爲衛侯』。此傳依史記當云『邦大叔』。古字『邦』、『封』同，見書正義。漢諱『邦』，改曰『國』，故曰『國大叔也』。論語『邦域之中』，今作『封域』，是字同之驗。下文『封諸汾川』同。」

166 余命女生子名虞　閩本、監本、毛本「命女」作「命汝」。

167 薄姬之夢龍據其心　宋本、閩本、監本、毛本「心」作「身」，是也。

168 昧爲水官之長　淳熙本「水」誤「冰」。×

169 纂昧之業　淳熙本「纂」作「簒」，非。

170 臺驗是金天裔孫　宋本、閩本、監本、毛本「驗」作「駘」，是也。

171 宜當顓頊　監本「當」誤「富」。×

172 昧於金天　宋本、閩本、監本、毛本作「昧」，此本誤「味」，今訂正。

173 史籍散亡　監本、毛本「散」誤「敗」。×

174 則臺駘汾神也　案，史記鄭世家作「汾洮神也」，水經注引傳作「汾洮之神也」。

175 山川之神則水旱癘疫之災於是乎禜之日月星辰之神則雪霜風雨之不時於是乎禜之　惠棟云：「鄭氏注周禮鬯人引傳云『日月星辰之神，則雪霜風雨之不時，於是乎禜之。山川之神，則水旱癘疫之不時，史記作「菑」。於是乎禜之』，賈公彦云『鄭君所讀春秋先日月，與賈、服傳不同故也。彼無不時，此有之者，鄭氏以義增之，非傳文』。」

176 有水旱之災　淳熙本「旱」誤「牟」。×

177 爲營欑用幣　監本「欑」字模糊，正德本、閩本作「欑」，毛本作「儹」，並非，下同。

178 不復别其日月與山川者也　宋本無「者」字。

179 主山川主星辰者之神耳　閩本、監本、毛本「耳」誤「矣」。

180 計日月無其主之者　監本、毛本脱「之」字。

181 掌六祈以同鬼神示　諸本作「祈」，此本誤「析」，今改。閩本亦脱「神」字，據宋本、監本、毛本補。

182 以朱絲禜社也　閩本、監本、毛本「禜」作「營」，下同。按，周禮大祝注作「縈」，公羊傳作「以朱絲營社」，釋文云「一傾反，又如字，本亦作『縈』，同」。「營」、「縈」皆謂規其外。

183 以此解禜也　宋本、閩本、監本、毛本作「禜」，此本誤「榮」，今改正。

184 癘氣所不及　閩本、監本、毛本「癘」誤「疫」。

185 孔子云　宋本「云」作「曰」。

186 久則疲　宋本「久」上重「聽政」二字。

187 勿使有所壅閉湫底　石經「底」作「底」，葉鈔釋文同，少下畫非是。

188 底滯也　淳熙本「也」誤「少」。

189 以羸露其形骸也　宋本「骸」作「體」，是也。

190 底止也　宋本、閩本、監本、毛本「底」作「底」。按，訓止則字當从广，爾雅釋詁云「底，止也」。

191 則骨羸露也　宋本「骨」作「體」，是也。

192 瘦必羸　宋本「瘦」下有「者」字，是也。

193 神常隨形而盛衰也　監本、毛本「常」作「長」。

194 同四時也　淳熙本「也」誤「少」。　×

195 此向重述不及同姓之意　宋本、閩本、監本、毛本「向」作「僑」，是也。

196 更生妬害也　監本、毛本「妬」作「姤」，非也。　×

197 畏瀆故也　監本、毛本「故」作「敬」，與國語晉語合。

198 是謂近女室疾如蠱　王念孫云：「『室』乃『生』之誤。『近女』爲句，『生疾如蠱』爲句，『女』、『蠱』爲韻。下文『食』、『志』、『祐』爲韻。」

199 是謂至如蠱　宋本以下正義十三節揔入「厚其禮而歸之」注下。

200 是蠱疾　宋本「是」上有「即」字。

201 蠱是失志之疾名　宋本「疾」作「病」。

202 先王之樂　案，漢書藝文志引「樂」上有「作」字，非正義本也。

203 當從上始　宋本「當」卜有「更」字，是也。

204 不以後聲未接前聲　宋本、閩本、監本、毛本「未」作「來」。

205 此手所擊　毛本「擊」誤「繫」。　×

206 淫聲之慢　宋本、監本、毛本「慢」作「漫」。

207 衞音從速煩志　閩本、監本、毛本「從速」作「趨數」，宋本作「促速」。案，「從」當作「促」，鄭氏注樂記「趨數」讀爲「促速」。

208 謂金味辛　淳熙本「味」誤「未」。　×

209 月令尤分明　「分」字此本空缺，依宋本補；閩本、監本、毛本作「爲」。

210 徵驗也　閩本「徵」誤「徽」。　×

211 滋味聲色所以養人　淳熙本「聲」誤「報」。 ×

212 天有至六疾　宋本此節正義在注「五降至之聲」之前。

213 爲驗而爲五聲也　宋本「爲」作「徵」，是也。 ×

214 注淫過至生害　宋本此節正義在「謂金至而生」之下。

215 六氣並行　監本、毛本「並」作「共」。

216 每行得七十二日有餘　監本「日」誤「目」。 ×

* 爲土正主日也　補：案，「主」當作「王」，音旺。

217 末四支也　毛本「支」字作「肢」，正義同。按，説文：「胑，體四胑也，从肉、只聲。胑或从支。」

218 雨濕之氣爲洩注　纂圖本、毛本「濕」作「溼」。淳熙本「洩」作「戌」。

219 雨多則腹腸泄注　宋本「泄」作「洩」。 ×

220 謂風肱也　閩本、監本「肱」作「胘」，亦非；宋本、毛本作「眩」，是也。

221 則女是陽家之物也　監本、毛本「家」作「象」。

222 惑蠱也　宋本「惑」上有「故」字。

223 損其內指　宋本、閩本、監本、毛本「指」作「情」，是也。

224 任其寵節　石經、宋本、淳熙本、纂圖本、明翻岳本、閩本、監本、毛本「寵」作「大」，不誤。

225 主不能禦　釋文「禦」作「御」，云「本亦作『禦』」。 ×

226 溺沈没於嗜欲　纂圖本、閩本、監本、毛本「沈」作「沉」。案，沉，俗「沈」字。淳熙本「没」誤「沿」。宋本「嗜」作「耆」，與釋文合，正義同。

227 此論晉侯將蠱疾　宋本「將」下有「爲」字。

228 人自有無故失志　閩本、監本、毛本「無」作「欲」。

229 今律謂之蠱毒　毛本「今」誤「令」。✕

230 器受蠱書者爲蠱　宋本、淳熙本、纂圖本、明翻岳本、閩本、監本、毛本「蠱書」作「蠱害」也。

231 贈賄之禮　閩本「禮」作「秦」，非也。✕

232 本鄭地　足利本「地」作「也」，非也。✕

233 伍舉爲介　石經「伍」初刻作「五」，人旁後加。

234 巳酉　石經、宋本、明翻岳本「巳」作「己」，是也，注及正義同。✕

235 縊而殺之　釋文「弑」作「殺」，「申志反」。✕

236 注縊絞至誤也　宋本以下正義四節揔入「不數年未能也」注下。

237 姓荀名説　段玉裁挍本「説」作「況」，是也。

238 杜謂十一月誤者　毛本「謂」誤「爲」。✕

239 彼是郟敖今日死　宋本「彼」作「便」，是也。

240 郟敖楚子麇　宋本、淳熙本、纂圖本、明翻岳本、毛本「麇」作「麇」，是也。

241 此告終稱嗣　盧文弨云：「『此』字衍，裴駰注史記引注無。」

242 底禄以德　石經、宋本、明翻岳本「底」作「厎」，不誤，注同。

243 彊禦已甚　纂圖本、閩本、監本、毛本「彊」作「疆」，非是，下及「啓彊」同。

244 即位易名熊虔　毛本「熊」作「羆」，非也。×

245 行器謂備　宋本、淳熙本、明翻岳本、監本、毛本「謂」作「會」。

246 楚王汰侈而自説其事　石經、宋本、明翻岳本「汰」作「汏」，不誤；釋文亦作「汏」。

247 注孟子餘趙衰　宋本以下正義二節揔入「鄭伯如晉」節注下。

248 注趙氏至月誤　毛本「氏」誤「武」。×

249 並在十一月之前　宋本「一」作「二」，不誤。

250 傳言大夫彊諸侯畏而弔之　閩本、監本「彊」誤「疆」。×

附釋音春秋左傳注疏卷第四十一　止

附釋音春秋左傳注疏卷第四十二　昭二年盡四年

經二年

251 傳稱子産數罪罪　宋本、監本、毛本「罪罪」作「其罪」，是也。

252 傳説此事文王在冬上　宋本無「王」字。閩本、監本、毛本「王」作「正」，亦衍文；「冬」作「秋」，非也。×

傳二年

253 注公即位故　宋本以下正義七節揔入「無以及召公」句下。

254 魯國寶文王之書逸周公之典　宋本、監本、毛本「逸」作「遵」，是也。

255 各爲舊章　宋本、監本、毛本「爲」作「違」，是也。

256 ○注易象春秋文王至而説之　此

本脱「〇」，宋本無「春秋文王而」五字。

257 周之盛德邪　監本、毛本「邪」作「耶」；閩本初刻作「邪」，後改「耶」，下同。

258 王用亨于岐山　閩本、監本、毛本「亨」作「享」。

259 皆斥文王　宋本「斥」作「厈」，是也。

260 以同鄭説也　宋本、監本、毛本「以」作「似」。

261 故先云周公之德　宋本「云」作「言」。

262 取文王有四臣　宋本、淳熙本、明翻岳本、足利本「取」上有「義」字。

263 宣子譽之　惠棟云：「服虔曰『譽，游也，宣子游其下。夏諺曰：一游一譽爲諸侯』。度今孟子作『豫』，趙岐章句曰『豫亦遊也，春秋傳曰：魯季氏有嘉樹，宣子豫焉』。周易序卦曰『豫必有隨』，鄭氏注引孟子『吾君不豫』以爲證。則知此傳『譽』字本作『豫』，故服、趙互引爲證。孫子兵法曰『人効死而上能用之，雖優游暇譽令猶行也』，外傳作『暇豫』，李善曰『譽與豫古字通』。」

264 爲諸侯所引　宋本、監本、毛本「侯」下有「度」字，是也。閩本初刻亦脱，後擠刻「助」字，非。

265 志氣亢　釋文「亢」下有「也」字。

266 子尾見彊　石經「見」下後人旁增「子」字。

267 淇澳　纂圖本「澳」誤「奥」。

268 注爲立至異之　宋本以下正義二節揔入「是以亂作」注下。

269 婦人稱姓姜其當　宋本、監本、毛本「姜」下有「是」字，「當」作「常」，不誤。

270 在西河界休縣東南　諸本作「界」，郡國志引注同。釋文作「介」。

271 及姊妹嫁於小國　毛本「於」作「與」。×

272 少姜據多言之　監本「多」誤「各」。×

273 送者皆從者班次　宋本、監本、毛本「從」下有「逆」字，閩本初刻亦脱，後擠刻補入。

274 使上大夫送　淳熙本「送」誤「迭」。

275 注遽傳驛　宋本以下正義三節揔入「加木焉」注下。

276 馹遽傳也　閩本、監本「馹」作「驛」。毛本「也」誤「〇」，監本脱「也」字。×

277 在襄三十一年　淳熙本、纂圖本、明翻岳本、監本、毛本無「一」字，是也。

278 務共大國之命　岳本脱「之」字。

279 請以印爲褚師　石經、宋本、明翻岳本、纂圖本「褚」作「褚」，與釋文合。

280 印子晳之子　監本「晳」誤「晢」。×

281 無更助天爲爲虐也　宋本「爲」字不重，是也。

282 以加尸上　監本「尸」誤「户」。×

283 晉侯使士文伯來辭曰　淳熙本「辭」誤「聘」。

284 非伉儷也　宋本此節正義在「如晉弔」注下。

285 始冬還乃書之　淳熙本、明翻岳本、足利本重「還」字，是也；宋本「還」上空一字，亦當作「還」字也。

286 叔向言陳無宇於晉侯曰　淳熙本「宇」誤「咎」。

287 齊使上大夫送之　顧炎武云：「石經『送』誤『迎』。」案，石經此處缺，炎武所據乃謬刻也。

288 逆卑於宋　宋本、明翻岳本、監本、毛本「宋」作「送」，是也。

經三年

289 襄二十五年盟重邱　足利本「五」誤「三」。

290 十一年于亳城北　諸本作「北」，此本誤「此」，今改正。監本「亳」作「毫」，非也。

291 未知皆是滕成公以否　監本、毛本脱「以」字。✕

*冬大雨雹　諸本作「雹」，此本作「電」，今改正。

292 杜氏之意　宋本無「之」字。

293 以自奔文　宋本、毛本「奔」下有「爲」字，是也。監本初刻亦脱，後擠刻。

傳三年

294 文襄至霸也　宋本「至」作「之」，是；以下正義四節攙入注文「譏其無隱諱」之下。

*其命朝聘之之數　補：案，二「之」字誤重。

295 令諸侯朝聘霸主大國之法也　宋本「令」上有「令諸侯者謂」五字。

296 奬王室　毛本「奬」作「獎」。此本下「奬」字亦作「獎」，毛本同。

297 而數於守適　釋文云：「適，本或作『嫡』。」✕

298 以過文襄之制　明翻岳本、監本、毛本「以」作「已」。按，「以」、「已」古多通用。

299 故以守適言夫人也　監本、毛本「守」作「長」，非也。✕

300 以過文襄之制也　監本、毛本「以」作「已」。

301 少姜有寵而死　石經、宋本、淳熙本「姜」作「齊」。顧炎武以石經爲誤。陳樹華云：「晉侯寵異少姜，謂之『少齊』，大叔從而尊稱曰『少齊』耳，何得以爲誤。或『少齊』，一本作『少姜』，故傳本有異，今定作『齊』字。」按，陳説是也。

302 火中寒暑乃退　石經此處缺。案，詩豳風正義、禮記檀弓正義、李善注文選閒居賦引作「火星中而寒暑乃退」，鄭氏周禮凌人注作「火星中而寒暑退」，或一本有「星」字、「而」字也。

303 旦氏後即次房心　宋本「氏」下有「中氏」二字，是也。

304 既已發傳　毛本「已」作「以」。×

305 寡君使嬰曰寡人願事君　岳本脱「使嬰曰寡人」五字。

306 將奉質幣　石經「質」字係改刊。

307 早世隕命　釋文「隕」作「殞」。×

308 焜燿寡人之望　宋本以下正義十七節揔入「乃許之」注下。

309 以備嬪嬙　釋文「嬙」作「廧」，云「本又作『嬙』」。監本誤作「嬙」，注同也。按，以作「廧」爲近正，「廧」即「牆」之或體。嬪婦叙列如牆然，故謂之牆。

310 注董正至婦官　諸本作「董」，此本誤「量」，今訂正。

311 振爲整理之意　宋本、毛本「意」作「義」。

312 宿有妃嬙婦御焉　宋本「婦」作「嬪」。

313 葢周末婦官有此名　宋本「名」下有「也」字。

314 在縗絰之中　諸本作「縗」，石經此處缺。釋文作「衰」，云「本亦作『縗』」。

315 豈惟寡君　石經、宋本、淳熙本、明翻岳本「惟」作「唯」。

316 豆區釜鍾　石經、宋本、明翻岳本、閩本、監本「釜」作「釜」。按，「釜」依説文宜作「釜」，从金、父聲，索靖所書急就篇章艸正如此，今字乃鬴省。淳熙本、明翻岳本「鍾」作「鐘」，下同。

317 以五升爲豆五豆爲區五區爲釜　釋文下二「五」字皆作「四」，云「舊本如此，直加豆爲五升而區釜自大，故杜云『區二斗，釜八斗』是也。本或作『五豆爲區，五區爲釜』者，爲加舊豆、區爲五，亦與杜注相合。非於五升之豆又五五而加也」。

318 鍾八斛　淳熙本「鍾」誤「七」。　×

319 貸其而收薄　宋本、淳熙本、纂圖本、明翻岳本、閩本、監本、毛本「其」作「厚」，不誤。監、毛「貸」字上「〇」乃「注」字之誤。

320 而三老凍餒　石經「凍」作「涷」。案，「涷」乃暴雨名，石經非也。

321 言刖多　釋文亦作「刖」，是也；足利本「刖」作「刑」。

322 而或燠休之　釋文亦作「休」；宋本、明翻岳本「休」作「休」，非，注同。毛詛父六經正誤云：「『休』皆作『休』，誤。『休』从人、从芝术之『术』。从木者，音虚尤反，休息也。从术者，音吁句反，係廟諱嫌名。」案，毛説非也。

323 燠休代其痛也　宋本、閩本、監本、毛本作「代」，此本誤「氏」，今改正。

324 杜氏燠休痛念之聲　宋本「氏」作「云」，是也。「燠」字閩本空缺。

325 其相胡公大姬已在齊矣　諸本作「相」，正義引定本作「祖」。案，沈彤云：「胡公爲周始封陳之祖，則『相』乃『祖』字之誤。定本『相』作『祖』。」按，定本作「祖」非是，若作「祖」，則文理欠順。

326 而女富溢尤　淳熙本「溢」誤「益」。

327 欒郤胥原孤皆卿也　諸本作「狐」，此本誤「孤」。宋本「皆」上有「先」字。

328 續簡伯慶鄭伯宗○　案，「○」衍，宋本、毛本無。

329 慆藏也悛改也　明翻岳本無上「也」字。盧文弨校本云「當作『悛改慆藏也』」。

330 讒鼎名也　足利本後人記云：「一本作『讒鼎鼎之名也』。」

331 一云讒地名　諸本作「云」，此本誤「六」，今訂正。

332 昧旦丕顯　釋文亦作「丕」；纂圖本、閩本、監本、毛本作「丕」；石經初作「丕」，後人加末筆，殆未知「丕」、「丕」本無二字，中一直或長或短，隸體小變耳，中直本無二筆也。

333 丕大也　纂圖本、監本、毛本「丕」作「丕」。

334 不敢不受而埋之　宋本重「受」字，是也。

335 辭連李氏　監本「連」誤「運」。×

336 幸而得死　石經「死」字改刊，初刻似誤「免」字。

337 以明巳不食　宋本「巳」作「己」，是也。×

338 爽明塏燥　宋本「燥」作「燥」，正義同。毛詛父正誤云：「『燥』作『燥』誤。」興國本、建本皆作『燥』。潭本釋文作『燥也』，當作『燥』，亦當有『也』字。」案，毛説是也，今釋文有「也」字。

339 注爽明塏燥　閩本、監本、毛本「燥」作「燥」，下同。

340 塏高也故爲燥也　宋本「高」下有「是」字。

341 以所居下濕塵埃　毛本「濕」作「溼」。×

342 祉福也　淳熙本「祉」誤「祿」。×

343 則使宅人反之且諺曰　陳樹華曰：「朱氏日鈔云『且字文義不接，或疑上有闕文』。又疑『曰』字之誤，『諺曰』以下皆晏子使宅人反故室辭。」

344 授之以策　釋文「策」作「筴」。×

345 子豐段之父　淳熙本「父」誤「交」。×

346 子豐至晉國　宋本此節正義在「爲其復取之之故」注下。

347 鄭僖公之爲大子豐與之俱適晉　監本、毛本「大」誤「太」，下同。宋本重「子」字，是也。

348 伯石之汏也　淳熙本、纂圖本、明翻岳本、閩本、監本、毛本「汏」作「汰」，注同。釋文亦作「汰」，非也。石經、宋本作「汏」。

349 猶荷其禄　惠棟云「荷」當作「何」。

350 温吾縣也二宣子曰自郤稱以别三傳矣晉之别縣不唯州　石經「吾」字起一行，「稱」字起一行，皆九字。案，「自郤」二字、「三傳」二字似改刊。

351 二子曰　石經「二」字下後人旁增「宣」字。

352 知而弗從　毛本「弗」誤「復」。石經此處缺，顧炎武云「石經『復』誤作『弗』」，所據乃謬刊也。

353 敬子不入　禮記檀弓鄭注引作「敬叔不入」。

354 五月至成公　宋本以下正義四節揔入「敬子從之」注下。

355 五月葬滕公　宋本「滕」下有「成」字，是也。

356 進書子服惠伯爲介　監本「進」誤「之」。×

357 惠伯曰敀也　監本「敀」作「椒」，非。×

358 吉賤不獲來　宋本此節正義在「畏大國

尊夫人也」節注下。

359 實不忘我好　宋本以「好」字絶句，釋文云「一讀以『好』字向下」。

360 注一睦謂小邾　宋本此節正義在「季孫從之」之下。

×

361 余髮如此種種　釋文云「徐本作『董董』」，賈氏羣經音辨引同，云「今本作『種』」。

362 彼其髮短而心甚長　石經「短」上後人增「雖」字，非也。

363 放盧至北燕　宋本「至」作「蒲嫳于」三字。

364 以殺公之外嬖　纂圖本「殺」誤「救」。

365 齊公孫竈卒　監本作「竈卒」，非。

366 競彊也　監本「彊」作「疆」，非也。

×

26—367 又弱一个焉　監本「个」作「介」，非。

春秋左傳注疏校勘記卷二十七

27—001 經四年　宋本春秋正義卷第二十七。石經春秋經傳集解昭二第廿一，淳熙本、岳本「昭」下增「公」字，並盡七年。

002 楚靈王始會諸侯　宋本、淳熙本、纂圖本、明翻岳本、足利本「會」作「合」，是也。

003 胡國汝陰縣西北有胡城　史記楚世家正義引「陰」作「南」，無「有」字。

004 楚子至于申　宋本此節正義在「會于申」之下。

005 ○注因申至胡城　宋本「○」作「疏」字，是也。

006 波自義從　宋本、閩本、監本、毛本「波」作「彼」，是也。

傳四年

007 賜盟于宋　石經「于」字改刊。

008 天或者欲逞其心　案，劉向新序引作「欲盈」，「盈」、「逞」古多通用。

009 曰晉有三不殆　石經、宋本、淳熙本、毛本「曰」上有「公」字；監本初刻亦無，後擠刊，是也。

010 多篡弒之難　釋文「弒」作「殺」，「申志反」。×

011 何鄉而不濟　諸本作「鄉」，釋文云「本又作『嚮』」，新序引傳亦作「嚮」，俗「鄉」字。

012 北嶽恒　釋文云：「恒，如字，本或作『常』，在冀州。」案，作「恒」者是也。北岳本名恒山，漢爲文帝諱，改作「常」耳。

013 四嶽　宋本以下正義八節搀入「與人同欲盡濟」注下。

014 桷考諸侯功德　監本「桷」作「桶」，誤也。×

015 嶽本自以兩山爲名　段玉裁校本「嶽」上有「南」字，是也。

016 是解衡霍二名之由也　宋本、閩本、監本、毛本「由」作「山」。

017 書傳多云五岳　宋本「岳」作「嶽」。

018 此傳云四嶽者　毛本「嶽」作「岳」。×

019 故此云四岳也　宋本、監本、毛本「岳」作「嶽」。宋本無「也」字。

020 在河南陽城縣西北　宋本、淳熙本、岳本「北」作「南」。

021 武帝置嵩高縣　段玉裁校本「嵩」作「密」。

022 在新城泲鄉縣南　釋文云：「泲音市，又音尔。漢書音義：音秭，或一音隸。則當水旁，作『㳒』恐非。本或作『滐』字，誤也。」

023 中南　案，新序作「終南」；水經注云「地理志曰『縣有大一山，古文以爲終南』，杜預以爲中南也」。陳樹華云：「左傳本作『終』，杜氏改作『中』也。」

024 恃險與馬不可以爲固也　顧炎武云：「石經『馬』誤『焉』。」案，石經不誤。陳樹華云「『馬』字模糊」，亦非。劉向新序引「不可」作「不足」。

025 啓其疆土　閩本、監本「疆」作「彊」，非也。

026 安於小小不能遠圖　毛本上「小」字誤「少」。×

027 魯衛偪於齊而親於晉　諸本作「偪」。石經初刊作「逼」，後改「偪」。

028 聖人至爲災　宋本以下正義二十節揔入「雹之爲菑」節注下。

029 正義曰無雹　宋本「曰」下有「無雹謂無害物之雹，雖有依時小雹不與物爲災也。劉炫云既云」二十五字。案，儀禮續通解引同。

030 復見無雹之意　宋本「復」作「覆」。

031 釋天云　閩本、監本、毛本「天」誤「例」。×

032 爲夏之十二月也　宋本「爲」作「謂」。

033 二之日鑿冰冲冲　宋本「冲」作「沖」。按，冲，俗「沖」字。

034 有星朝見者　宋本「星」作「早」，與儀禮經傳通解引合。

035 三統厤在　閩本亦誤作「在」，宋本、監本、毛本作「云」，是也。

036 故以時出之也　宋本、毛本「時」上有「是」字；監本初刻無，後擠刊。

037 奎始温見東方　閩本、監本、毛本「温」作「朝」，宋本作「晨」。

038 言不獨其公　閩本、監本、毛本「其」作「是」，亦非；宋本作「共」。

039 固陰沍寒　釋文「沍」作「冱」字。按，說文無「沍」字，古祇作「互」。

040 沍閉也　諸本作「沍」，此本作「互」，今改正。淳熙本「閉」誤「門」。

041 其藏至取之　此本五字並模糊，依宋本、閩本、監本、毛本補。

042 上言取之用之之處下言藏之　此本「言取之用之之處下」八字模糊，依宋本補。閩本、監本、毛本「處」作「事」。

043 掌元物　宋本、監本、毛本「元」作「互」，不誤，下同。

044 不取川地之冰　宋本、監本、毛本「地」作「池」，是也。×

045 皆待此而達也　宋本無「也」字。

046 計應不用大牲　閩本、監本「牲」誤「牡」。×

047 棘赤有笩　宋本、閩本、監本、毛本「笩」作「箴」，是也。

048 置此弓矢於凌室之户　閩本、監本「凌」誤「淩」。×

049 是大夫得食肉也　毛本「大」作「犬」，誤。×

050 則士亦食肉　宋本作「肉食」。

051 祭寒而藏之　鄭氏豳風箋引作「祭司寒而藏之」，正義曰「箋引彼文加『司』字者，彼文上句云『以享司寒』，下句重述其事，略其『司』字；箋以經有藏冰、獻羔二事，故略引下句以當之，不引上句，故取上句之意加『司』字以足之」。初學記引亦有「司」字，釋文云「本或作『祭司寒者』，非」，是也。

052 開冰室　宋本、淳熙本、岳本、纂圖本、足利本「開」上有「始」字，是也。

053 祭寒至啓之　宋本、閩本、監本、毛本作「寒」，此本誤「寔」，今改正。

054 爲正歲之夏即四月是也　宋本「爲」作「謂」。

055 春無凄風　石經、宋本「凄」作「淒」，與釋文合，注同。按，「淒」字从水者見説文，从冫者俗字。

056 震劈歷震物者　宋本「辟歷」作「霹靂」，下同，是也。

057 夭死爲札　宋本「夭」作「大」，不誤。

058 大札則不舉　閩本、監本、毛本「大」誤「夭」。

059 夭札疫癘也　宋本「夭」作「大」，下同。

060 詩豳風卒章曰　釋文「豳」作「豳」。 ×

061 二之日鑿冰冲冲　諸本作「二二」，此及閩本誤「三」，今改正。監本「冰」誤「水」。宋本、岳本「冲」作「沖」，是也。

062 三之日納于凌陰　諸本作「于」，此本誤「牙」，今改正。 ×

063 謂二月春分　閩本、監本、毛本「分」作「風」，是也。

064 可以正月納冰　宋本「可」上有「故」字，是也。

065 亦聖人之寓言也　宋本、閩本、監本、毛本作「寓」，此本誤「𥧌」，今改正。

066 此諫失政　宋本「此」作「以」，是也。 ×

067 郲不會　宋本以下正義十一節揔入「乃禍亂也」句下。

068 又晉合諸侯　閩本、監本「合」作「令」。 ×

069 夏啟有鈞臺之享　石經此行十一字，「夏啟有鈞臺」五字似重刊。

070 啓禹子也　岳本脱「也」字。

071 周武有孟津之誓　釋文「孟」作「盟」，「音孟」。案，「孟」、「明」古音同用。惠棟云：禹貢正義曰「杜預云『孟津，河內河陽縣南孟津也』」。案，鈞臺、景亳、岐縣、酆宫、塗山皆有注，盟津獨無，自是轉寫脱卻，此條應補入。

072 時伐紂也　宋本、淳熙本、岳本、纂圖本、足利本「時」作「將」，不誤。

073 周成王歸自奄　岳本脱「周」字。

074 鄷在始平鄠縣東　淳熙本「始」誤「如」。

075 周穆王會諸侯於塗山　岳本脱「周」字。 ×

076 謙示所未行　毛本「行」誤「有」。 ×

077 杜知其禮周　宋本、監本、毛本「周」作「同」，是也。

078 凡十三禮　宋本、監本、毛本「三」作「二」，是也。

079 王使椒舉待於後以規過　石經、宋本、淳熙本、岳本、纂圖本、監本、毛本「待」作「侍」，是也。

080 禮吾未見者有六焉　宋本、淳熙本、纂圖本「吾」下有「所」字，與石經合。

081 寡君將墮幣焉　諸本作「墮」，詩小雅正月正義引傳作「隳」，乃俗字也。

082 六王啓湯武成康穆王　宋本、淳熙本、岳本、纂圖本、監本、毛本「王」作「也」，不誤。

083 皆所以示諸侯汏也　淳熙本、纂圖本、監本、毛本「汏」作「汰」，非。

084 經所以更敘諸侯也　淳熙本「敘」作「序」。 ×

085 八月甲申克之執齊慶封　石經此行十一字，「甲申克之執」五字改刊。

086 而盡滅夷狄　石經、宋本、淳熙本、岳本、纂圖本、監本、毛本「夷狄」作「其族」，是也。

087 播於諸侯　諸本作「播」，釋文云「徐云『字或作幡』」。 ×

088 注邱十至一年　宋本以下正義二節揔入「政不率法」節注下。

089 邱之十六井　宋本、監本、毛本無「之」

字，是也。

090 正當重於古　毛本「正」誤「止」。

091 給徭役　宋本「徭」作「傜」，是也。

092 是與家征別也　宋本無「也」字。

093 逸詩　宋本、淳熙本「詩」下有「也」字。

094 子產自以爲權制濟國　淳熙本「濟」誤「齊」。

095 韓滅鄭　宋本「韓」上有「而」字。

096 棘櫟至櫟亭　宋本此節正義在「東國水」節注下。

097 是此櫟亭也　宋本無「亭」字。

098 則河南陽翟縣也　宋本「也」上有「是」字。

099 咸尹宜咎城鍾離　淳熙本、纂圖本、毛本「咸」作「箴」，亦非；石經、宋本、岳本、足利本作「葴」，與釋文合。

100 生孟丙仲壬　諸本作「壬」，石經初刻「任」，後改「壬」。

101 深目而猳喙　釋文「猳」作「豭」。按，說文「豭，牡豕也，从豕，叚聲」。

102 注襄二至六歲　宋本以下正義十一節攙入注文「誣叔孫以媚季孫」之下。

103 齊大夫子明之　宋本、淳熙本、岳本、纂圖本、監本、毛本「之」作「也」，是也。

104 田於丘蕕　李善注文選運命論引作「田於蒲邱」。

105 叔孫爲孟鍾　宋本、岳本「鍾」作「鐘」，與石經合，正義及下注同。

106 以血澆落之　宋本、閩本、監本、毛本作

「血」，此本誤「而」，今改正。

107 異宮者樂敬也 宋本「樂」作「祟」，是也。

108 謁日也 宋本、淳熙本、岳本、足利本「日」作「白」，是也。

109 詐命日 閩本、監本、毛本「日」作「也」，非也。×

110 聞鍾聲 淳熙本、岳本、纂圖本、毛本「鍾」作「鐘」。

111 怒將往 重脩監本「往」誤「住」。

112 萊書公卿士名 宋本、淳熙本、岳本、纂圖本、足利本「卿」作「御」，不誤。淳熙本「士」誤「主」。

113 牛許而不召 淳熙本「牛」誤「告」。×

114 杜洩見 釋文作「泄」，是也。賈公彥疏儀禮聘禮引作「杜泄」。

115 告之飢渴 纂圖本、閩本、監本、毛本「飢」作「饑」，非也。

116 使賓饋于个而退 釋文云：「賓，本或作『奠』。」李善注文選思玄賦、運命論引傳「个」作「介」，非。

117 个東西廂 釋文「廂」下有「也」字，諸本脱；又云「本又作『箱』字」。按，「廂」者俗字，「箱」者正字。

118 而如同是語辭 閩本、監本、毛本「同」誤「何」。×

119 皆謂之賓 監本、毛本「賓」誤「置」。×

120 則置虚命徹 重脩監本「置」誤「直」。

121 示若叔孫已食 淳熙本「若」誤「君」。

122 乙卯卒 監本、毛本「乙」誤「己」。

123 三日絶糧　監本、毛本「三」誤「二」。

124 吾子爲司徒實書名　重脩監本「名」誤「石」。

125 夫子爲司馬與工正書服　監本「工」誤「王」。

126 杜泄是叔孫家臣　閩本、監本、毛本「泄」作「洩」。

127 亦以德爵　宋本作「亦以德詔爵」，監本、毛本脱「亦」字。

附釋音春秋左傳注疏卷第四十二　止

附釋音春秋左傳注疏卷第四十三　昭五年盡六年

經五年

128 蔡侯　淳熙本「蔡」誤「祭」。

傳五年

129 舍中軍卑宮室也　宋本以下正義二十節揔入「吾子亞卿也」節注下。

130 此則唯舍中軍之衆　宋本「之」上有「分中軍」三字。

131 傳稱孟子孺泄帥右師　宋本「子孺」作「孺子」，是也。

132 季孫不欲親其議　纂圖本、毛本「欲」誤「用」。

133 勑二家會諸大夫　宋本、毛本「勑」作「敇」。

134 取其令善兼絜之名也　諸本「兼」作「廉」，不誤。

135 施者舍巳　宋本、監本、毛本「巳」作「也」，是也。

136 其二家謂叔孟　重脩監本「二」誤「三」。

137 孟氏取其半焉及其舍之也四分公室

石經「氏」字起一行，計十一字。

138 民皆分屬三家　毛本「民」字空缺。

139 大率半屬於公半屬於己　閩本、監本、毛本亦脱「於公半屬」四字，據宋本補。

140 季彊孟弱　閩本、監本、毛本「彊」作「疆」，非也。×

141 以書使杜洩告於殯　纂圖本、毛本「於」改「于」。

142 投擲也　宋本、淳熙本、足利本「也」作「地」，與釋文合。

＊ 得以此言告季叔　補：各本「叔」作「孫」。案，「叔」字誤，今訂正。

143 杜泄云　閩本、監本、毛本「泄」作「洩」，下同。×

144 從生至正路　宋本、閩本、監本、毛本作「生」，此本誤「主」，今改正。

145 君爲大夫　宋本「爲」作「於」。

146 如是三　宋本「三」上有「者」字，是也。

147 大庫之庭　閩本、監本「庫」下有「至」字。

＊ 梓損登大庭氏之庫　補：各本「損」作「慎」。案，「損」字誤，今訂正。

148 殺適立庶　釋文「適」，云「本又作『嫡』」。×

149 昭子不知豎牛餓殺其父　諸本作「牛」，此本誤「半」，今改正。淳熙本「豎」作「賢」，非也。

150 不以立巳爲功勞　宋本、岳本「巳」作「己」，是也。×

151 詩云　諸本作「云」，石經初刻作「曰」，後改正。

152 曰是將行　石經「行」下後人旁增「乎」字，非也。

153 卒以餒死　毛本「卒」誤「足」。

154 離爲明　宋本、淳熙本、岳本、纂圖本「明」作「日」，是也。

155 自王巳下　毛本「巳」作「以」。

156 人定爲輿　重脩監本「輿」誤「與」。×

＊ 日昳爲臺　補：釋文挍勘記：昳，由結反，北宋本、葉抄本「昳」作「跌」，「由」作「田」。按，皆是也。古書「日昳」字皆作「跌」，田結反，人始造「昳」字以改古書。

157 隅中日出　釋文「隅」作「禺」。×

158 闕不在第　諸本作「闕」，此本誤「闗」，今改正。

159 乃復具釋爻辭云　宋本重「爻辭」二字。

160 故曰其爲○後　宋本「○」作「子」，不誤。閩本、監本、毛本脱「子」字。

161 從王至臺十等之目　閩本、監本「目」誤「日」。

162 故爲隅中也　毛本「爲」誤「謂」。×

163 日未出而又卑　宋本「卑」下有「退」字，是也。

164 故曰其當旦也　浦鏜正誤「也」作「乎」。

165 故各取象爲義　宋本「義」下有「也」字。

166 明之未融　宋本、淳熙本、岳本、纂圖本、足利本「之」作「而」，與石經合。

167 故將辟難而行　釋文「辟」作「避」。×

168 當三在旦　石經初刻「三在」誤倒，後改正。

169 旦位在三　毛本「三」誤「二」。×

170 故曰三日不食　監本「曰」誤「日」。×

171 故轉於純離之卦求牛象也　閩本、

監本、毛本「轉」作「傳」，非。宋本無「也」字。

172 謙道冲退　宋本、岳本「冲」作「沖」，是也。×

173 唯云君子于行無還之義　閩本、監本、毛本「還」作「遠」，非。×

174 楚子以屈伸爲貳於吴　石經、宋本、淳熙本、岳本、足利本「伸」作「申」。

175 鄭伯勞子蕩于汜勞屈生于菟氏　淳熙本「子」誤「于」。石經、宋本「汜」作「汜」，岳本、閩本作「汜」，是也。毛本二「于」字並改「於」。

176 子産相鄭伯　淳熙本「産」誤「隡」。

177 則諸卿皆行　閩本、監本、毛本「卿」作「侯」，非也。×

178 注往有至贈賄　宋本以下正義三節揔入「言善於禮」節注下。

179 及聘事皆畢乃云　監本、毛本「云」作「去」。

180 主國使下大夫勞于畿　閩本、監本、毛本「于」作「王」，非也。

181 晉侯謂女叔齊曰　諸本作「晉」，纂圖本、毛本誤「齊」。

182 有子家羈　公羊、穀梁「羈」作「駒」，漢書五行志同。

183 羈莊公元孫懿伯也　毛本「元」作「女」，非也。×

184 謂往年莒亂而取鄫　閩本、監本、毛本「鄫」誤「鄆」，淳熙本作「贈」，尤非。

185 不知其私　宋本「其」誤「莒」。

186 公仰給食　宋本「仰」下有「他」字。

187 叔齊以此諷諫　釋文云：「諷，本亦作

『風』，音同。」×

188 奉吾至二國　宋本以下正義十七節摠入「辭不敢見」節注之下。

189 送女雖則弗聘　宋本「弗」作「非」，是也。

190 禮當勉力復行　宋本「復」作「履」，是也。

191 故云思故也　宋本、閩本、監本、毛本「故」作「終」，是也。

192 行必得理　閩本、監本、毛本「理」作「禮」，是也。

193 用之以通意　閩本、監本、毛本「意」作「志」。×

194 故言道之也　考文云「言」作「炎」，非也。×

195 刖足使守門　纂圖本「使」誤「爲」。×

196 吾亦得志矣　毛本「亦」誤「以」。

197 蘧啓彊曰　纂圖本、閩本、監本、毛本「彊」作「疆」，非也。

198 朝聘有珪　惠棟云：「説文『珪，古文圭』。」

199 考功記玉人云　浦鏜正誤「功」作「工」，是也。重脩監本「玉」誤「王」。

200 上公享王圭以馬　監本、毛本「王」誤「玉」，下同。×

201 所以時舉享后者　宋本、監本、毛本「時」作「特」，是也。

202 即大行人三饗三食三宴之類是也　宋本、閩本、監本、毛本作「三饗」，此本誤作「二饗」，今改正。

203 天子巡守曰巡功　諸本作「守」，宋本作

「狩」。

204 設机而不倚　閩本、監本「机」作「機」，誤。案，賈氏儀禮燕禮疏引作「几」。

205 曰幾中而後禮成　宋本、監本、毛本「曰」作「日」，是也。

206 以貨財爲恩好　宋本、閩本、監本、毛本作「財」，此本誤「才」，今改正。

207 羞鼎三　監本「三」誤「二」。　×

208 牲臛膷臐膮也　宋本作「牲臛膷臐膮也」，閩本同；監本、毛本「臛」作「臚」；考文作「膗」，與鄭注合，下同。

209 凡九鼎　毛本「凡」誤「几」。　×

210 又有陪鼎三　毛本「又」誤「丈」。　×

211 其一曰膷鼎牢膗也　宋本、監本、毛本「牢」作「牛」，是也。膷，閩本誤「豚」。

212 在羊鼎之西　毛本「鼎」作「膗」，非也。

213 其一曰曉鼎　宋本、監本、毛本「曉」作「膮」，不誤。

214 上公饔餼九牢　監本「牢」誤「牛」。

215 飪一牢　監本、毛本「一」作「七」，是也。

216 大行人注云　浦鏜云「注見『掌客』」，云『大行人』誤」，是也。

217 則飧二牢　毛本「二」誤「三」。　×

218 去則贈之以貨賄　毛本「賄」誤「財」。

219 言兵禍始於城濮　淳熙本「濮」誤「僕」。　×

220 求諸侯而麇至　李善注文選顏延年應詔讌曲水詩注引作「麕至」，引杜注同。

221 輔轢　釋文「轢」作「櫟」，云「本又作『轢』」。　×

222 皆彊家也　石經此處缺，諸本作「彊」，閩本、監本作「疆」，非也。

223 其人名亦字伯華　宋本「亦」作「赤」，是也。

* 見于襄二十一一年傳　補：兩「一」字誤重。

224 楊肸　石經此處刓缺，宋本、淳熙本「楊」作「揚」。段玉裁云：「羊舌肸食采於楊，故亦偁楊肸，其子食我亦偁楊石。漢書地理志河東郡楊縣，應仲遠謂即『楊侯國』。」案，宋本、淳熙本作「揚」，非是。

225 韓氏七　賈公彦周禮縣師疏引注「七」下有「邑」字。

226 故以爲四家共二縣也　諸本作「家」，此本誤「冢」，今改正。

227 不別更稼家　宋本、監本、毛本「稼」作「稱」，是也。宋本、毛本「別」誤「必」。

228 考工記　宋本、毛本「工」誤「功」。

229 伯仲行吴　宋本、淳熙本、岳本、纂圖本、監本、毛本「仲」作「中」。案，作「中」者是。

230 失婚姻之親　宋本「婚」作「昏」。

231 娶於子尾氏　顧炎武云：「石經『娶』誤作『聚』。」案，石經「娶」字不誤。

232 會於夏汭　石經此處缺，纂圖本、監本、毛本「於」作「于」，非也。

233 越大夫常壽過帥師會楚子于瑣　諸本作「于」，釋文作「於」。

234 廬江舒縣有鵲尾渚　纂圖本、閩本、監本、毛本「廬」誤「盧」。

235 君若驩焉　顧炎武云：「石經『若』誤『苦』。」案，石經不誤。

236 滋敝邑休殆　石經、宋本、淳熙本、岳本、纂圖本、監本、毛本「殆」作「怠」。

237 今君至釁鼓　宋本以下正義四節揔入注文「善有備」之下。

238 息楚之師　毛本「楚」誤「師」。

239 故又言此以荅之　宋本「又」作「反」。

240 薳射帥繁揚之師　淳熙本「揚」作「楊」；石經作「陽」，與襄四年傳合。

經六年

傳六年

241 則不書於經　閩本、監本、毛本脱「則」字。

242 鑄刑書於鼎　宋本以下正義二十一節揔入「藏爭辟焉」節注下。

243 趙歎　宋本、閩本、監本、毛本「歎」作「鞅」，不誤。❶

244 語遺也　宋本、淳熙本、岳本、纂圖本、監本、毛本「語」作「詒」，不誤。❷

245 以爲巳法　宋本、岳本「巳」作「己」，是也。

246 掌五刑之法　宋本、閩本、監本、毛本作「五」，此本誤「王」，今改正。

247 則罪五百　閩本、監本、毛本「則」作「剕」；宋本作「刖」，與周禮合。

248 據此二文　毛本「此」誤「比」，非。

249 臨其時事　閩本、監本、毛本「臨」誤「聽」。

250 令鄭鑄之於鼎　宋本、監本、毛本「令」誤「今」。

251 是故閑之以義　漢書刑法志引作「以誼」。案，「誼」、「義」古今字。

252 曰衛之使合於事宜者也　宋本「曰」作「防」，無「者」字。

253 仁心所以養物　毛本「仁」作「人」，非。

254 位以序德　毛本「德」作「爵」。

255 聳之以行　諸本作「聳」；漢書刑法志引作「愯」，晉灼曰「古『竦』字」。

256 涖之以彊　閩本、監本、毛本「彊」作「疆」。漢書刑法志引「涖」作「莅」，與釋文同。

257 涖謂當事之時　監本「事」作「時」，誤。

258 其監於行事者　閩本、監本、毛本「監」作「濫」。

259 失於懈倦　毛本「倦」作「惓」。

260 喪服四制云　諸本作「云」，此本誤「三」，今訂正。

261 上公王也　惠棟云「公王」當作「公侯」，正義曰「更求聖哲王公之上制」，然則「公王」乃「王公」之誤倒。

262 動鼎以示之　宋本、監本、毛本「動」作「勸」，是也。

263 而徼幸以成之　釋文「徼」作「儌」，云「本又作『邀』」。監本「幸」作「㚔」，非也。

264 因危文以生爭　諸本作「文」，此本誤「乂」，今改正。

265 緣徼倖以成其巧僞　淳熙本、岳本、纂圖本、閩本、監本「倖」作「幸」。

266 周之衰亦爲刑書　監本「爲」誤「謂」，毛本「謂」下增「之」字，尤非。

267 議事制罪　宋本「議」上重「始盛之世」四字，是也。

268 作書於衰亂之時　宋本「時」下有「也」字。

269 勤於鼎　宋本、監本、毛本「勤」作「勒」，不誤。

270 言其所制　閩本、監本、毛本脱「制」字。

271 爲天下所信　宋本、淳熙本、岳本、監本、毛本「信」下有「孚信也」三字。纂圖本「孚」上衍「釋」字。

272 賄賂並行　漢書刑法志引作「貨賂並行」。

273 何以異乎　毛本「以」作「有」。×

274 其民非復巳有　宋本「巳」作「己」，下「用巳」同。

275 彊猛則爲稱職　閩本、監本「彊」誤「疆」。×

276 且疆域闊遠　毛本「疆」誤「彊」，「闊」作「濶」，非也。×

277 愛憎改竟　宋本、閩本、監本、毛本「竟」作「意」。

278 所觀民設教　宋本「所」下有「謂」字，是也。

279 若吾子之言　足利本脱「吾」字。

280 以見箴戒爲惠　諸本作「箴」，釋文作「鍼」。

281 所以救當世　宋本「世」下有「也」字。

282 火心星也　岳本脱「也」字。

283 火未出而作火　案，禮記郊特牲正義引作「用火」。

284 火如象之　漢書五行志引作「火而象之」，古「如」、「而」字通用。

285 注周禮大夫三獻　宋本以下正義三節摠入「況下臣」節注下。

286 則從大夫之禮　宋本「從」下有「大國」二字。

287 故今武子云　諸本作「今」，此本誤「令」，今改正。

288 獻各如其命數　閩本、監本、毛本脱「獻」字。

289 故注云三獻也　毛本「獻」作「卿」，非也。

290 寡君以爲驩也　惠棟云：「左傳『懽』字皆作『驩』，此古文之異者。高誘注戰國策云『懽猶合也』。」

291 以加禮致驩　宋本、淳熙本、岳本、纂圖本、足利本「驩」下有「心」字。

292 亡知加於常禮　閩本、監本、毛本「亡」作「已」，宋本作「止」，是也。

293 宋寺人柳有寵　釋文云：「寺，本又作『侍』。」✕

294 欲以求媚大子　淳熙本「求」誤「束」。監本、毛本「大」作「太」，非也。

295 亡人華臣也　淳熙本「亡」誤「吕」。✕

296 襄十七年奔衛　宋本、淳熙本、岳本、纂圖本、閩本、監本、毛本作「衞」；陳樹華挍作「陳」，是也。

297 欲得合比處　纂圖本「處」下衍「之」字。✕

298 宗子維城　石經此處缺，宋本「維」作「惟」。

299 俾使此　宋本、淳熙本、岳本、纂圖本、閩本、監本、毛本「此」作「也」，是也。

300 詩曰至斯畏　宋本此節正義在「女其畏也」之下。

301 不敢當國君之勞　淳熙本脱「君」字。

302 共而有禮　宋本以下正義三節揔入「而則人之辟乎」節注下。

303 禁芻牧採樵不入田　宋本「採」作「采」，與釋文合。

304 不采蓺　宋本、淳熙本、岳本「蓺」作「蓺」，注同；石經作「藝」。

305 不强匄　釋文云：「匄，本或作『丐』。說文作『匄』。」

306 遊吉　宋本、淳熙本、岳本、纂圖本、閩本、監本、毛本「遊」作「游」。

307 楚辟我衷　釋文「辟」作「僻」，注及下「郊辟」亦皆作「僻」。

308 而則人之辟乎　石經「辟」字改刊。

309 徐儀楚聘于楚　案，説文作「徐鄦楚」，云「鄦臨淮，徐地」。

310 使薳洩伐徐　諸本作「洩」，釋文作「泄」，是也。

311 士匄相士鞅逆諸河　釋文云：「今傳本皆作『士匄』，古本或作『王正』，董遇、王肅本亦作『王正』。」陸德明、孔穎達皆以「王正」爲是，穎達以釋例作「王正」爲證，然則杜注當本是「王正」，晉大夫也。

312 旦弔敗也　宋本、閩本、監本、毛本「旦」作「且」，是也。

313 士匄相士鞅　宋本此節正義在「未嘗可也」句注下。

314 此人不當與士鞅之父同姓名而爲之介也　監本、毛本「與」誤「取」。

315 左右謟諛　石經此處缺；宋本、纂圖本、監本、毛本「謟」作「諂」，是也，釋文同。

附釋音春秋左傳注疏卷第四十三　止

附釋音春秋左傳注疏卷第四十四 昭七年盡八年

經七年

316 即燕與齊平　監本、毛本「即」誤「既」。

317 傳以其不分明　閩本、監本、毛本「不」誤「下」。

318 魯與齊鄰　毛本「鄰」作「隣」，俗字。 ×

319 杜言將適楚者　重脩監本「杜」誤「持」。

320 鄉曰衛齊惡　監本、毛本「鄉」作「卿」，非也。

321 不奪親之所名　浦鏜正誤「奪」下有「人」字，據穀梁增也。

322 加於牲上　毛本「於」改「于」。 ×

傳七年

323 齊求之也　宋本以下正義三節揔入注文「錞耳玉爵」之下。

324 燕必知其音意乃成耳　正德本、閩本「音」作「旨」；宋本、監本、毛本無「音」字，「乃」下有「行」字。

325 至河間鄚縣入易水　釋文云：「鄚，本又作『莫』。」宋本誤「鄭」。

326 賂以瑤罋　石經初刻「罋」從「瓦」，後改從「缶」。

327 注析羽至於軫　宋本以下正義八節揔人「遂赦之」注下。

328 繫之於旞　閩本、監本、毛本「旞」作「旜」，非也。

329 所以注旌於干首也　宋本、監本、毛本「以」作「謂」，是也。諸本作「旌」，宋本作「旄」。閩本「干」誤「于」。

330 旁三人持之　毛本「三」誤「二」。×

331 杜以楚雖僭號　毛本「號」誤「篪」。×

332 亦短於諸侯之旌二刃　此本「旌」字下空闕二字，今據宋本、閩本、監本、毛本補正。

333 執無宇也　諸本作「宇」，此本誤「字」，今改正。

334 普天之下　釋文「普」作「溥」，云「今之左氏傳本或作『普』」。陳樹華云：「毛詩作『溥』，孟子引詩亦作『普』，據釋文則左傳舊作『溥』也。」

335 故王臣公　石經「臣」字改刊。案，後漢書濟南安王傳注、袁紹傳注引此句下有「公臣卿」句，下「皁臣輿」誤作「皁臣隸」，脱「輿臣隸」句。

336 言正無私也　宋本「言」下有「公」字。

337 之言扶也　宋本、閩本、監本、毛本「之」上有「夫」字，是也。

338 當大蒐其衆　毛本「蒐」誤「堯」。×

339 末知其義　宋本、閩本、監本、毛本「末」作「未」，是也。

340 爲隱亡人之法也　案，釋文引服注「亡」上有「匿」字。

341 行善法故能啓疆　諸本作「疆」，淳熙本作「彊」。

342 告于皇天　毛本「于」作「於」。×

343 以紂爲上　宋本、監本、毛本「上」作「主」，是也。×

344 取而臣以往　淳熙本「取」誤「敢」。

345 往去之　宋本、淳熙本、纂圖本、監本、毛本「之」作「也」。

346 **今在華容城内** 淳熙本「城」誤「戎」。

347 **注宮室至城内** 宋本以下正義四節摠入「及楚不能荅郊勞」注下。

348 **言露寢生人所居** 浦鏜正誤「露」作「路」。按，鄭注作「路」。

349 **以血塗其十** 監本「十」作「卜」，宋本、毛本作「上」，是也。

350 **大宰薳啓彊** 纂圖本、閩本、監本、毛本「彊」作「疆」，是也，下同。

351 **奉承以來** 毛本「奉承」誤倒。

352 **日我先君共王** 淳熙本、纂圖本「日」作「曰」。案，正義云「日謂往日也。董遇注無『日』字」，毛誼父六經正誤以作日月之「日」爲誤，非也。岳本此處缺。

*****日月以巽** 補：各本「巽」作「冀」，注同。

353 **故言往耳** 宋本、監本、毛本「耳」作「日」，不誤。 ×

354 **四王共康郟敖及靈土** 淳熙本「敖」誤「放」。 ×

355 **何蜀之敢望** 石經此處刓缺，纂圖本、毛本「敢」作「告」，非也。

356 **君若不求** 石經此處缺，宋本、淳熙本、纂圖本、監本、毛本「求」作「來」，是也。

357 **掌馭玉路** 監本、毛本「玉」作「王」。 ×

358 **馭下祝** 監本、毛本「祝」誤「祀」。 ×

359 **既祭以車轢之** 考文「既祭」二字誤作「前」。監本、毛本「轢」作「櫟」，非；監本下「轢」字不誤。

360 **大夫用酒脯** 毛本「大」作「犬」，非也。 ×

361 孟僖子爲介　諸本作「介」，石經初刻誤「个」，後改正。

362 誰將當目食　石經、宋本、淳熙本、岳本、纂圖本、監本、毛本「目」作「日」，是也。

363 故禍在衛大在魯小也　岳本脱「也」字。

364 周四月今二月　淳熙本「二」誤「一」。

365 故日在降婁　閩本、監本「日」作「曰」，非。×

366 注衛地至降婁　宋本以下正義三節揔入「三日從時」注下。

367 是在地封域　宋本無「是」字。

368 引堪餘云　監本、毛本「餘」作「輿」，是也。

369 申實沈晉也　毛本「晉」誤「音」。×

370 戌降婁魯也　宋本、閩本、監本、毛本作「戌」，此本誤「成」，今改正。

371 三統厤　閩本、監本、毛本「三」誤「二」。×

372 詩所謂彼日而食于何不臧者　案，陳樹華云：「詩作『此日而食』，漢書五行志引亦作『此日』，引傳無『者』字。」

373 朔月辛卯　案，今本毛詩「月」誤「日」。

374 豫筭而盡知　宋本「豫」上有「皆」字，「筭」作「算」，是也，毛本同。

375 當其各也　閩本「各」作「名」，亦誤；宋本、監本、毛本作「咎」。

376 若日食在其分次　毛本「次」誤「亦」。×

377 照臨下上　閩本「上」作「士」，亦非；宋本、監本、毛本作「土」，是也。

378 故鳴之以鼓折　閩本「折」作「拆」，亦非；宋本、監本、毛本作「柝」，不誤。

379 示之以罪巳之宜　宋本「巳」作「己」，是也。

380 教之脩德之去　宋本、毛本「之」下有「以」字，監本初刻亦脱，後擠刊。

381 晉人來治杞田　淳熙本「來」誤作「求」。石經、宋本、岳本、纂圖本、閩本、監本、毛本「祀」作「杞」，是也。

382 前汝叔侯不盡歸　宋本、岳本「汝」作「女」，正義同。

383 前女至杞田　宋本此節正義在注文「不書非公命」之下。

384 成孟氏邑本杞田　淳熙本「田」誤「山」。

385 言季孫亦將疑我不忠　淳熙本「我」誤「戎」。

386 吴無以待之　石經、宋本、岳本、纂圖本、監本、毛本「吴」作「吾」，是也。

387 魯國汴縣東南有桃虚　宋本、岳本、纂圖本、監本、毛本「汴」作「卞」，是也。

388 使長鬣者相　案，説文引傳作「儠」，是「儠」爲正字，「鬣」爲假借字。

389 欲先夸魯侯　宋本、淳熙本「先」作「光」，是也，葉鈔釋文亦作「光」。

390 使長鬣者相　宋本以下正義二節揔入「慎守寶矣」節注下。

391 蓫啟彊見魯侯　宋本「蓫」作「蔿」。閩本、監本、毛本「彊」作「疆」。

392 蓫啓彊聞之　纂圖本、閩本、監本、毛本「彊」作「疆」。

393 言齊晉越將伐魯而取之　淳熙本脱「而」字。

394 **並走羣望**　臧琳云：「當作『並趣羣望』，字之壞也。詩棫樸『左右趣之』，傳『趣，趨也』，箋云『文王臨祭祀，其容濟濟然，故左右之諸臣皆促疾於事，謂相助積薪』。望祀山川，雖不積薪，然諸臣之促疾祀事則同也。古『趣』字多有誤作『走』者，如玉篇『趣』下引詩『來朝趣馬』，今詩作『走馬』，是『趣』譌『走』之一證也。」

395 **今夢黃熊入于寢門**　石經此處刓缺，宋本、岳本「于」作「於」。正義曰「諸本皆作『熊』」，釋文作「能」，又云「今本作『能』者勝」。案，陸說是也。

396 **昔堯殛鯀于羽山**　釋文云：「殛，本又作『極』。」段玉裁云：「極，窮也。孟子言『極之於所往』是也，凡作『殛』者，皆『極』字之假借也。」

397 **今夢至寢門**　宋本以下正義五節揔入「賜子産莒之二方鼎」注下。

398 **孫炎曰書云**　宋本「曰」作「引」，是也。

399 **則能似羆似豕之獸**　宋本無「似羆」二字。×

400 **張叔皮論云**　案，錢大昕云：「李善注文選卷六卷四十三引『張升反論』，卷三十一、卷四十引『張叔及論』，卷五十五引『張升反論語』，與春秋疏所引本是一篇，而篇名或云『反論』，或云『反論語』，或云『及論』，或云『皮論』，其人名或云『叔』，或云『升』。攷後漢書文苑傳有張升，字彥真，陳留尉氏人，著賦、誄、頌、碑、書凡六十篇。梁七録有外黃令張升集二卷，反論殆升所撰之一篇，如解嘲、釋譏之類。曰『皮』、曰『及』皆字形相涉而譌，『叔』與『升』亦字形相涉也。」

401 **賓爵下革**　宋本、閩本、監本、毛本「革」誤「華」，據潛揅堂文集所引改正。

402 **夫聖王之制祀也**　監本「王」誤「人」。×

403 **周人禘嚳而郊稷**　監本、毛本「禘」誤

「祀」。 ×

404 故晉繼周祀鯀也　宋本無「也」字，「周」下有「當」字。

405 子産爲豐施歸州田於韓宣子　毛本「於」改「于」。

406 豐施　淳熙本「施」字空缺。

407 其子弗克負荷　釋文云：「荷，本亦作『何』。」 ×

408 荷擔也以微薄喻貴重　釋文亦作「擔」，宋本作「檐」，毛誼父六經正誤云「『擔』作『檐』，誤，當作『擔』」。案，毛誼父云誤非也。依説文當作「儋」，古書多假「檐」爲之，「擔」俗字。貴重，宋本誤倒作「重貴」。

409 若屬有疆場之言　纂圖本、毛本「場」誤「埸」。

410 而豐氏受其大討　毛本「受」誤「愛」。

411 傳信子産　宋本、淳熙本、岳本、纂圖本、監本、毛本「信」作「言」，是也。

412 注傳言至不諒　宋本此節正義在「以易原縣於欒大心」注下。

413 貞而不諒　重脩監本「貞」誤「真」。

414 以賜欒大心也　岳本脱「也」字。

415 鄭人殺伯有　岳本脱「人」字。

416 注公孫段豐氏黨　宋本以下正義九節揔入「不亦宜乎」注下。

417 公孫洩　釋文「洩」作「泄」，是也。 ×

418 子孔之子也　淳熙本脱「也」字。 ×

419 言立公孫泄者　閩本、監本、毛本改作「洩者」。 ×

420 何休膏盲　宋本「盲」作「肓」，是也。

421 子産雖立良止　宋本、閩本、監本、毛本

「良」作「良」，不誤，下同。

422 令雩祀百辛即士有益于民者　宋本、閩本、監本、毛本「辛即」作「辟卿」，是也。

423 景子晉中軍佐趙成　毛本「成」誤「氏」。×

424 既生魄陽曰魂　纂圖本、毛本「魂」作「魄」，非也。

425 人生至曰魂　毛本「魂」誤「魄」。×

426 惑陰陽以靈　宋本、閩本、監本、毛本「惑」作「感」，不誤。

427 知力以此而疆　閩本、監本「疆」作「疆」，非也。×

428 魄盛魂强　宋本「强」作「疆」。

429 形既入士　宋本、監本、毛本「士」作「土」，是也。

430 釋文云　閩本、監本、毛本亦誤「文」，宋本作「訓」，是也。×

431 易係辭曰　宋本「係」作「繫」。×

432 魂無形　監本、毛本「魂」誤「魄」。×

433 則魂魄强　宋本、淳熙本、纂圖本、毛本「强」作「彊」，與石經合。

434 用物至魄强　宋本、毛本「强」作「彊」，下「魄强」同。

435 則物備　宋本「物」下有「能」字。

436 此言從微而至著耳　「耳」字依宋本改，此本誤「斗」；閩本、監本、毛本作「蓋」，亦非。

437 注相尚至以酒　宋本以下正義三節摠入「使從嬖大夫」注下。

438 君之羈臣　石經此處缺，淳化本「羈」作「羇」。

*以其罪降　補：監本、毛本「降」作「降」，注同。

439 䳭鴒在原　釋文「䳭」作「鶺」，云「本又作『即令』」。×

440 行則摇　淳熙本「行」誤「術」。×

441 詩曰至急難　宋本以下正義四節揔入「余敢忘高圉亞圉」注下。

442 小雅棠棣之篇也　宋本「棠」作「常」，與詩合。

443 喻人當居平守之世　宋本、監本、毛本「守」作「安」，是也。

444 漢魏以來　毛本「漢」字實缺。

445 孟僖子病不能相禮　諸本有「相」字，論語季氏篇疏引傳文同。釋文無「相」字，云「本或作『病不能相禮』」。惠棟云：「今本『禮』上有『相』字。下云『苟能禮者從之』，則『相』字衍。葢襲上文『相儀』之誤，當從釋文。」

446 孔某年三十五　諸本作「孔某」，此本作「孔立」，形相近而誤。毛本作「子」，非。正義曰：「當言『三十四』，而云『五』，蓋相傳誤耳。」

447 孔某年三十五　宋本以下正義五節揔入「孟僖子可則效已矣」之下。

448 家吾本姓篇云　宋本、監本、毛本「吾」作「語」，是也。

449 宋佷公熙　毛本「佷」作「泯」，是也。「泯」與杜注「閔」同。今本家語作「襄公」，大誤。

450 金父生皋夷父　浦鏜正誤「皋」作「睪」。

451 防叔辟華氏之偪　監本、毛本「偪」誤「禍」。×

452 伯夏即生梁紇　宋本無「即」字，是也。

453 即生孔子　宋本「子」下有「也」字。

454 其祖弗父何以有宋而授厲公　毛本「授」誤「受」。

455 厲公之兄　纂圖本「公」誤「父」。

456 三命兹益共　後漢書馬援傳注引作「三命滋益恭」。

457 亦不敢侮慢之　宋本、岳本、纂圖本、監本、毛本「亦」上有「人」字。岳、監、毛三本脱「慢」字。

458 注南宫至敬叔　宋本、監本、毛本無「至」字，是也。

459 單獻公弃親用羈　宋本、岳本「羈」作「羇」，與石經合。

460 治官居職非一法則　宋本、淳熙本、纂圖本、岳本、監本、毛本無「則」字，是也。

461 同始異終　淳熙本「異」誤「易」。

462 或燕燕居息或憔悴事國　石經「居」字、「事」字上旁並有「以」字，後人所妄加也。

463 詩曰至事國　宋本以下正義四節摠入「故以配日」注下。

464 巳勞於從事　宋本「巳」作「己」，是也。

465 十二年始市　閩本「市」作「布」，亦非；宋本、監本、毛本作「帀」，是也。

466 嬖人婤始生孟縶　閩本「始」誤「姶」，正義及下同。纂圖本下「婤始生子」亦誤「姶」。

467 孔成子夢康叔謂己立元　毛本「元」誤「亢」。

468 **夢時元未生** 監本「元」作「至」，非也。宋本以下正義五節揔入「故孔成子」節注下。

469 **且説夢巳下** 宋本「巳」作「以」。

470 **孟縶之足不良能行** 石經此處缺，監本、毛本「能」作「弱」。按，「不良能行」猶言不善於能行也，正義欲於「不良」斷句，非也。

471 **今蓍辭** 宋本、岳本、監本「今」作「令」，是也。

472 **能行向下讀之** 監本作「弱行向下讀之」，毛本作「弱向下行」，誤。❸

473 **嗣吉何建** 釋文云：「何，本或作『可建』。」陳樹華云：「『可』乃古『何』字。」

474 **得吉則當從吉而建之也** 諸本作「吉」，淳熙本誤「言」。

475 **大誓曰** 纂圖本「大」作「泰」，非也。

476 **襲於休祥** 淳熙本「襲」作「聚」。

27—477 **戎商必克** 閩本、監本、毛本「戎」誤「伐」。 ×

校記

❶ 南昌本末增「〇今訂正」。

❷ 南昌本末增「〇今正」。

❸ 「今蓍辭」與「能行向下讀之」二條，南昌本位置互換，與南昌本左傳注疏合。

春秋左傳注疏校勘記卷二十八

28—001 經八年　宋本春秋正義卷第二十八。石經春秋經傳集解昭三第廿二，岳本「昭」下有「公」字，並盡十二年。

002 招與公子過共殺偃師　重脩監本「共」作「其」，非也。

003 又推過爲首　宋本「又」上有「招」字，是也。

004 以招爲首惡也　監本、毛本「首惡」誤倒。

005 楚人執陳行人干徵師殺之　宋殘本「干」誤「于」。

006 劉賈穎曰　宋本「穎」作「潁」，是也。

007 殺陳孔奐　諸本作「孔」，此本誤作「公」，今訂正。×

008 注嬖人至故書　閩本、監本、毛本脱「注」字。

傳八年

009 注魏榆晉地　宋本以下正義四節揔入「是宮也」節注下。

010 知魏榆亦地名也　宋本無「也」字。

011 石不能言或馮焉　案，漢書五行志「言」下有「神」字，蓋後人依杜注增之耳，不可信也。

012 或民聽濫矣實　宋本、監本、毛本「矣」作「失」，是也。×

013 怨讟動于民　石經此處缺，宋本、宋殘本、淳熙本、足利本「于」作「於」。

014 莫保其性　石經此處缺，宋本、宋殘本「保」作「信」。案，漢書五行志引同，師古曰「信猶保也，一說信讀爲申」。

015 於是晉侯方築虒祁之宮　釋文云：「虒，本又作『廌』。」×

016 俾躬處休　石經此處缺。釋文「俾」作「卑」，云「本又作『俾』」。

017 小雅雨無正之篇也　諸本作「正」，此本誤「且」，今改正。×

018 以言能而自處其美地　宋本「言能」作「能言」，是也。

019 與刪詩之後　毛本「與」誤「則」。

020 謂十年晉侯彪卒傳　足利本「謂」作「爲」，是也。此言君必有咎，爲十年彪卒張本。×

021 元配夫人也　宋本、宋殘本、淳熙本、岳本、纂圖本、監本、毛本「配」下有「嫡」字，是也。釋文作「適」，云「本又作『嫡』」。

022 屬諸徒招　石經、宋本、宋殘本、淳熙本、岳本、纂圖本、閩本、監本、毛本「諸」下有「司」字，是也。案，史記管蔡世家索隱曰「招，或作『苕』，或作『昭』」。

023 哀公有癈疾　北宋刻釋文亦作「癈」，纂圖本、閩本、監本、毛本誤作「廢」。案，說文云「癈，固疾也」，在疒部。毛誼父六經正誤云「興國本作『廢』，非也」。

024 注經書辛丑從赴　宋本以下正義二節揔入「公子留奔鄭」節注下。

025 長厤四月戊戌朔　監本「戊」作「戌」，非也。×

026 楚人執而殺之　諸本作「而」，此本誤「弓」，今改正。

027 殺干徵師　監本、毛本「干」誤「于」。 ×

028 楚人執陳行人干徵師殺之　纂圖本、監本、毛本作「楚子」，誤。

029 故重發之　諸本作「發」，此本誤「廢」，今改正。

030 而發傳有三者　案，襄十一年正義作「而傳發其三者」。

031 因良霄以顯其稱行人　案，襄十一年正義「人」下有「之事」二字。

032 賀虒郊也　石經、宋本、宋殘本、淳熙本、岳本、纂圖本、監本、毛本「郊」作「祁」，是也。

033 若何弔也　釋文云：「本或作『若可弔也』。」 ×

034 自根牟至于商衛　宋殘本「商」作「商」，非也。

035 琅邪陽都縣有牟鄉　淳熙本、纂圖本、監本、毛本「邪」作「琊」字。案，宋殘本以下缺五葉。

036 子成頃公子固也　毛本「頃」誤「逐」。

037 亦授甲將助之　毛本「授」誤「受」。

038 又數人告於道　石經、宋本、纂圖本、毛本「於」作「于」。

039 將往至陳氏　宋本以下正義三節摠入「遂和之如初」注下。

040 不復敢向子良之家　毛本「復」誤「使」。 ×

041 聞彊氏授甲將攻子　監本「彊」誤「疆」。

042 請爲之立宰　宋本、淳熙本、岳本、足利本「請」作「謂」，是也。 ×

043 茂不茂　陳樹華云「茂，書作『懋』」。案，「茂」、「懋」字異，而音義並同也。

044 服行也　監本「服」上脱注字。

045 謚法祇動追懼曰頃　監本、毛本「謚」作「諡」，「祇」作「祗」，非。毛本「曰」誤「民」。

046 奉孫吴圍陳　纂圖本「圍」誤「圉」。

047 注壬午至月誤　宋本以下正義九節揔入「臣聞盛德」節注下。

048 十二月無壬午　宋本、監本、毛本「二」作「一」，是也。×

049 厤與經合　此本「合」字實缺，據宋本、閩本、監本、毛本補。

050 知傳言十一月者誤也　毛本「知」誤「如」。×

051 制爲巳有　監本、毛本「制」作「則」，是也。巳，宋本作「己」，不誤。×

052 私盡羣臣恩　宋本、淳熙本、岳本、監本、毛本「羣」作「君」，是也。×

053 穿封戌　石經、宋本、岳本「戌」作「戌」，是也。×

054 戌楚之大夫　宋本、淳熙本、岳本、纂圖本、監本、毛本、足利本無「之」字，是也。

055 城麇役在襄公十六年　宋本、岳本、纂圖本、監本、毛本「公」作「二」不誤；淳熙本作「一」，亦非。×

056 臣必致死禮以息楚　宋本、淳熙本、毛本、足利本「楚」下有「國」字。監本初刻亦脱，後擠增。案，石經此處缺，以字數計之，當有「國」字。

057 陳顓頊之族也　宋本「族」作「後」。

058 對曰至楚國　監本、毛本「楚國」作「息楚」，非是。

059 追恨不殺君者　毛本「追」誤「有」。×

060 於時猶有書專言之　宋本、監本、毛本「專」作「傳」。

061 假此而爲言耳　毛本「假」作「側」，非也。

062 析木之津　浦鏜正誤「木」下補「謂」字。按，「謂」字不當有，爾雅邢昺疏可證也。

063 此次自南而盡此　閩本、監本、毛本下「此」字作「北」。

064 幕能師顓頊者也　宋本「師」作「帥」，與外傳合。

065 顓頊生窮蟬　閩本、監本「蟬」誤「燀」，下同。

066 蟜牛生瞽叟　閩本、監本、毛本「叟」作「瞍」，下同。

067 虞之世數未也　毛本「數」作「文」，誤也。

附釋音春秋左傳注疏卷第四十四　止十二年

附釋音春秋左傳注疏卷第四十五　昭九年盡十二年

經九年

068 注以事會禮　宋本、監本、毛本「事」下有「至」字。

069 則當云楚人遷許　宋本「云」作「爲」。

070 而書陳災者　淳熙本「災」誤「少」。

071 災言繫於所災所害　宋本、岳本、監本、毛本「言」作「害」，是也。

072 故辨而異之　宋本「辨」作「辯」。

073 不書也　宋本「書」下有「晉」字，是也。

傳九年

074 楚子不總書　宋本、閩本、監本、毛本

「不」作「至」，是也。

075 楚公子棄疾遷許于夷　石經「于」字缺。

076 此時至譙郡　宋本以下正義二節揔入注文「使民不安」之下。

077 此也舊名城父　宋本、監本、毛本「也」作「地」，是也。

078 故傳以實明之　閩本、監本、毛本「明」作「名」。

079 經書未改之名　監本「未」誤「末」。

080 傳以所改實之　監本「實」下有「名」字，毛本作「明」字，並衍文。

* 凡有二義經書未改之名傳以所改實之　補：案，此十六字誤衍上文。

081 傳云許遷於析　毛本「於」改「于」。

082 次于垂葭實鄍氏是也　閩本、監本、毛本「鄍」作「郥」，非。

083 已有所改前後之名　毛本「已」作「亦」。

084 夫子集史記而爲經　毛本「夫」誤「父」，段玉裁挍本作「孔」。

085 析公之亂　臧禮堂云：「案，傳云『子儀之亂，析公奔晉』，此作『析公之亂』，蓋孔沖遠誤憶耳。」

086 取州至益之　毛本「至」誤「王」。

087 汝水之南也　宋本「也」作「地」。

088 然丹遷城父人於陳　纂圖本、毛本「於」作「于」，下「於許」同，並非。

089 許遷於葉　釋文亦作「於」，纂圖本、毛本作「于」，非。

090 甘人至大夫　宋本以下正義十六節揔入注文「賓滑周大夫」之下。

091 法當以邑名冠之　毛本「當」誤「掌」。×

092 晉梁丙張趯率陰戎伐潁　石經初刻誤「穎」，後改正，下「歸潁俘潁」同。

093 桓伯周大夫　淳熙本「桓」作「相」。

094 駘　釋文云「依字應作『邰』」，顧炎武云「詩作『邰』」。×

095 駘在始平武功縣所治釐城　釋文「釐」作「漦」，云「本或作『釐』」。×

096 歧在美陽　閩本、監本、毛本「歧」作「岐」，是也，下並同。×

097 百餘里耳　監本「百」字實缺。

098 肅慎北夷　淳熙本「北」誤「伯」。

099 在元菟北三千餘里　諸本作「北」，此本誤「此」，今改正。

100 去扶餘千里　毛本「千」誤「于」。×

101 即在遼東東北　宋本重「東」字，今據補。

102 亦其廢隊是爲　石經「隊」初刊作「墜」，後磨去「土」字，是也。

103 豈如弁髦　釋文「弁」作「卞」，云「本又作『弁』」，俗「弁」字。❶ ×

104 必三加冠　淳熙本「三」誤「而」。×

105 故言弁髦因以敝之　宋本、淳熙本、岳本、纂圖本、足利本「之」字下有「弁亦冠也」四字，與正義合。

106 冠而敝可也　宋本「可」上有「之」字，是也。

107 非時王之法服也　毛本「非」誤「未」。×

108 爲髡彼兩髦　閩本、監本、毛本「彼」作「被」，非也。

109 以禦螭魅　釋文：「魅，本又作『鬽』。」×

110 止須言饕餮耳　閩本、監本、毛本「止」誤「正」。

111 而云檮杌者　毛本「云」改「言」。

112 謂其奸邪之人惡言之也　宋本「奸」作「姦」，是也。×

113 時同而人別　毛本「同」誤「用」。×

* 僖十十五年　補：案，「十」字誤重。

114 二十二年　纂圖本下「二」字作「三」，非也。

115 邑外謂之郊　宋本、毛本「謂」誤「爲」。

116 其敘王畿之内　宋本「其」作「具」，是也。×

117 后稷脩封疆　岳本前後並作「脩」，此處作「修」。

118 木水之有本原　纂圖本「原」改「源」。

119 雖戎狄其何有余一人　淳熙本「戎」誤「戍」。

120 而暴滅宗周　石經、宋本「滅」作「蔑」。

121 陳水屬　宋本以下正義七節揔入「故曰五十二年」句注下。

122 火水妃也　陸粲附注云：「下注『妃合』音配，則此亦同音。大玄注引傳作『火水嬰也』，『嬰』古『妃』字。」

123 戊巳土也　宋本「巳」作「己」，是也。×

124 土畏木以己爲甲妃也　宋本、監本、毛本「木」作「水」，是也。

125 故火爲水妃　毛本「妃」作「也」，非也。

126 卷章生犂　宋本「犂」作「黎」。

127 帝使黎誅之　監本、毛本「黎」作「犂」，下同。

128 前年誤置閏　淳熙本「閏」誤「開」。

129 二十日得正月節　宋本、監本、毛本「正」作「五」，是也。

130 當謂逐云楚人之在陳者　閩本、監本、毛本「謂」作「爲」，非也。

131 穿封戌　宋本「戌」作「戍」，是也。

132 但歐逐楚國之人　監本、毛本「歐」作「敺」，不誤。

133 自大梁四歲而及鶉火　淳熙本「自」誤「官」。

134 故昭十五年得超一辰　宋本、閩本、監本、毛本作「超」，此本誤「招」，今訂正。

135 若然楚卒滅陳　此本「滅」字模糊，依宋本補正；閩本、監本、毛本作「城」，非也。

136 則歲星當偷鶉火至鶉尾　閩本、監本、毛本「偷」作「逾」，亦非；宋本作「踰」。❷

137 火所盛而水則衰　宋本「所」作「既」，是也。

138 卒于戲陽　案，後漢書光武紀作「羛陽」，注引左傳文云「『戲』與『羛』同」。又按，説文我部云「魏郡有羛陽縣」。

139 魏郡内黄縣此有戲陽城　宋本、淳熙本、岳本、纂圖本、監本、毛本「此」作「北」，是也。

140 膳宰屠蒯趨入　纂圖本、監本、毛本「膳」作

「饍」。案，饍，俗「膳」字。諸本作「屠蒯」，禮記作「杜蕢」，鄭注云「杜蕢，或作『屠蒯』」。

141 工樂師師曠也 閩本、監本「曠」作「曠」，非也，正義同，毛本正義亦誤「曠」。

142 工樂師師曠也 宋本以下正義七節揔入「公説徹酒」節注下。

143 將司聰也 纂圖本、毛本「司」作「師」，非，毛本正義亦誤。

144 故此日不用舉吉事 宋本「故」下有「忌」字，是也。

145 是謂股肱 石經此處殘缺；纂圖本、閩本、監本、毛本「謂」作「爲」，非也。

146 職在外故主視 監本、毛本「在」誤「爲」。

147 必是食味失宜 諸本作「失」，此本誤「矢」，今改正。 ×

148 其禮不可輒廢 毛本「輒」作「輙」，非也。

149 使荀躒佐下軍以説焉 釋文云：「躒，本又作『櫟』。」「軍」字，監本空缺。

150 主人不延几 浦鏜正誤「延」作「筵」，與聘禮合。

151 三年一大聘 毛本「三」誤「二」。 ×

152 詩曰至了來 宋本此節正義在「無囿猶可」節下。

153 無囿猶可 顧炎武云：「石經『囿』誤『宥』。」案，石經不誤，炎武非也。

經十年

154 耆酒好内 淳熙本、纂圖本、閩本、監本、毛本「耆」作「嗜」。閩本「内」誤「肉」。

155 季孫爲主 淳熙本、纂圖本「主」誤「王」。 ×

156 其他國行兵　監本「他」誤「也」。　×

157 三月而葬速　淳熙本「月」誤「日」。

158 宋公成卒　釋文云：「成音城，何休音恤。」案，公羊作「戌」，釋文云「宋戌，讀左傳者音城，何云『向恤與君同名』，則宜音恤」。

159 注五同盟　宋本此節正義在「九月」節注下，注「十一同盟節」正義在「十有二月」節注下。

160 十八年于虛朾　監本「朾」誤「村」。

161 十六年于臭梁　閩本、監本、毛本「臭」作「溴」，亦非；宋本作「湨」，是也。❸

162 或可傳寫誤　宋本「可傳」作「由轉」，是也。　×

傳十年

163 注歲歲至元枵　宋本以下正義五節揔入「吾是以識之」注下。

164 實守其地　韋昭周語注引作「其祀」。

165 客星居元枵之維首　宋本「元」作「女」，非也。

166 織女爲處女　纂圖本、毛本「爲」作「謂」，非是。

167 則陵是逢君之始祖也　宋本「則」下有「伯」字，是也。

168 未知戎子卒者何名號也　宋本、閩本、監本、毛本「戎」作「戊」，不誤。「何」下宋本有「所」字。

169 齊惠欒高氏皆耆酒　宋本脱「皆」字，石經此處殘缺。

170 故聘告鮑文子　淳熙本、岳本、纂圖本「騁」作「驅」。❹

171 則皆從飲酒　石經、宋本、淳熙本、岳本、纂圖本、監本、毛本「從」作「將」，是也。

172 遂代欒高氏　石經、宋本、岳本、纂圖本、監本、毛本「代」作「伐」，是也。下「遂伐虎門」，此本亦誤作「代」。

173 欲以公自輔助　淳熙本、纂圖本、足利本「助」作「佐」。

174 齊惠欒高氏　宋本以下正義六節摠入「穆孟姬」節注下。

175 齊惠公生子欒　毛本「齊」誤「晉」。宋本「生」下有「公」字，是也。

176 旗生是欒孫　宋本無「生」字，是也。

177 孫以王父字王父字爲氏　宋本「王父」字不重，是也。

178 彼師氏察王得失　毛本「師」誤「司」。

179 晏平仲端委立于虎門之外　宋殘本此句起。

180 端委朝服　案，九年注作「端委禮服」。

181 劉定公謂趙子文云　案，本作「趙文子」不誤。諸本作「云」，此本誤「去」，今改正。

182 哀七年傳曰　毛本「曰」作「云」。

183 公卜使王黑以靈姑銔率　宋殘本「王」字模糊。

184 王黑齊大夫　宋殘本「大」字模糊。

185 斷三尺不敢與君同　宋殘本「斷」、「三」、「不」三字模糊。

186 欒高敗　宋殘本「敗」作「師」。

187 欒施高彊來奔　纂圖本、毛本「彊」作「强」，非也。

188 謂懿德　宋本、淳熙本、岳本、纂圖本、閩本、監本、毛本「謂」上有「讓之」二字，是也。石經「讓」字殘缺。

189 蘊利生孽　石經、宋本、宋殘本、淳熙本、岳本、足利本「蘊」作「薀」，下及注同，與北宋刻釋文合。說文「薀」字注引春秋傳亦作「薀利生孽」。案，「蘊」，俗「薀」字。岳本「孽」作「孼」，釋文作「𡤻」，說文無「𡤻」字。

190 蘊畜也孽妖害也　淳熙本「妖」誤「疾」。宋殘本、淳熙本、岳本、纂圖本注文七字在「姑使無薀乎」句下。❺

191 子山子商　宋殘本「商」誤「商」。

192 陳錫載周　諸本作「載周語」，國語引詩同。釋文云「詩作『哉』，毛傳云『哉，載也』」。

193 齊桓公亦能施以政霸　宋本、宋殘本、淳熙本、岳本、足利本「政」作「致」，是也。✕

194 曰詩云至桓公是以霸　監本、毛本無「桓公」二字，宋本作「曰詩至以霸」。

195 同徧也　宋本、閩本、監本、毛本作「周徧」，是也。✕

196 桓公亦用此能霸諸侯　宋本「能」下有「施是以」三字。

197 郠莒邑　重脩監本「郠」誤「鄭」。

198 魯無義　石經「義」字下後人旁增「矣」字。

199 視民不恌　釋文云「詩作『示』」。案，詩亦作「視」。

200 邾人薛人　石經、宋本、宋殘本、淳熙本、岳本、纂圖本、足利本「邾人」下有「滕人」二字。

201 百兩　宋本以下正義三節摠入「而不能自克也」注下。

202 孤斬焉在衰絰之中　釋文云：「衰，本又作

『褱』字。」石經此處正作「衰」字，足以正前此改刊之不誤。

203 大夫將若之何　毛本「若」作「知」，非也。

204 我則知不足矣　宋本無「矣」字。

205 高彊見而退　閩本、監本「彊」作「疆」，非也。

206 昭子語諸大夫曰　案，石經「夫」字以下一行十一字，自「爲」字起皆改刊，初刻似多一字，改從定本，故次行僅九字也。

207 其子弗能任罪猶及之難不慎也　石經「子」字起，「慎」字止，此行計十一字，自「之」字以下刓缺。

208 不害乎　石經、宋本、淳熙本、宋殘本、岳本、纂圖本、閩本、監本、毛本「不」下有「亦」字，是也。

209 難不慎　宋本以下正義二節摠入「詩曰不自我先」節注下。

210 言人居身難　此本『身』字模糊，據宋本補。閩本、監本作「之」，毛本作「其」，皆非也。

211 詩曰至我後　宋本、閩本、監本、毛本正義在「冬十二月」節之前。

212 初元公惡寺人柳　釋文：「寺，又作『侍』。」×

213 ○平○正義曰　此節正義閩本、毛本、監本在注文「平公大子佐也」之下，宋本在注文「言元公好惡無常」之下。

214 内外賓服曰平　梁玉繩云：「逸書謚法解『平謚有三，而内外賓服乃正也』，孔氏誤。」

215 好建國都曰元　案，逸周書謚法解「好」作「始」。

經十一年

216 春王二月　石經此處殘缺；傳文亦作「二月」，公羊作「正月」。

217 **蔡侯雖弒父而立** 釋文「弒」作「殺」，「申志反」。

218 **但立爲君於蔡** 毛本「於」作「于」。

219 **不以弒父之罪討之** 監本、毛本「弒」作「殺」。

220 **仲孫** 纂圖本「仲」誤「季」。

221 **北宮佗** 釋文「佗」作「他」。

222 **厥慭** 釋文：「慭，徐五巾反。」惠棟云：「案，公羊作『屈銀』，是『慭』讀爲『銀』，徐音是也。説文云『慭，从心，猌聲』，又犬部云『猌從犬，來聲，讀又若銀』，是古音皆以慭爲銀。」

傳十一年

223 **歲復在大梁** 毛本「梁」誤「楚」。

224 **唯蔡於感** 諸本作「感」，釋文云「户暗反」；石經亦不加忄旁，此古字之僅存者。

225 **故楚常恨其不復順** 宋本、宋殘本、淳熙本、岳本、纂圖本、監本、毛本「復」作「服」，是也。

226 **五月丙申** 石經、宋本、宋殘本、淳熙本、岳本、纂圖本、足利本「五」作「三」，是也。

227 **不可再也** 淳熙本「可」作「阿」，毛本「再」作「討」，並誤。

228 **桀克有緡以喪其國** 自「桀」字以下，宋殘本缺一葉。

229 **桀克至其身** 宋本以下正義四節摠入注文「猶没不可復振」之下。

230 **非祚之也** 釋文「祚」作「胙」，云「本又作『祚』」。陳樹華云：「當作『胙』爲正。」

231 **拯猶救助也** 釋文「救」作「俅」，云「本亦作『救』」。

232 猶没不可復振　釋文云：「本亦無『復』字。」

233 ○水木至弃捐　宋本「水」作「注金」二字，是也。

234 夢以其帷幕孟氏之廟　釋文作「夢以帷」，云「一本作『夢以其帷』」。　×

235 鄰女爲僚友者　毛本「鄰」作「隣」，俗字。　×

236 僖子使助薳氏之簉　釋文云：「薳，本又作『蔿』。」「簉，本又作『⿱艹造』，説文『簉』從艹。」案，五經文字艹部「⿱艹造」字注云「叉又反，倅也，春秋傳從竹」。

237 簉副至助之　宋本以下正義二節揔入注文「似雙生」之下。

238 似雙生　纂圖本「似」誤「以」。

239 向四月之師　釋文「向」作「鄉」，云「本亦作『嚮』，亦作『向』，同」。　×

240 物以無親　宋本此節正義在注文「狐父晉大夫」之下。

241 亦可知也巳爲盟主而不恤亡國將焉用之　岳本「巳」作「己」。石經此處剜缺，此行「也」字起，「將」字止，計十一字。案，陳樹華云：「宋本及明刻諸本並作巳止之『巳』，岳本作人己之『己』。惜釋文無音，石經又缺。以文義論之，當作巳止之『巳』。又案，惠棟讀本以『巳』字屬上，是作『巳』不作『己』也。」

242 ○秋會于厥憖　宋本無「○」。

243 不果救蔡　宋本、淳熙本、岳本、纂圖本、足利本無「蔡」字，是也。

244 三年王其有咎乎　宋殘本自「王」字以下起。

245 歲在大梁　監本、毛本「在」誤「爲」，釋文云「本或作『於』」。

246 後二年十三歲歲星周　宋本、宋殘本、淳熙本、纂圖本、足利本「二」作「三」，是也。

247 復於大梁　釋文「於」作「在」。 ×

248 單子其將死乎　臧琳云：「漢書五行志無『將』字，『乎』作『虖』。虖，古『乎』字。」

249 注著定至表著　宋本以下正義五節揔入「無守氣矣」注下。

250 必聞於表著　宋本「於」作「于」。

251 會有表　正義云：「俗本『表』下有『旗』，謬也。」

252 侯先伯　毛本「伯」誤「西」。

253 是以設表爲位也　宋本「是」下有「亦」字。

254 必亦旂表位　宋本「亦」下有「以」字。

255 衣有襘　釋文亦作「襘」，閩本誤「襘」，監本誤「繪」，下「結襘」並同。按，說文衣部有「襘」字，「帶所結也」。禮記作「衿」，注云「交領也」。此傳云「視不過結繪之中」，即曲禮「天子視不上於袷，不下於帶也」，然則杜釋「襘」爲領會，可正許氏之誤。

256 注貌正曰從　宋本「正」下有「至」字。

257 其意云　監本、毛本「云」作「曰」。

258 晉士至魯郊　宋本此節正義在「君無慼容」節注下。

259 則不爲祖考所歸祐　岳本「祐」作「佑」。此本「所」誤「听」，閩本遂作「聽」，今據諸本改正。

260 忌畏也　宋殘本此處模糊，纂圖本、閩本、監本、毛本「忌畏」誤倒。

261 蔡侯廬之父　釋文亦作「廬」，纂圖本作「盧」，非。

262 用隱大子于山岡　宋本以下正義三節

揔入「王必悔之」注下。❻

263 楚子城陳蔡不羮　諸本作「羹」，釋文云「漢書地理志作『更』字」。

264 不羮　宋本以下正義六節揔入「尾大不掉」節注下。

* 與檀伯爲一人　補：案，「一」當作「二」，諸本並誤，今改正。

265 則子元是櫟邑之一夫耳　閩本、監本、毛本「櫟」作「檀」，非也。×

266 而以櫟賓傳之　宋本、監本、毛本「傳」作「傅」，是。×

267 則莊城櫟而置子元　宋本「莊」下有「公」字。

268 不可爲恠　閩本「恠」作「悻」，尤非；宋本、監本、毛本作「怪」，是也。

269 劉又以子元爲曼伯　閩本亦脱「又」字，據宋本、毛本補；監本初刻無，後擠刊。❼

270 又下云　閩本、監本、毛本「云」作「文」，非。

271 亦不可居朝廷　閩本、監本「廷」作「庭」，非。

272 正以彼必不通　毛本作「不必」，近是，謂賈逵之言不必通也。×

273 羈不在内　石經、宋本、宋殘本、岳本「羈」作「羇」。

274 國有大臣　石經、宋本、宋殘本、淳熙本、岳本、纂圖本、閩本、監本、毛本「臣」作「城」，是也。❽

275 在襄生四年　閩本、監本「生」作「公」，亦誤；宋本、宋殘本、淳熙本、岳本、纂圖本、毛本「生」作「十」，是也。❾

276 欲令蕃屏王室　毛本「蕃」作「藩」。按，說文「蕃，艸茂也，从艸，番聲」，「藩，屏也，从艸，潘聲」，毛本是。

277 楚語說此事公　宋本「公」作「云」，不誤。×

278 若體牲焉　案，國語楚語「牲」作「性」。

279 有首領股肱　閩本、監本、毛本「有」作「自」。×

280 故變而不勤　閩本、監本、毛本「勤」作「動」。

281 䖟蠭之既多　案，國語楚語「蠭」作「[illegible]」，當攷。

282 臣懼之　宋本「臣」下有「亦」字，與楚語合。

經十二年

283 加以襄九年即位　宋本、監本、毛本「加」作「嘉」，是也。×

284 或可轉寫錯誤　閩本、監本、毛本「轉」作「傳」。⑩

285 以乾谿師告　淳熙本「師」誤「帥」。

286 晉荀吳師師伐鮮虞　宋本、閩本、監本、毛本「師師」作「帥師」，是也。×

287 何以不常狄晉而復之其人也　閩本、監本、毛本「而」作「舉」；宋本作「書」，「而」作「更」，「人」作「將」，是也。⑪

傳十二年

288 言因唐衆欲納之　毛本「言因」誤倒。

289 執用至庸毀　宋本以下正義三節揔入「以自成也」之下。

290 故道有臨時迂直也　釋文亦作「迂」，宋本、宋殘本作「迃」。毛本「時」誤「在」。

291 則朝而堋　石經此處缺，釋文云「堋，禮家作『窆』」。正義曰：「周禮作『窆』，禮記作『封』，此作『窆』，其字不同，是聲相近，經篆隸而字轉易耳。」案，說文作「堋」字，注引春秋傳曰「朝而堋」。

292 享之　岳本「享」上增「公」字，非也。

293 言寘有令德　宋本「寘」作「實」。

294 爲賦蓼蕭　宋本以下正義二節揔入注文「華定出奔傳」下。

* 令德受凱　補：「受」當作「壽」，毛本亦誤。

295 定當知己有德以否　閩本、監本、毛本「以」改「與」。 ×

296 定當受同福　宋本「受」下有「此」字。

297 注憖魯至於策　宋本以下正義五節揔入「以齊侯出」句注下。

298 此葢謂君使臣聘　毛本「謂」誤「爲」。 ×

* 宛在水中曰坻　補：案，「曰」字誤衍。

299 或可投時皆有言語　閩本、監本、毛本「可」作「作」，非。

300 其以中爲擕　宋本、毛本「擕」作「儁」，是也。 ×

301 即爲投壺　閩本、監本、毛本「即」作「是」，非。

302 壺投如射　宋本作「投壺」，是也。 ×

303 杜以維爲水名　宋本、毛本「維」作「淮」，是也。 ×

304 髡彼兩髦　宋本「髡」作「髧」，是也。 ×

305 **服之无斁** 宋本「无」作「無」。

306 **入時水** 釋文云：「時，本或作『溡』。」 ×

307 **釋例云** 宋本「云」作「曰」。 ×

308 **吾軍帥彊禦** 纂圖本、毛本「帥」誤「師」。釋文「彊」作「强」。

309 **日旰君勤** 石經「君」字下缺；說文「旰」字注引春秋傳曰「日旰君勞」。

310 **與闔氏同出於若敖** 宋本、宋殘本、岳本、纂圖本、監本、毛本「闔」作「鬬」，是；閩本作「鬪」，淳熙本闕；重脩監本下「鬬椒」誤作「間椒」。 ×

311 **今楚子信讚而託討若敖之餘** 宋本、宋殘本、淳熙本、岳本、纂圖本、閩本、監本、毛本「讚」作「譖」，是也。淳熙本「託」誤「記」。 ×

312 **成虎** 宋本此節正義在注文「解經所以書名」之下。

313 **注鮮虞至陽城** 宋本此節正義在注文「爲下晉伐鮮虞起」之下。

314 **晉師滅赤狄露氏** 宋本、閩本、監本、毛本「露」作「潞」，是也。 ×

315 **晉郤克衛孫良夫伐墻咎如** 宋本「墻」作「廧」。

316 **杜以昔陽爲肥國之都** 正德本、閩本、監本「昔」作「晉」，非；毛本作「者」，尤誤。

317 **今案樂平沾縣** 宋本、閩本、監本、毛本「沾」作「沾」，不誤。 ×

318 **昔陽即是肥都** 宋本「昔」上有「若」字。 ×

319 **在鮮虞以東南也** 宋本「以」作「之」，不誤。 ×

320 後遷於昔陽　毛本「於」作「于」。

321 後遷虢鄐　此本「虢」字模糊，據宋本補。閩本、毛本作「號」，監本作「虢」，並非。

322 與此何異耳　宋本「異耳」作「異且」，「且」字屬下讀，是也。⑫

323 去下曲陽道路非遠　毛本「遠」作「逺」，非也。

324 在中山南二百許里　閩本、監本、毛本「許」作「餘」。

325 如湯之代桀　監本、毛本「伐」作「放」。按，書序作「伐桀」，史記殷本紀亦云「湯伐桀」。

326 目杜君土地例　閩本、監本、毛本「目」作「自」，亦非；宋本作「且」，是也。×

327 肥白狄也　諸本作「狄」，此本誤「秋」，今訂正。×

328 鉅鹿下曲陽縣西有肥累城　宋本、宋殘本、淳熙本、岳本、足利本「西」下有「南」字。案，郡國志引注亦作「西南」。

329 原伯絞周大夫　宋本此節正義在注文「郊周地」之下。

330 郊周也　宋本、淳熙本、宋殘本、足利本「也」作「地」，是也。×

331 過將去成景之族　閩本、監本「景」下衍「公」字，是也。

332 六子周大夫及瘦過　宋本、宋殘本、淳熙本、岳本、纂圖本、閩本、監本、毛本「瘦」作「庾」，是也。×

333 以功加三命　毛本「功」誤「至」。

334 季悼子至命爲卿　宋本以下正義十九

節揔入「小聞之」節注下。

335 自一命以下　監本「自」誤「目」。×

336 穎氏以爲再命　宋本「穎」作「潁」，不誤。×

337 平子伐莒　毛本「子」誤「于」。×

338 禮記文王世子　宋本「世」誤「其」。×

339 言因亂討巳不敢辭　宋本、岳本「巳」作「己」，是也。×

340 著位次　宋本、宋殘本、淳熙本、岳本、纂圖本、閩本、監本、毛本作「著」，此本誤「者」，今改正。宋殘本「位」作「仁」，非也。

341 攸懸危之貌　釋文云：「懸，本又作『縣』，是正字。」×

342 攸攸斾旌　毛本「斾」誤「旆」。×

343 故以攸爲懸之貌也　宋本「之」上有「危」字，是也。

344 邇身而遠志　宋殘本「遠」作「速」，非也。

345 故注例言之　宋本「例」作「倒」，是也。×

346 微以感之　閩本、監本「感」誤「戒」。

347 汎卜吉凶　淳熙本「卜吉」二字誤作「占」，纂圖本作「下」，亦非。

348 是籌之名也　宋本「是」上有「則枚」二字，是也。

349 則禮云　浦鏜正誤「則」作「曲」，是也。×

350 今俗該云　閩本、監本、毛本「該」作「語」，亦非；宋本作「諺」，是也。⑬

351 坤上坤下坤　宋本、宋殘本、淳熙本、岳本、纂圖本、足利本作「坤下坤上坤」，不誤。

352 外彊内温忠也　纂圖本、閩本、監本、毛本「彊」作「强」，注及正義並同。

353 筮遇比爻　閩本、監本、毛本「比」作「此」。

354 既和且正信之本　毛本「信」作「性」，非。

355 解此爻辭之意　閩本、監本、毛本「意」下衍「也」字。

356 循而行　宋本「循」下有「道」字，是也。

357 供養三德爲善　正義引董遇注本爲「共養」，解云「盡共所以養成三德也」。案，惠棟云：「古『供』字作『共』，董季直本是也。訓爲盡共恐未然，三德謂黃裳元也，注亦誤。」

358 剛則失之於彊　閩本、監本、毛本「彊」作「强」。

359 黃中至弗當　宋本此節在「失中德」正義之前。

360 得不得其善之中　宋本、監本、毛本上「得」字作「則」，是也。

361 且夫至未也　監本、毛本「未」誤「事」。

362 可如此筮之言吉也　閩本、監本「如」作「知」。

363 三者猶有所闕　宋本、監本、毛本「闕」作「關」，是也。

364 南蒯自其家遷適費　宋本、宋殘本、淳熙本、岳本、足利本「遷」作「還」，不誤。

365 如杞生於園囿　宋本、宋殘本、淳熙本、岳本、纂圖本、閩本、監本、毛本「囿」作「圃」，是也。

366 杞世所謂狗杞也　此本「狗」字模糊，據宋本補。淳熙本、岳本、纂圖本、閩本、監本、毛本作「枸」。釋文云：「枸，本又作『狗』。」[14]

367 子男子之通稱　沈彤云：「『通』當作『美』。」

368 言從巳可不失今之尊　宋本、宋殘本、岳本「巳」作「已」，不誤。

369 倍其鄰近者　監本、毛本「鄰」作「隣」。×

370 恥惡之事也　毛本「恥」作「耻」，俗字。×

371 杞枸檵　閩本、監本「檵」誤「⿰扌㡭」。

372 向杞也　宋本「向」作「枸」，是也。×

373 蒯君云　宋本、監本、毛本「君」誤「若」。

374 兆復是吾黨之士也　宋本、閩本、監本、毛本「兆」作「非」，是也。×

375 服虔云巳乎　閩本、監本「乎」誤「矣」。宋本「巳乎」重，與傳文合。

376 楚子狩于州來　釋文「狩」作「守」，云「本亦作『狩』」。×

377 潁水之尾在下蔡　宋本、宋殘本、淳熙本、岳本、纂圖本「蔡」下有「西」字。

378 司馬督　宋殘本、淳熙本「督」作「督」；石經「督」字下半殘缺；釋文作「裻」，云「本亦作『督』」。案，五經文字云「裻音督」，則石經必作「督」，不作「裻」也。惠棟云：「『裻』與『督』通。說文云『裻，背縫』，莊子養生主云『緣督以爲經』，亦謂背縫也。方言云『繞緍謂之⿰衤篤裺』，郭氏云『衣督脊也』。」

379 王皮冠　釋文云：「一本作『楚子皮冠』。」×

380 注秦所遺羽衣　宋本以下正義十四節揔入「仲尼曰」節之下。

381 冒雪服之　閩本、監本、毛本「冒」作「冐」，非。服，閩本誤「復」，監本誤「腹」，毛本誤「羽」。

382 執鞭以出　諸本作「鞭」，釋文云「或革旁作更者，五孟反，非也」。

383 青出交州　宋本「青」下有「羽」字，是也。

384 其羽可以飾物　毛本「飾」誤「釋」。✕

385 似燕紺色　宋本「燕」作「鷰」字。按，唐人作「燕鳥」字多如此。

386 王見之去冠被　按，襄十四年正義引作「去皮冠」，以意增字耳。

387 子革鄭丹　監本「革」誤「草」。⑮

388 此與呂級王孫牟　毛本「王」誤「土」。✕

389 夔父禽父　諸本作「父禽」，此本誤「公禽」，今訂正。✕

390 與呂級　釋文云：「級，本又作『汲』。」岳本、足利本作「伋」。案，六經正誤云：「呂級，興國本作『汲』，尚書作『伋』，姑兩存之。」

391 主乃昭德之致于異姓之邦　宋本、閩本、監本、毛本「主」作「王」，是也。✕

392 姑洗之鐘　宋本、閩本、監本、毛本「鐘」作「鍾」。

393 篳路藍縷　纂圖本、毛本、足利本「藍」作「籃」。案，史記作「蓽露藍蔞」，徐廣曰「案，服虔云『蓽露，柴車素大路也，藍蔞言衣敝壞，其蔞藍藍然也』」，是徐廣所見服氏本亦作「藍」。山井鼎云「作『藍』恐非」，誤也。

394 以事天子　宋殘本「事」字以下全缺。

395 嘗居許地　釋文「嘗」作「會」，云「一本作『嘗』」。✕

396 一曰昆吾　宋本、閩本、監本、毛本有「一」字，此本空缺，今據補。

397 登此昆吾之虚　閩本、監本、毛本「虚」作「墟」。

398 使僕夫子晳問於范無宇曰　閩本「晳」誤「晢」。諸本作「問」，此本誤「門」，今訂正。

399 豈不使諸侯之惕焉　案，國語楚語「之」下有「心惕」二字。

400 但古今諸儒　「古」字據宋本補，閩本、監本、毛本亦脱。

401 工尹路請曰　石經初刊有「工」字，後磨去，故此行九字。

402 君王命剥圭以爲鏚柲　釋文亦作「柲」；閩本、監本、毛本誤「秘閩」，監本注同；毛本注作「柄」，尤非。又按，「鏚」者，「戚」之俗字。戚者，戉也；戉者，大斧也。

403 斧柯長三尺　毛本「柯」誤「何」。

404 和氏之玉長一尺二寸　毛本「玉」作「王」，非也。×

405 請制席之命　宋本、淳熙本、岳本、纂圖本、監本、毛本「席」作「度」，是也。×

406 析父謂子革　石經「析」字磨改，「革」字以下一行計九字。

407 今與王言如響　釋文云：「響，本又作『嚮』。」×

408 以斬王之淫慝　足利本「斬」作「斷」，與釋文合。

409 八索　釋文云：「索，本或作『素』。」×

410 楚靈王所謂三墳五典也　閩本、監本、毛本「王」作「公」，非也。×

411 三墳三王之書　宋本「王」作「皇」。

412 禮爲人防　按，「人」當作「大」。×

413 各以意言無正驗　宋本「言」下有「皆」

字。

414 故云皆古書名　監本、毛本「名」下衍「耳」字。

415 昔穆王欲肆其心　案，家語作「昔周穆王」，李善注赭白馬賦引無「昔」字，有「周」字。陳樹華云：「疑作『昔周穆王』。蓋楚亦有穆王，子革對楚子言，故加『周』字，此非引書者以意增改也。」

416 祭公謀父作祈招之詩　正義曰：「賈逵云『祈，求也。昭，明也』，馬融以『圻』爲王圻千里。」據此，則賈逵本作「祈昭」，馬融本作「圻昭」也。

417 謀父周卿也　宋本、淳熙本、岳本、纂圖本、足利本「也」作「士」，是也。×

418 職掌封祈之甲兵　浦鏜正誤「祈」作「圻」，是也。×

419 故指司馬言而爲言也　宋本、閩本、監本、毛本上「言」字作「官」，是也。×

420 王是以獲没於祗宮　釋文「没」作「歿」。祗宮，家語作「支宮」，祗宮在南鄭，見竹書紀年，顧炎武、惠棟並引之也。按，「祗」與「支」音同，古音之十六部，今音之五支也；傳作「祗家」，語作「支」，正是一字。

421 獲没不見篡弒　釋文「弒」作「殺」，云「申志反」。×

422 形民之力　家語「形」作「刑」，惠棟云「古『刑』字皆作『形』」。段玉裁云：「『形』同『型』。型法也，謂爲之程法，以用民之力而不太過也，杜注得之。『型』古通作『刑』，亦作『形』。正義云『作器而制其模，謂之爲形』，正謂形即型也。」

423 去其醉飽過盈之心　正義亦作「盈」，毛本誤「淫」。

424 常從王行　毛本「常」誤「當」。

425 依此形模　監本、毛本「此」作「其」。

426 **如金治之器**　宋本、閩本、監本、毛本「治」作「冶」，是也。×

427 **謂之爲飛令代猶名焉**　宋本、閩本、監本、毛本「飛令」作「形令」，不誤。⑯

428 **有嗜慾當以禮義齊之**　宋本「有」上有「身」字，「嗜」作「耆」，下同。

28—429 **今刊定云**　閩本、監本、毛本「刊」誤「劉」。

附釋音春秋左傳注疏卷第四十五　止

校記

❶「俗弁字」之「弁」，原爲墨釘，據清經解本補。

❷南昌本末增「〇今從宋本」。

❸南昌本末增「〇今從宋本」。

❹聘，南昌本作「騁」。

❺南昌本末增「與此本同」。

❻南昌本末增「山岡字誤倒」。

❼此條南昌本作「劉子元爲曼伯：補，宋本、毛本『劉』下有『又以』二字，監本初刻無，後擠補，閩本亦脱『又』字」。

❽南昌本末增「〇今訂正」。

❾南昌本末增「〇今訂正」。

❿南昌本末增「〇案，『可』當作『由』」。

⓫毛本「而」作「舉」，南昌本「而」字作「之」。案，南昌本爲是。又，南昌本末增「〇今從宋本」。

⓬南昌本末增「〇補：案，此本『且』作『‖』，不成字，今從宋本」。

⓭南昌本末增「〇今從宋本」。

⓮南昌本無「釋文云枸本又作狗」八字。

⓯「王見之去冠被」與「子革鄭丹」二條，南昌本位置互換，與南昌本左傳注疏合。

⓰此條南昌本作「謂之爲形令代猶名焉：此本『形令』誤『飛令』，據宋本、閩本、監本、毛本訂正」。

春秋左傳注疏校勘記卷二十九

29—001 附釋音春秋左傳注疏卷第四十六昭十三年 宋本春秋正義卷第二十九。石經春秋經傳集解昭四第廿三，淳熙本、纂圖本、岳本「昭」下有「公」字，並盡十七年。

經十三年

002 比去晉而不送 諸本作「去」，此本誤「云」，今改正。宋本、岳本、纂圖本、監本、毛本亦作「送」，淳熙本誤「選」，閩本作「還」。

003 韓魏有耦國之彊 監本「彊」作「疆」。

004 又比爲觀從所誰 宋本、閩本、監本、毛本「誰」作「誑」，是也。 ×

005 實猶無道 監本、毛本「猶」作「由」。 ×

006 猶如宣二年 閩本、監本、毛本脱「如」字。

007 他年申亥以王樞告 宋本、閩本、監本、毛本「樞」作「柩」，是也。 ×

008 會于平州以定公位 諸本有「平」字，此本脱，今據以補正。閩本、監本、毛本脱「于」字。

009 使若陳蔡之君 宋本脱「使若陳蔡」四字。

010 故言陳蔡 毛本「言」誤「其」。

011 兩見之也 宋本、閩本、監本、毛本作「兩」，此本誤「雨」，今訂正。 ×

傳十三年

012 非也 宋本以下正義二節揔入注文「終言其效」之下。

013 飢者食之　纂圖本、監本、毛本「飢」作「饑」，非也。

014 費人無歸　毛本「無」誤「南」。

015 丕從之　自「丕」字以上宋殘本缺。

016 王行至乾谿　宋本、宋殘本、淳熙本、岳本、纂圖本、監本、毛本作「王」，此本及閩本作「三」，今改正。

017 楚子至而行　宋本以下正義十二節揔入「使子旗爲令尹」注下。

018 故惡積而不可揜　毛本「揜」作「掩」。按，說文作「掩」，又云「自關以東，謂取曰揜。一曰覆也，从手，弇聲」。

019 韋龜以弁疾有當璧之命　淳熙本「璧」誤「壁」，宋殘本作「辱」，謬。

020 猶父子被奪故也　監本、毛本「猶」作「由」。❶

021 息舟楚邑城之堅固者　纂圖本、毛本「舟」作「州」。

022 即是其〇也　閩本、監本、毛本「〇」作「邑」，亦非；宋本作「一」，是也。❷

023 注故蔡大夫聲子之子　毛本「大夫聲子」四字改作「至」字。

024 子晳　石經、宋本、宋殘本「晳」作「皙」，釋文同。

025 二子聞非蔡公之命　宋本「聞」作「問」。

026 並僞與蔡公盟之徵驗以示衆　毛本「徵」作「懲」，非也。

027 以待成敗所在　岳本、纂圖本、閩本、監本、毛本「所在」作「如何」，非是。

028 潁川召陵縣西南有鄧城　閩本、監本

「頴」作「穎」，非。

029 二子更無兵衆 閩本、監本、毛本「兵」作「賓」，非。宋本「二」誤「三」。

030 薳氏 淳熙本「薳」誤「遠」。

031 蔡有 宋本、宋殘本、淳熙本、岳本、纂圖本、毛本「有」作「洧」，是也。

032 欲築壘壁 釋文「壁」作「辟」，云「本亦作『壁』」。宋本「壘」誤「愚」。

033 藩籬也 釋文「籬」作「離」，云「依字應作『籬』，今作『離』，假借也」。案，説文無「籬」字，當作「離」，後人據陸氏加竹，非也。

034 蔡公是之公子 宋本「是」作「楚」，是也。

035 須務牟 諸本作「牟」，石經作「牟」。

036 史猈 釋文云：「猈，本或作『貏』。」

037 正僕大子之近官 纂圖本、毛本「大」作「太」，淳熙本「官」作「宮」，並非。

038 次于魚陂 毛本「于」誤「干」。

039 告使叛靈王 毛本「王」作「士」，非也。

040 靈王還至訾梁而衆散 淳熙本「還」誤「遠」。

041 知擠於溝壑矣 諸本作「擠」，書微子篇正義引傳作「隮」。按，説文「擠，排也」，「躋，登也」，「躋」亦作「隮」，訓登亦訓墜，義之相反而相成者也。此傳宜依尚書正義作「隮」。

042 祇取辱焉 宋殘本、淳熙本「祇」作「柢」，石經作「祇」，是也。

043 弃王而歸楚 宋本、宋殘本、淳熙本、岳本無

「而」、「楚」二字，是也。足利本「楚」字亦無。

044 **王㳂夏** 諸本作「㳂」。案，説文「沿」字注引傳作「沿」。

045 **將欲入鄢** 釋文云：「入，本或作『至』。」

046 **謂斷王旌** 足利本「王」作「其」，非也。

047 **遇諸棘圍以歸** 石經、宋殘本、宋本、岳本「圍」作「闈」，是也，釋文同。

048 **其民不忍飢勞之殃** 監本「飢」作「饑」，非也。

049 **皆在乙卯丙辰後** 淳熙本、纂圖本「皆」作「歲」，非也。

050 **劉以爲二注文異** 「注」字據宋本補，此本空缺，閩本、監本、毛本亦脱。

051 **觀從謂子干曰** 石經「曰」字後人旁增，釋文云「謂子干，本或作『謂子干曰』」。

052 **不書弑君** 釋文「弑」作「殺」，云「申志反」。×

053 **有若敖窨敖** 宋本「窨」作「霄」。按，世家作「霄」。

054 **楚師還自徐** 宋本此節正義在「獲其五帥」注下。

055 **又栢舉之役** 宋本、宋殘本、淳熙本、岳本、纂圖本、閩本、毛本「栢」作「柏」。×

056 **吳人告舟于淮汭** 宋本、宋殘本、淳熙本、岳本、纂圖本、監本、毛本「告」作「舍」，是也。×

057 **注復九年所遷邑** 宋本以下正義三節入「乃改葬之」句下。

058 **今復還邑** 宋本「還」作「遷」，是也。×

059 **今召用之** 宋本、宋殘本、岳本、足利本「今」上重「弃疾」二字，是也。

060 知鄭自説服　纂圖本「知」誤「如」。

061 降服如今解冠也　纂圖本、毛本「服」誤「復」，宋殘本「冠」作「疑」，亦非。

062 未之致也　淳熙本「未」作「末」，非也。

063 子毋勤　淳熙本、纂圖本、閩本、監本、毛本「毋」作「母」，釋文亦作「毋」，「音無」，宋本正義同。案，正義本當作「毋」；釋文本當作「母」，故云「音無」，釋文必不爲「毋」字作音也。

064 尚得天下　宋本以下正義四節入「楚其危哉」注下。

065 詬天而呼曰　釋文云：「詬，本又作『訽』。」 ×

066 孔曰云　宋本「曰」作「晁」，不誤。 ×

067 三辰日月星也　毛本作「三星」，誤也。

068 若神各一壁乃多　監本「若」誤「君」。宋本「乃」上有「其璧」二字。

069 使五人齊而長入拜　釋文云：「齊，本又作『齋』。」案，史記作「召五公子齋而入」。

070 且曰弃禮違命　毛本「違」作「韋」，非也。

071 民衆　陳樹華云：「史記正義引杜注有『也』字。」

072 當以德成　淳熙本作「土入德戎」，誤。史記正義引注「成」下有「之」字，亦以意增也。

073 終身羈客在晉　淳熙本、纂圖本、毛本「羈」作「羇」，非。

074 亡無愛徵　宋本以下正義六節揔入「何以冀國」注下。

075 君陳蔡　李善注文選阮嗣宗爲鄭沖勸晉王牋引作「君居陳蔡」，非也。

076 苛慝不作　案，惠棟云：「古『苛』字，本作『荷』。」

檀弓泰山婦人曰「無苛政」，釋文曰「苛，本亦作荷」。毛詩序云「哀刑政之荷」，今本作「苛」，漢張表碑亦以「荷」爲「苛」。」陳樹華云：「師古注漢書酈食其傳亦云「荷」與「苛」同。」

077 不以私欲違民事　纂圖本「事」誤「命」。

078 芊姓有亂　淳熙本「芊」誤「芋」。

079 故專屬子干　諸本作「于」，此本誤「二」，今訂正。

080 衛姬齊僖公妾　毛本「僖」誤「桓」。

081 稱五人而説四士　淳熙本「士」誤「土」。

082 異於子干　宋殘本「干」誤「于」。

083 傳言子干　監本「干」誤「于」。

084 下邳有良城縣　纂圖本「城」作「成」。

085 水道不可　宋本以下正義四節揔入「未退而禁之」注下。

086 攝兼官也　宋本、宋殘本、淳熙本、岳本、纂圖本、足利本無「也」字。此本此句下有「鮒音附」三字，乃釋文而誤入注者。❸

087 帑王在幕　浦鏜正誤「王」作「主」，乃依今俗本注疏改之，非也。

088 則繫于牢　毛本「于」作「干」，非也。

089 獻公主卿士劉子　宋本、宋殘本、淳熙本、岳本、纂圖本、閩本、監本、毛本「主」作「王」，是也。

090 盟以底信　石經、宋本、宋殘本、淳熙本、岳本「底」作「厎」，是也，説詳宣三年。❹

091 董督至多也　宋本上有「注」字。自此以下正義至「詩云至禮也」止，揔入注文「故以禮明之」句下。

092 是大夫之揔名　宋本「夫」下有「公卿」

二字。

093 凡八聘四朝再會　重脩監本「八」誤「入」。

094 盟于方嶽之下　此本「方」字空缺，據宋本、岳本、閩本、監本、毛本補。

095 未之或失也　毛本「之」誤「知」。

096 以示可畏之威　重脩監本「威」誤「成」。

097 恆由是興　重脩監本「由」誤「田」。×

098 懼諸侯之事有不治禮者　宋本「禮」作「理」，是也。×

099 令余必廢之　宋本「令」作「今」，是也。×

100 下又云　宋本、毛本「又」作「文」。

101 昭爲昭告神祇　閩本、監本「祇」作「祗」，非。

102 是脩其職業也　毛本「是」作「自」，非。

103 左氏復與彼合　毛本「氏」作「傳」。

104 不得不信　監本上「不」字誤「來」。

105 各計道路短長　閩本、監本、毛本「短長」誤倒。

106 尚書何必違禮　宋本「必」作「以」，是也。×

107 未必即如鄭說　監本、毛本「即」誤「既」。

108 及霸王　宋本「王」作「主」，是也。×

109 亦得與諸侯爲盟　監本、毛本「與」誤「於」。

110 盟會敵禮用當　宋本「用」作「相」，是也。盧文弨校本「禮」作「體」。

111 帛縿旐末爲燕尾者　閩本、毛本「末」誤「未」，下「旐末」此本亦誤「旐未」。

112 當纏繼於干頭　段玉裁挍本「繼」作「結」。

113 如令之旗是也　宋本、閩本、監本、毛本「令」作「今」，是也。×

114 寡君知不得事君矣　淳熙本「事」下衍「見」字。

115 蠻夷訴邾莒　宋本、宋殘本、淳熙本、岳本、纂圖本、足利本「訴」作「謂」，是也。×

116 亦惟君　石經、宋本、宋殘本、淳熙本、岳本、足利本「惟」作「唯」。

117 鄟已滅其民猶存　宋本「存」作「在」。案，「在」即「存」也。

118 故并以恐魯　淳熙本「并」誤「弃」。

119 經所以稱同　山井鼎云：「宋板、足利本『同』下後人補足『盟』字，恐非。」

120 除地爲壇　釋文「壇」作「墠」，云「本或作『壇』」。×

121 子産命外僕速張於除　監本「僕速」二字誤倒。

122 傳言子産每事敏於大叔　諸本作「每」，宋殘本誤「毋」。

123 子産争承　諸本作「承」，陳樹華曰「禮記經解正義引作『丞』」。

124 爭所爲承次貢賦之輕　宋本作「争所當奉承貢賦之輕重」。

125 其食者參之一　毛本「參」作「三」。

126 令其貢正職貢　宋本「正」作「王」。

127 今止於都者　諸本作「今」，此本誤「令」，今改正。

128 食采者卑與尊同　諸本作「采」，此本誤「宋」，今訂正。

129 鄭伯男也　正義引賈逵云：「『男』當作『南』，謂南面之君也」。又，周語曰「鄭伯南也」。

130 舊有多説　閩本、監本、毛本「有」作「自」，非。

131 則今爲大國　諸本作「今」，此本誤「令」，今改正。✕

132 以距今之貢重　諸本作「今」，此亦誤「令」，今改正。✕

133 焉肯受屈　監本、毛本「肯」作「有」，非也。

134 周語云鄭伯男也　按，今周語「男」作「南」。王肅注「伯男」猶言公侯，亦見家語注。

135 王肅注　毛本「注」誤「至」。

136 故云鄭伯男也　宋本、閩本、監本、毛本作「男也」，此本「男」字上有「〇」，今删正。

137 行理使人通聘問者　淳熙本「者」誤「行」。

138 政不出一家　監本「一」誤「二」。

139 不競爭則爲人所侵陵　淳熙本「所」誤「川」。

140 故使狄人守因　閩本、監本、毛本「因」作「之」，亦誤；宋本作「因」，是也。❺

141 以蒲伏焉　釋文云：「蒲伏，本又作『匍匐』。」案，正義曰：「蒲伏即匍匐也。」

142 説文匍手行也　宋本「文」下有「云」字。❻

143 匍伏地也　宋本、閩本「匍」作「匐」，是也。✕

144 今司鐸射竊往飲季孫之所　宋本

「令」作「今」，是也。×

145 **似小兒伏地而手行**　宋本「行」下有「也」字。

146 **子服湫從**　釋文云：「湫，徐音椒，又作『子服椒』，止一人耳。」案，惠棟云：「『湫』本與『椒』同音。説文『湫，从水秋聲』；荀子引詩曰『鳳皇秋秋，其翼若干，其聲若簫』，『秋』與『簫』協韻，明『秋』亦有椒音。惠伯名椒，獨此作『湫』者，聲之誤也。晉以來唯徐仙民識古音，諸儒皆不及也。」按，惠説誤，古音椒如揫，簫如修。

147 **詩曰樂只君子**　宋殘本、宋本「曰」作「云」，石經此處殘缺。宋本、岳本「只」作「旨」。案，王氏詩攷引亦作「旨」，淳熙本亦作「旨」。

148 **言樂與君子爲治**　纂圖本、閩本、監本、毛本「與」誤「只」。

149 **乃國家之基本**　監本、毛本「本」字誤入音義。

150 **詩曰至禮也**　宋本「曰」作「云」。

151 **晉荀至鮮虞**　宋本此節正義在「大獲而歸」注下。

152 **汝南有吴防縣即防國**　段玉裁挍本云：「前、後漢志及晉志皆作『吴房』。案，『防』與『房』古通用。『宜防』亦作『宜房』，其明徵也。」❼

153 **得安民之禮**　宋本此節正義在「冬十月」注下。

154 **隱大子之子廬歸于蔡禮也**　顧炎武云：「石經『廬』誤『盧』。」案，石經「廬」字完善，炎武非也。

155 **悼大子之吴歸于陳禮也**　石經、宋殘本、宋本、淳熙本、岳本、纂圖本、閩本、監本、毛本「之」下有「子」字，是也。❽

156 **令尹子期請伐吴**　石經、宋本、宋殘本、淳熙本、岳本、足利本「期」作「旗」。淳熙本「伐」誤「我」。

157 老尊卿稱　纂圖本、閩本、監本、毛本「卿」作「鄉」，誤也。

附釋音春秋左傳注疏卷第四十六　止

附釋音春秋左傳注疏卷第四十七昭十四年盡十六年

經十四年

158 以襄十八年冬十月卒　監本「八」誤「人」。

159 以外更無見者　宋本「以」作「此」，是也。

傳十四年

160 注以舍至罪己　宋本此節正義在注文「禮脩己而不責人」下。

161 稱晉先且居宋公子成陳袁選鄭公子歸生伐秦　監本「袁」作「轅」，與文二年傳合。宋本「稱」上有「傳」字，是也。

162 注二人南蒯家臣　宋本以下正義三節揔入「齊侯使鮑文子致之」注下。

163 僞廢疾　宋本、宋殘本、淳熙本、岳本「廢」作「癈」，與石經合。

164 遂劫南蒯曰　淳熙本「劫」改「刼」，非。

165 張强也　纂圖本、閩本、監本、毛本「强」作「彊」。

166 子韓晳曰　石經、宋本、岳本「晳」作「晢」，與釋文合。

167 言越職　淳熙本「職」誤「反」。

168 司徒老祁慮癸來歸費　閩本、監本「祁」作「祁」，非也。

169 歸魯　淳熙本「歸」作「在」，非也。

170 二子逐蒯而復其舊　淳熙本「蒯」誤「朋」。

171 故經不書歸費　淳熙本「歸」誤「以」。

172 注南蒯至非事實也　閩本「注」字空闕，宋本無「非事」二字。

173 是其未專屬齊也　閩本、監本、毛本「其」作「費」。

174 夏楚子使然丹簡上國之兵於宗丘　宋本、宋殘本、岳本「簡」作「簡」，與石經合。石經「宗」誤「宋」。

175 上國在國都之西　淳熙本「國」誤「同」，纂圖本「都」誤「郡」。

176 收聚不使流散　岳本「聚」作「養」，非也。

177 新羈旅也　宋本、宋殘本、岳本「羈」作「羇」，不誤；淳熙本作「敘」，非也。

178 夏楚子至物官　宋本以下正義七節揔入「息民五年」節下。

179 老疾乏於藥膳　閩本、監本、毛本「乏」誤「之」。

180 有水火災　宋本、毛本「火」下有「之」字，監本初刻亦脱，後擠刊。

181 故謂之上國　閩本、監本「故」作「皆」，非。

182 老而無妻謂之矜　監本、毛本「矜」作「鰥」。

183 息民五年　閩本、監本、毛本此節正義在「息民五年」節之下，宋本在注「物事也」正義之後。

184 雖戰非王本心也　重脩監本「心」作

「尤」，非也。

185 欲立著丘公之弟庚與　宋本、宋殘本、淳熙本、纂圖本、閩本、監本、足利本「與」作「輿」，下及注同；石經此處殘缺，下文皆作「輿」；北宋刻釋文同，云「本亦作『與』」。此本作「與」，乃釋文「亦作」之字。案，漢書古今人表正作「輿」，是也。

186 與養氏比　諸本作「比」，此本誤「北」，今改正。

187 而求無厭　釋文云：「厭，本又作『饜』，下注同。」 ×

188 養氏子旗之黨　監本脱「養氏子」三字。

189 公子鐸逆庚輿於齊　石經初刻「輿」誤「餘」，後改正。

190 注邢侯至楚人　毛本「邢」誤「刑」。宋本以下正義七節揔入「猶義也夫」注下。

191 巫人雍子　宋本作「巫臣」，山井鼎亦云「『巫人』當作『巫臣』」。

192 雍奔晉　正德本、閩本「雍」誤「襄」，宋本「雍」下有「子」字，是也。

193 蔽斷也　淳熙本「斷」作「乱」，非。

194 墨不潔之稱　宋本、宋殘本、淳熙本、岳本「潔」作「絜」，是正字。 ×

195 乃施邢侯　纂圖本、毛本「邢」誤「刑」。

196 以正言之　宋本、宋殘本、淳熙本、岳本、足利本「以」上有「皆」字，是也。

197 曰義也夫　王引之云：「『曰』當爲『由』字之脱誤。下文『猶義也夫』，『猶』讀爲『由』字之假借也。」

198 即下云數其賄也　閩本、監本、毛本「云」作「乂」。❾

199 暴殄天物　監本「殄」誤「珍」。 ×

200 其餘則以直傷義　宋殘本「餘」作「除」，非也。

經十五年

201 武執干鏚　宋本、監本、毛本作「干」，此本誤「于」，閩本同，今改正。監本「鏚」字模糊，閩本誤「鍼」，毛本誤「鉞」。

202 鐘鼓管磬　監本「鐘」作「鍾」。

203 釋例亦云　宋本「亦」作「又」，是也。

傳十五年

204 齊戒　足利本「齊」作「齋」。

205 戒百官　宋本以下正義三節摠入「二月癸酉」注下。

206 師執事而卜　宋本、閩本、監本、毛本「師」作「帥」，是也。　×

207 禘之日其有咎乎　宋殘本「日」誤「月」。

208 相侵之名　宋本「侵」作「祲」，非。

209 祲妖氣也　宋本「氣」作「氛」，是也。　×

210 其在涖事乎　釋文「涖」作「莅」。　×

211 既見喪氛　監本「氛」誤「氣」。　×

212 費無極　史記楚世家「極」作「忌」，索隱曰「左傳作『無極』，『極』、『忌』聲相近」，伍子胥傳同。

213 故處子於蔡子亦長矣而在下位辱必求之吾助子請 請求上位 又謂其上之人 蔡人在上位者 曰王唯信吳故處諸蔡二三子莫之如也　淳熙本此處誤倒作「故處子請求上位又謂其上之人蔡人在上位者曰王唯信吳故處諸於蔡子亦長矣而在下位辱必求之吾助子請蔡二三子莫之如也」。

214 在下位辱　宋本以下正義二節摠入「吳在蔡」節注下。

215 蔡人在上位者　諸本作「蔡」，此本誤「祭」，今改正。×

216 然而前知其爲人之異也　足利本無「爲」字，非也。×

217 六月　監本「六」上「〇」誤作「注」。×

218 大子壽之母也　淳熙本「壽」誤「手」。×

219 鉅鹿下曲陽縣有鼓聚　淳熙本「聚」誤「亭」。×

220 好惡至所適　宋本以下正義四節揔入「有死命」節注下。×

221 吾獨何好焉　石經「好」字起一行，計九字。×

222 賞所甚惡　淳熙本「甚」誤「其」。×

223 荀吴詐祭于雒以滅陸渾　毛本「詐」作「許」，非。諸本作「陸」，此本誤「六」，今改正。×

224 以鼓子䳒鞮歸　石經此處缺。宋本、宋殘本、淳熙本、足利本「䳒」作「鳶」，注同。釋文云「本又作『鳶』」。案，五經文字云「鳶，俗或作『䳒』」，是也。×

225 荀躒　釋文「躒」作「櫟」，云「本又作『躒』」。×

226 以文伯宴　漢書五行志引作「以文伯燕」，下同，師古曰「『燕』與『宴』同」。×

227 樽以魯壺　釋文云：「樽，本或作『尊』，又作『罇』，並同。」案，周禮司尊彝鄭氏注大行人疏引並作「尊」。「尊」正字也，从缶、从木皆俗字。×

228 注魯壺魯所獻壺樽　宋本以下正義十七節揔入「典以志經」節注下。×

229 與其大路　石經「路」字起一行，計九字。×

230 鬬鞏之甲　釋文亦作「鞏」。案，説文「砮」字注引春秋傳曰「鬬砮之甲」，九經字樣「砮」字下亦云「見春秋」。石經「之」字起一行，計九字。　×

231 大柯斧重八斤　段玉裁云：「詩正義「柯」作『阿』。」　×

232 周禮有啚人之官　閩本、監本、毛本「官」誤「宮」。

233 故令主東夏　閩本、監本「令」作「今」，非也。

234 有南陽　淳熙本「南」誤「尚」。

235 襄生司功大伯　宋本「功」作「次」。

236 伯生候季子　閩本、監本、毛本「候」作「侯」。

237 忘祖業　宋殘本「忘」誤「亡」。

238 於是乎以喪賓宴　漢書五行志引「宴」作「燕」，下「宴樂」同。

239 彞器之來　石經、宋本、淳熙本、岳本、纂圖本、毛本「彞」作「彝」，是也。宋殘本「來」誤「求」。⑩

240 言今雖不遂能服　宋本、宋殘本、淳熙本、岳本、纂圖本、足利本作「不能遂服」，不誤。　×

241 猶當靜嘿　釋文「嘿」作「默」，云「本或作『嘿』」，同。　×

242 可便宴樂　宋本、宋殘本、淳熙本、岳本、纂圖本、足利本「可」作「而」，是也。　×

243 會于溴梁　宋本「溴」作「湨」，不誤。　×

經十六年

244 春齊侯伐徐　監本「齊」作「晉」，非也。

245 以立其子　毛本「子」誤「于」。　×

傳十六年

246 猶以取鄭故也　宋本、淳熙本、岳本、纂圖本、閩本、監本、毛本「鄭」作「鄍」，不誤；宋殘本作「𨛍」，亦非。

247 正義曰　諸本作「義」，此本誤「禮」，今改正。×

248 釋君不得親自朝聘之意　宋本、監本、毛本「聘」作「廟」，是也。×

249 齊侯伐徐　閩本、監本、毛本此節正義在「齊侯伐徐」句下。

250 下邳取慮縣東有蒲如陂　監本、閩本「蒲」作「滿」，非也。諸本作「蒲如」，釋文亦作「如」，劉昭續漢書郡國志作「蒲姑」，注引杜說同。

251 爲小國害　纂圖本「小」誤「人」。

252 無有念民勞者也　宋本、宋殘本、足利本無「也」字。

253 周家舊說天下所宗　宋本「說」作「爲」，是也。×

254 無有不共恪　釋文「共」作「恭」。×

255 孔張至縣間　宋本自此節以下正義至「我將」節止，總入「敢不藉手以拜」注下。

256 諸侯享賓之禮云　宋本、監本、毛本「云」作「亡」，是也。×

257 面北上　宋本「面」上有「西」字。

258 適鐘磬樂肆之閒也　閩本、監本「鐘」作「鍾」，下同。

259 則心陵侮我　纂圖本、閩本、監本、毛本「心」誤「必」。

260 幾度之爲笑　宋本「之爲」作「爲之」，是也。

261 刑之頗類　顧炎武云：「『類』當作『纇』。」案，正義引服虔讀爲「纇」，解云「頗，偏也。纇，不平也。」是經假『類』爲『纇』也」。

262 服虔讀類爲纇　諸本作「纇」，此本誤「類」，今改正，下同。×

263 放縱也　釋文「縱」作「從」。×

264 謂國無禮敬之心　正義作「謂無禮敬大國之心」。

265 此其出外會朝大國　宋本「其」作「謂」，是也。×

266 注子孔當執鄭國之政　宋本「當執鄭國」作「至」字。

267 立於朝而祀於家　諸本作「立於」，此本誤「立于」，今改正。山井鼎云足利本後人記云「朝，異本作廟」，非也。

268 注卿得自立廟於家　宋本「自立廟」作「至」字。

269 安得祀所出之君爲大祖乎　宋本「乎」作「也」。

270 注受脤謂君祭以肉賜大夫至祭也　宋本作「受脤至祭也」。

271 而云受脤歸　宋本「歸」下有「脤」字，是也。

272 巳有著位　諸本作「巳」，宋本作「己」爲長。

273 公孫泄因妖鬼而立　閩本、監本、毛本「泄」作「洩」。

274 辟邪之人　釋文「辟」作「僻」。×

275 玉環也工共朴　宋本、宋殘本、淳熙本、岳本、纂圖本、監本、毛本「也」作「同」，是也。按，

「朴」當作「樸」，俗作「璞」。

276 肉倍好謂之瑗　宋本、毛本「謂之」下有「璧好倍肉謂之」六字，監本初刻亦脱，後擠刊。

277 好倍肉其孔大邊肉小也　監本下「肉」字誤「内」。

278 尚未能離經辨句　閩本、監本、毛本「辨」作「辯」。

279 何饜之有　釋文「饜」作「厭」。　×

280 吾有爲鄙邑　石經此處缺。宋本、宋殘本、淳熙本、岳本、纂圖本、監本、毛本「有」作「且」，是也。　×

281 吾有至位矣　毛本作「有吾」，亦非；宋本作「吾且」，不誤。

282 求無不得　宋本「得」作「獲」。

283 正義曰鋭是鋒芒　諸本作「鋭」，此本誤「説」，今改正。宋本正義「曰」下有「説文云鋭芒也鋒芒尖故爲細小言得利小也服虔云鋭折也」共廿四字，今各本脱。

284 既成賈矣　釋文云：「賈，本或作『價』。」　×

285 鄭桓公封域林　宋本、監本、毛本「域」作「棫」，是也。　×

286 謀使桓公寄帑與賄於虢鄶之國　毛本「鄶」作「鄫」，非也，下同。

287 爾有利市寶賄　釋文云：「賄，或作『貨』。」　×

288 乞之與乞一字也　毛本下「乞」字作「匄」，甚誤。

289 子蠤　諸本作「蠤」。案，説文「齹」字下云「春秋傳曰『鄭有子齹』」。

290 零露溥兮　閩本、監本、毛本「溥」誤「溥」。

291 後之荆楚　監本、毛本「之」誤「至」。

292 **云胡不夷**　岳本「胡」作「乎」，非也。

293 **風雨凄凄然**　監本、毛本「凄」作「淒」，非也，下同。⓫

294 **雞猶守時而鳴**　監本「雞」作「鷄」。

295 **取其洵美且都**　宋本、宋殘本、淳熙本、足利本「洵」作「詢」，正義同。

296 **都閑也**　毛本「閑」作「閒」字。按，當爲「嫺」。

297 **子柳賦蘀兮**　淳熙本「賦」誤「則」。

298 **取其倡予和女**　釋文「倡」作「唱」，云「本或作『倡』，同」。×

299 **君弱臣强**　閩本、監本、毛本「强」作「彊」。×

300 **不倡而和也**　閩本、監本、毛本「倡」作「唱」，下「倡予」同。

301 **叔兮伯兮**　毛本「伯」亦作「叔」，非也。

302 **庶幾於興盛**　足利本「庶」上有「言鄭」二字，以意改也。

303 **早夜敬天**　閩本、監本、毛本「早」作「蚤」。

304 **敢藉手以拜**　石經、宋本、宋殘本、淳熙本、岳本、纂圖本、毛本「敢」下有「不」字，是也。監本初刻亦脱，後擠刊。

305 **以玉藉手拜謝子産**　宋本、宋殘本、淳熙本、岳本、纂圖本、毛本「玉」下有「馬」字，是也。監本初刻亦脱，後擠刊，「手」字模糊。淳熙本「手」誤作「乎」，宋殘本「藉」誤「籍」，岳本脱「子産」二字。

306 **晉人聽公得歸**　岳本脱「人」字、「得」字。

307 **六卿彊而奢傲**　監本「彊」作「疆」，非也。

308 **昭伯尚少**　閩本、監本、毛本「少」作「幼」。

309 豎柎　石經、宋本、宋殘本、岳本「豎」作「豎」，釋文亦作「豎」，是也。

310 蓺山林也　宋本、岳本「蓺」作「蓺」，釋文同；石經初刻作「藝」，後刊去「云」字。

311 自往見之　宋本「自」作「身」。

附釋音春秋左傳注疏卷第四十七　止

附釋音春秋左傳注疏卷第四十八　昭十七年盡十九年

經十七年

312 故曰大辰大火也心在中最明　段玉裁據爾雅校本「也心」作「心也」。

313 故時族主焉　宋本、閩本、監本、毛本「族」作「候」，不誤。　×

314 仍在大辰分度之門　宋本、監本、毛本「門」作「内」，是也。　×

315 吴楚兩敗　此本「楚」字模糊，據宋本、宋殘本、淳熙本、岳本、纂圖本補；閩本作「人」，非也。

316 縱使兩皆夾告　宋本、監本、毛本「夾」作「來」，是也。　×

傳十七年

317 采叔　宋本以下正義三節揔入「昭子曰」節注下。

318 能長久乎　宋本「能」上重「其國」二字，是也。

319 禮正陽之月日食　纂圖本「禮」下衍「也」字。

320 注禮正至請之　宋本以下正義十節揔入「平子弗從」節注下。

321 請上公　宋本「請」誤「謂」，淳熙本作「責」，亦非。

322 太史曰　石經、宋本、宋殘本、岳本「太」作「大」，是也。

323 而侵陽火重　宋本、宋殘本、淳熙本、岳本、纂圖本、閩本、監本、毛本「火」作「災」。×

324 人情愛陽而惡陰　諸本作「情」，此本誤「清」，今改正。

325 即瞽矇也　宋本、毛本「矇」作「矇」，下同，是也。×

326 謂天子禮　宋本「子」下有「之」字，是也。

327 不君君矣　淳熙本作「不君矣」，非也。

328 注少皞至名官　宋本以下正義廿二節揔入「既而告人曰」節注下。

329 代黄帝之有天下　監本、毛本「之」作「而」，是也。×

330 以少皞之立　宋本「皞」下有「氏」字，是也。

331 大皞伏犧氏　宋本、宋殘本「犧」作「羲」。案，賈公彦周禮正義序引注亦作「羲」。

332 用雲火水龍紀事　監本、毛本「雲火」誤倒。

333 其狀而鶴　宋本作「如鶴」，監本、毛本作「如雞」，非也。

334 見則天下大安寧　監本「見」字模糊，重脩監本作「皃」，誤也。

335 故名其官爲鳳鳥氏也　毛本「氏」誤「是」。

336 此鳥以夏至來　宋本「來」下有「鳴」字，是也。

337 冬至止去　浦鏜云「止」疑衍字。

338 鵙伯勞也　宋本「鵙」作「鶪」，是也。×

339 青鳥鶬鴳也　釋文亦作「鴳」，云「本亦作『鷃』」。宋本、宋殘本、淳熙本、纂圖本作「鷃」，正義同。

340 青爲鶬鷃　宋本「爲」作「鳥」，是也。×

341 先儒相説耳　閩本、監本、毛本「相」作「傳」，宋本作「相傳説耳」，是也。

342 祝鳩鷦鳩也　北宋刻釋文「鷦」作「鵻」，「本又作『隹』，本或作『鵻』」。宋本、宋殘本、淳熙本作「鵻」。説文「⿰鳥隹」字注云「祝鳩也，从鳥、隹聲」。按，當作「⿰鳥隹」，鷦乃桃蟲，非祝鳩也。

343 隹其鳺⿰石鳥　閩本、監本、毛本「隹」誤「佳」。宋本、監本、毛本「⿰石鳥」作「鴀」，是也。⑫

344 鵻夫不也　宋本亦作「鵻」，監本、毛本作「鷦」，非。

345 一意於其所宿之米　宋本、監本、毛本「米」作「木」，不誤。×

346 鴡鳩氏司馬也　釋文云：「鴡，本又作『雎』。」×

347 鴡鳩王鴡也　纂圖本、閩本、監本、毛本「王鴡」作「王鳩」，非也。

348 鷙而有别　釋文：「鷙，本亦作『摯』，古字同。」

349 故以此鳥名官　監本「鳥」誤「名」。×

350 鳲鳩鴶鵴也　釋文亦作「鴶鵴」，云「本亦作『秸鞠』」。×

351 陸璣毛詩義疏云　錢大昕云「璣」當作「機」，説見前。

352 而揚雄云　閩本、監本「揚」作「楊」，不誤。段玉裁有辨，詳尚書撰異。⑬

353 鳲鳩是戴勝　宋本「鳲」作「鳴」，下引孫炎曰同。

354 鶻鳩鶻鵰　爾雅釋鳥疏引「鵰」作「鵃」。岳本下有「也」字。

355 鶻鳩一名鳲鳩　重脩監本「鶻」誤「鵑」。

356 治民尚其集聚　監本、毛本「尚」作「上」，非也。

357 欲其聚斂民也　宋本「斂」作「歛」，是也。　×

358 西方曰鷷雉　釋文云：「鷷，本或作『蹲』。」　×

359 北方曰鵗雉　釋文「鵗」作「希」，云「本又作『鵗』」。　×

360 南方曰翟　宋本「翟」作「[illegible]」。

361 宵扈嘖嘖　纂圖本、毛本「宵」誤「霄」，監本作「[illegible]」。

362 至宵扈嘖嘖　監本「宵」作「[illegible]」，毛本誤「霄」，下同。宋本「扈」作「鳸」，上下文並同。

363 觜白食肉　宋本「白」作「曲」，是也。⑭

364 陸璣毛詩義疏云　監本、毛本「璣」作「機」，是也。

365 爾雅釋獸云　宋本「爾」上有「案」字。

366 棘扈竊　宋本、監本、毛本「竊」下有「丹」字，是也。

367 爲果駈鳥者也　宋本「駈」作「驅」，是也，下同。　×

368 晝爲民驅鳥者也　宋本、閩本、監本、毛本作「晝」。山井鼎云「『晝』作『晝』」，非也。

369 不可竟日通宵　監本、毛本「可」作

「免」。

370 故未言之　宋本「未」作「末」，是也。

371 天子失官學在四夷猶信　石經重「官」字。陳樹華云：「王肅注家語云『孔子稱官學在四夷』，似本重『官』字也。」

372 傳言聖人無常師　閩本、監本、毛本「言」作「云」，非。

373 問禮於郯子　宋本、監本、毛本「禮」作「官」，不誤。

374 乃警戎備　毛本「警」誤「驚」。

375 先警戒備故獲　宋本、宋殘本、淳熙本、岳本、纂圖本、閩本、監本、毛本「戒」作「戎」，是也。

376 獻俘于文官　纂圖本、監本、毛本「官」作「公」，非也。

377 注夏之至天漢　宋本以下正義九節揔入「鄭必不火」注下。

378 邪列於大　監本、毛本「邪」作「斜」。

379 箒所以埽去塵　毛本「埽」作「掃」，非。

380 今火向伏　釋文「向」作「鄉」，云「本又作『向』」。

381 必火入而伏　正義曰：「服虔注本『火出而章必火，火入而伏』，重『火』別句。孫毓云賈氏舊本無重『火』字。」臧琳云：「當從服氏本有重『火』字爲是。梓慎以火彗之隱顯占諸侯之有災。下云『其居火也久矣，其與不然乎』，言彗星隨火行已二年矣，諸侯之有火災必然而無疑也。若作『必火入而伏』，爲火星入而彗伏，則下文『其與不然』何所指乎？賈景伯不重『火』字，與漢志同。」

382 隨火行也　宋本、宋殘本、淳熙本、岳本、足利本「行」作「没」，是也。

383 在宋衛陳鄭乎　淳熙本「鄭」誤「定」。石經「在」字上旁增「六物之占」四字。案，惠棟云：「當是晁公武據蜀石經增入，御覽所引亦有此四字。蜀時賈、服左氏猶存，此蓋據賈、服本也。」按，范成大石經始末記有此一條，然則惠云據蜀石經者是也。

384 木火所自出　淳熙本「木」誤「禾」，閩本誤「大」。

385 星孛天漢　石經、宋本、宋殘本、淳熙本、岳本、纂圖本、足利本「天」作「及」，是也。

386 水火合而相薄　釋文「薄」作「搏」，云「本又作『薄』」。×

387 尚未知今孛星當復隨火星俱伏不　淳熙本「未」誤「禾」。監本「孛」誤「字」。閩本「不」作「下」，亦非。

388 先言彊　監本「彊」誤「疆」。宋本「言」下有「者」字。

389 歷夫陰水用事　毛本「夫」作「太」，宋本作「大」，是也。×

390 欲以禳火　釋文云：「禳，本亦作『攘』。」×

391 裸圭有瓚　監本、毛本「裸」誤「祼」。

392 卜戰不吉　宋本以下正義三節揔入「楚人從」節注下。

393 且楚故司馬令龜　石經「馬」字以下一行計九字。

394 魴也以其屬死之　諸本作「魴」。鄭氏周禮大卜注引作「鮒」，周禮音義云「鮒，左傳作『魴』」。

395 獲其乘舟餘皇　李善注文選江賦引傳文及注並作「艅艎」，用俗字。

396 長鬣多髭鬚　宋本、宋殘本「髭」作「頾」，「鬚」作「須」，是也。

29—397 我呼餘皇則對　此本脱「餘」字，據諸本補。

校記

❶南昌本此條上僅空一格，誤作注文出校例。
❷南昌本末增「〇今從宋本」。
❸南昌本末增「〇今訂正」。
❹南昌本末增「〇今訂正」。
❺南昌本末增「〇今從宋本」。
❻南昌本此條上僅空一格，誤作注文出校例。
❼防與房，南昌本作「防與房」，爲是。
❽南昌本末增「〇今據補正」。
❾「曰義也夫」與「即下云數其賄也」二條，南昌本位置互換，與南昌本左傳注疏合。
❿南昌本末增「〇案，『彛』俗『彝』，今訂正」。
⓫南昌本「風」下有「且」字。
⓬南昌本末增「〇今訂正」。
⓭南昌本末增「〇今訂正」。
⓮南昌本末增「〇今從宋本」。

春秋左傳注疏校勘記卷三十

30—001 經十八年　宋本春秋正義卷三十。石經春秋經傳集解昭五第廿四，岳本「昭」下有「公」字，並盡廿二年。

002 春王三月　監本、毛本「三」誤「正」。

003 鄅國今琅邪開陽縣　釋文云：「琅，本或作『郎』。」　×

004 以其自遷爲文　閩本、監本、毛本「以其」作「其以」，非也。自，毛本誤「目」。

傳十八年

005 注代居其位　宋本以下正義三節摠入注文「毛伯奔楚傳」之下。

006 故自殺自代　毛本「代」誤「伐」。

007 坼剖而産焉　閩本、毛本「坼」作「圻」，非也。

008 虞反曰　宋本「反」作「翻」，是也。　×

009 爲下會葬見原伯起本　毛本「下」誤「不」。

010 注東北至之始　宋本以下正義十四節摠入注文「不義所以亡」之下。

011 故知當火作　毛本「火」誤「大」，監本作「人」，亦非。

012 壬午大甚　閩本「大甚」作「火甚」，從釋文「或作」之字，非也。陳樹華云：「漢書五行志引作『大甚』，師古曰『大甚者，又更甚也』。」

013 至戊寅而風益盛　宋本「盛」作「甚」，是也。

014 至壬午而風又大盛　宋本「盛」作「甚」。

015 梓慎登大庭氏之庫以望之　纂圖本、監本、毛本「庭」作「廷」，非。宋殘本脱「氏」字。

016 故登以望氣　釋文云：「本或作『以望氛氣』。」×

017 注火庭至之言　宋本、閩本、監本、毛本「火」作「大」，是也。×

018 一曰大庭氏　監本、毛本「庭」作「廷」，非也。×

019 爲登高以見其火　閩本「高」字實缺。

020 何知不見數百里之煙火　毛本「煙」作「烟」，盧文弨挍本同。

021 今復請用之　淳熙本「請」誤「謂」。

022 將有大祥　釋文云：「本或作『火詳』，非也。」×

023 祥者善惡之徵　重脩監本「徵」誤「微」。

024 吾身泯焉　石經初刻亦作「泯」，後改「泜」，避諱也。

025 弗良及者　宋本「者」作「也」，是。

026 以其常與己言故　宋本、宋殘本、岳本、足利本「常」作「甞」。

027 禁舊客勿出於官　宋本、監本、毛本「官」作「宮」，是也。×

028 是厲王廟也　監本、毛本「王」下衍「之」字。

029 既有火災　監本、毛本脱「火」字。

030 使府人庫人各儆其事　宋本作「使府至其事」。

031 周官有十府　宋本、監本、毛本「十」作

「大」，是也。

032 故府庫並言也　宋本無「也」字。

033 行火所焮　石經「焮」字重刊。

034 知野司寇　宋本脱「知」字。

035 縣之嶽　宋本「之」下有「縣」字，與周禮注合。

036 皆令具備　監本、毛本「具」作「俱」，非。

037 回禄信於黔隧　盧文弨挍本云「國語作『於聆』」。

038 亦憂戚不會市　宋本、宋殘本、岳本、足利本「亦」作「示」，不誤。

039 注鄅妘至行之　宋本以下正義三節揔入注文「爲明年宋伐邾起」下。

040 邾莊公反鄅夫人而舍其女　淳熙本「夫」誤「走」。

041 閔子馬曰　諸本作「馬」，今本後漢書袁紹傳注引作「騫」，乃轉寫之誤。

042 日新日益　纂圖本、閩本、監本、毛本下「日」字誤「月」。

043 大爲至禮也　宋本以下正義八節揔入「即事晉矣」注文之下。

044 徧於四方之神　毛本「徧」誤「偏」。

045 故廟在道南　宋本、閩本、監本、毛本「廟」作「廟」。

046 過期三日　石經此處缺。監本、毛本「三」作「二」，非也，毛本正義亦誤。

047 乃毁於而鄉　石經、宋本、宋殘本、小字宋本、淳熙本、纂圖本、足利本「鄉」作「向」，注同。釋文云「本亦作『向』」。案，「向」俗字，「鄉」古「向」字。

048 小國忘守則危　周禮宮正鄭衆注引作「必危」，賈公彦曰「彼爲則，先鄭云必讀字不同也」。

049 今執事攔然授兵登陴　錢大昕云：「『攔』當爲『僩』字之譌。説文『僩，武貌』；荀子榮辱篇『陋者俄且僩』，楊倞注『僩與憪同，猛也』；方言『晉魏之間謂猛爲僩』，今本方言亦從手旁。」

050 若祭不愛牲玉者　宋本「若祭」作「而云」，是也。✕

051 對曰若吾子之言敝邑之災　宋殘本「曰若吾子之言敝」七字空缺。

052 荐爲敝邑不利　釋文亦作「荐」，毛本作「薦」，注同，非也。

053 十五年平王復遷邑　宋殘本、宋本、小字宋本、淳熙本、足利本「五」作「三」，不誤。諸本作「十」，此本誤「上」，今改正。

054 而居楚地　宋本以下正義三節摠入「許不可」節注下。

055 十五至居葉　毛本「五至」作「五年」，非；宋本作「三至」，是也。

056 案十三年云　監本「三」字模糊。

057 楚之滅蔡也　此本「楚」下空缺；閩本、監本、毛本作「師」，亦衍文；宋本無，是也。

058 其實自荆還也　監本、毛本「還」作「遷」，是也。✕

059 鄭曰余俘邑也　淳熙本「邑」誤「色」。

060 鄭滅許而復有之　宋本、宋殘本、淳熙本、岳本、纂圖本、監本、毛本「有」作「存」，是也。✕

061 君其圖之　淳熙本「君」誤「居」。

062 冬楚子使王子勝遷許於析　諸本作「析」。

案，水經注丹水篇引作「於淅」。

經十九年

063 加弑者　釋文「弑」作「殺」，非。×

傳十九年

064 陰縣今屬南鄉縣　宋本、宋殘本、淳熙本、岳本、足利本下「縣」字作「郡」，是也。×

065 以持其世而已　釋文亦作「持」，云「本或作恃怙之『恃』」，非也。

066 蓋爲大夫時往聘蔡　此本初刻「爲」誤「亦」。

067 注蓋爲至聘蔡　宋本此節正義在「至自秦」注下。×

068 唯一二歲耳　監本「一」字模糊，毛本「二」誤「十」。

069 郥陽封人之女奔之　石經、宋本、宋殘本、岳本「郥」作「鄍」，與釋文合，是也，注同。說文：「从邑，昊聲。」❶

070 注蟲邾至以告　宋本此節正義在「乃蟲歸鄅俘」之下。

071 注止獨至由醫　宋本以下正義二節揔入注文「所以加弑君之名」句下。

072 楚子至伐濮　宋本此節正義在「故大子建居于城父」句下。

073 而楚辟陋　釋文「辟」作「僻」。×

074 城父今襄城城父縣　宋本、宋殘本、淳熙本、岳本、纂圖本、閩本、監本、毛本並作「城父縣」。段玉裁校本作「父城縣」，云「元和郡縣志引左傳『大城父城，使太子建居之』，是李吉甫所據左傳文作『父城』也。惟左氏本作『父城』，故漢地理志有潁川父城縣。淺人但知有『城父』，不知有『父城』，則將史記、漢書、說文之『父城』字皆倒之，是當正者也」。

075 故以爲夫人遣謝秦 宋本、宋殘本、淳熙本、岳本、足利本「故」作「改」。「改」者改子婦爲己夫人也。

076 莒子奔紀障 石經、宋本、宋殘本、淳熙本、岳本「障」作「鄣」，是也，與石經合，注同。按，説文「鄣，紀邑也」。❷

077 孫書陳無宇之子子占也 諸本作「宇」，此本誤「字」，今改正。

078 巳爲嫠婦 石經、宋本、宋殘本、小字宋本、岳本「巳」作「己」，不誤。釋文「嫠」作「釐」，云「依字作『嫠』」。案，李善注文選張景陽七命引作「釐」，引注亦同。

079 欲報讎 宋本、宋殘本、淳熙本、岳本「欲」下有「以」字。

080 及老至去之 宋本以下正義四節揔入注文「傳言怨不在大」之下。

081 字書去作弆羌莒反 諸本作「去」，此本誤「云」，今改正。「羌莒反」三字宋本作雙行，閩本「羌」作「羌」。繆，監本作「羗」，體誤。

082 東人輕言爲去音莒 宋本「音莒」二字作雙行。

083 或解以連紀纑之繩 宋本「以」下有「爲」字。

084 婦人既託於縋登 宋本「縋登」作「紀鄣」，是也。

085 劉以爲唯投城外 宋本「城」上有「縋」字，是也。

086 縋繩登城 宋本、宋殘本、淳熙本、岳本、足利本「縋」作「緣」，不誤。

087 城上之人亦譟 釋文無「城」字，云「一本作『城上之人亦譟』」，與水經注淮水篇引傳文同。

088 **注子瑕子游叔父**　宋本以下正義五節摠入注文「遣人報晉使」之下。

089 **駟氏聳**　諸本作「聳」。説文「㑋」字注引傳作「㑋」，張載注魏都賦引同。段玉裁云：「作『聳』，後人所易也。」

090 **大死曰札**　岳本「大」作「太」，非也。

091 **故解云小疫也**　宋本「云」作「爲」，是也。✕

092 **懼隊宗主**　石經作「墜」，俗「隊」字。

093 **於私族於謀**　宋本、宋殘本、淳熙本、岳本、纂圖本、監本、毛本「於謀」作「之謀」，不誤。✕

094 **民有亂兵**　宋本、宋殘本、淳熙本、岳本、纂圖本、監本、毛本「亂兵」作「兵亂」，石經此處殘缺。

095 **勞罷死轉**　諸本作「罷」，釋文云「本或作『疲』」。

096 **息民五年**　宋本以下正義二節摠入「忘寢與食」節注下。

097 **則民樂其性**　毛本「則」作「〇」，「性」字下亦有「〇」，監本此句改刊作「則」，亦非。

098 **國家和平則樂生**　宋本「則」作「乃」。

099 **洧水出熒陽密縣**　纂圖本、監本、毛本「熒」作「滎」，宋本作「滎」，並非。

100 **縈焉**　宋本以下正義二節摠入「乃止也」句注下。✕

101 **諺所謂室於怒市於色者**　石經初刻作「怒於室而色於市者」，後改刊。案，戰國策云「語云：怒於室者色於市」，與石經初刻同。杜注云「猶人忿于室家，而作色於市人」。按，「室於怒市於色」乃左傳原文倒之者，作注之體。若國策之文，則不必與左同。

附釋音春秋左傳注疏卷第四十八　止

附釋音春秋左傳注疏卷第四十九昭公二十年

經二十年

102 今賈又云　宋本「賈」作「贇」。山井鼎云：「疏所引用有曰『合贇』，或作『令贇』。」×

103 所以華亥向寧射姑者　宋本、閩本、監本、毛本「者」作「等」。×

104 或欲蓋而名章　監本、毛本「章」作「彰」。

105 蔡侯盧卒　釋文亦作「盧」，云「本又作『廬』」。宋本、宋殘本、小字宋本、淳熙本、岳本、足利本作「廬」，與石經合。

傳二十年

106 是歲至歷也　宋本此節正義在注文「傳言妖由人興」句下。

107 時魯之君臣　宋本「時」上有「當」字，是也。

108 使梓慎望氛　宋本、宋殘本、小字宋本、岳本「氛」作「氣」，是也。

109 伍奢　陳樹華云：「此『伍』字及下『伍尚』、『伍員』字形微小，疑初刻作『五』，重磨刻『伍』。」案，碑不似重刻。五奢，廣韻引作「五奢」；呂覽孟冬紀「伍員」作「五員」，是也。

110 城父人　宋本以下正義三節揔入「而耕於鄙」注下。

111 善其言舍使還　閩本、監本「舍」作「令」，非也。

112 棠君尚　釋文：「君，或作『尹』。」惠棟云：「風俗通作『堂』。」案，「堂」與「棠」古多通用，如魯峻碑、嚴訢碑皆以「棠」爲「堂」字。按，廣韻引風俗通「堂，楚邑，大夫五尚爲之，其後氏焉」，又於「棠」下引左傳「齊大夫棠無咎」，是「堂」與「棠」之别也。

113 **獨使更從己語**　宋本、監本、毛本「更」作「員」，不誤。

114 **州于吴子僚**　釋文「僚」下有「也」字，諸本脱。

115 **光欲弑僚**　纂圖本、閩本、監本、毛本「弑」作「殺」。

116 **乃見鱄設諸焉**　諸本作「鱄」。陳樹華云：「史記索隱云『左傳作鱄設諸』，是也。公羊、史記、吴越春秋、賈子作『專諸』，索隱又云『專，或作鱄』，漢書、文選司馬相如子虛賦并作『鱄諸』。」

117 **門人見之也**　浦鏜云「門人」當作「從者」。

118 **公如華氏請焉**　宋本以下正義二節揔入「公亦取」節注下。

119 **辰及地皆元公弟**　釋文云：「案，公子辰是景公之母弟，地是辰兄，皆當爲元公之子。今注皆作元公弟，誤耳。」案，正義引世族譜云「辰、地皆云元公子，此及諸本云元公弟，當是轉寫誤耳」。

120 **當景公之世**　宋本「當」上有「時」字。

121 **當時轉寫誤耳**　段玉裁校作「當是」，閩本、監本、毛本「轉」作「傳」，非。

122 **公孟靈公兄也**　足利本「孟」誤「子」。

123 **宣姜靈公嫡母**　釋文「嫡」作「適」，云「本又作『嫡』」。

124 **而謂之曰**　石經「之」字以下計九字。

125 **注周猶終竟也**　宋本以下正義十節揔入「不犯非禮」節注下。

126 **使華齊御公孟**　正義云：「諸本皆『華』上有『使』字。計華齊是公孟之臣，自爲公孟之御，非齊氏所當使，必不得有『使』字。今定本有『使』，非也。」

127 諸本皆華上有使子　宋本、監本、毛本「子」作「字」，不誤。

128 宗魯以背蔽之　諸本作「背」，此本誤「皆」，今改正。

129 乘驅自閱門入　石經初刊「閱」誤「閡」，後改正。

130 鴻駵魋駟乘于公　石經、宋本、岳本「駵」作「聊」，注同，與釋文合。段玉裁校本云「駟」當作「四」。

131 鴻聊復就公來　宋本、宋殘本、淳熙本、岳本、足利本「聊」下有「魋」字，是也。

132 使華寅肉袒執蓋以當其闕　宋殘本、淳熙本「袒」誤「祖」。

133 析朱鉏宵從竇出　宋殘本「宵」作「霄」，說詳下。

134 朱鉏成子黑背孫　淳熙本「子」誤「于」。

135 二違命也　宋本、宋殘本、淳熙本、岳本、纂圖本、監本、毛本「二」作「貳」，不誤。

136 昭臨敝邑　石經亦作「昭」，宋本、淳熙本、岳本「昭」作「照」。案，毛誼父六經正誤云：「『照』作『昭』誤，注疏及興國本皆作『照』。」

137 賓將掫　說文手部「掫」字注引同。案，周禮掌固杜子春注引作「趣」，鎛師注引作「趨」，周禮音義云「趨，左傳作『掫』」。段玉裁云：「古音同在尤侯，類也。」惠棟云：「子春受學于劉歆，歆傳左氏春秋，以『趣』爲『掫』，必有依據。」

138 下云終夕與於燎　閩本、監本、毛本「云」作「文」。

139 草莽之中　毛本「草」作「艸」。

140 終夕與於燎　釋文無「於」字，云「一本作『終夕與於燎』」。惠棟云：「古本無『於』字，杜子春注周禮可據也。」按，見夏官掌固。

141 **設火燎以備守** 淳熙本「火」誤「大」。

142 **故公先與喜盟** 淳熙本「盟」下衍「也」字。

143 **其事既多** 監本、毛本「其」誤「共」。

144 **又注哀十一年傳云** 宋本「一」作「二」，是也。

145 **今倒在下** 宋本「倒」作「例」。

146 **霄從公故** 宋本、小字宋本、淳熙本、岳本、纂圖本、閩本、監本、毛本並作「霄」。岳氏九經三傳沿革例云：「詳考傳文本末，時齊豹殺衛侯之兄，縶衛侯出如死鳥，析朱鉏宵從竇出，徒行從公，公入而賜之謚。注云『宵從公故』，蓋以其宵自竇出，徒行從公，而賜謚。『宵』，夜也，其字當作『宵』，則注與傳上文合。今諸本於注皆作『霄』，誤也。」案，岳氏知「霄」字之誤，而未得誤之所由。宋殘本「宵從竇出」作「霄從竇出」，宋刻書籍多從唐碑，如張猛龍碑「宵」作「霄」，蓋字形之譌，俗宋殘本亦遂作『霄』，後又因『霄』而譌爲『霄』也。

147 **皆未死而賜謚及墓田傳終而言之** 宋本、宋殘本、足利本無「未」字、「而」字，不誤。案，困學紀聞云：「衛侯賜北宮喜謚曰『貞子』，賜析朱鉏謚曰『成子』，是人臣生而謚也。」王氏亦沿襲誤刻，而有此論，後人往往承之。何焯所謂不全宋槧本即此殘本也。段玉裁曰：「杜云『終言之』，則其上文爲死而賜謚，無可疑者。或添『未』字，則下不得云『終言之矣』。」

148 **苑何忌辭曰** 案，廣韻二十阮「菀」字注云「左傳齊大夫菀何忌」，賈氏群經音辨云「菀，姓也，於阮反，春秋傳有菀何忌」。

149 **不干我政人得罪** 宋本、監本、毛本「干」作「于」，是也。

150 **道教不至所致** 監本、毛本「道」作

「導」。

151 **臣敢貪君賜以干先王**　毛本「干」誤「于」。

152 **琴張聞宗魯死**　宋殘本「聞」作「開」，非也。

153 **子開一字張**　浦鏜正誤「字」下有「子」字。

154 **孔子是時四十之**　正德本、閩本亦誤「之」，監本、毛本改作「知」，宋本作「一」。按，據公羊、穀梁傳並云孔子生于襄公二十一年，宋本是也。

155 **郳申**　石經、宋本、宋殘本、淳熙本、岳本、足利本「申」作「甲」，不誤，釋文同。

156 **辟難出**　閩本、監本「出」誤「去」。

157 **潁川長平縣**　纂圖本、閩本、監本、毛本「川」作「州」，非也。

158 **子誠適晉**　宋本以下正義三節揔入「公遽見之」節注下。

159 **公與夫人**　纂圖本「夫人」誤「大夫」。

160 **余不忍其詢**　釋文云：「詢，本或作『詬』，同。」李善注文選報任少卿書引傳作「詬」。顧炎武云：「石經誤『詢』。」案，石經不誤。説文作「詬」，云「詬，謑，詬耻也，从言，后聲。或从句」。

161 **黨殺向者**　宋本、宋殘本、淳熙本、岳本、纂圖者、監本、毛本「殺」作「華」，不誤。

162 **齊侯疥遂痁**　顏氏家訓書證篇引作「齊侯痎遂痁」，又云「世間傳本多以『痎』爲『疥』，杜征南亦無解釋。徐仙民音介，俗儒就爲通云『病疥，令人惡寒，變而成痁』，此臆説也」。正義引袁狎云「疥」當爲「痎」。釋文云：「疥，舊音戒，梁元帝音該，依字則當作『痎』，説文云『兩日一發之瘧也』。『痎』又音皆，後學之徒僉以『疥』字，爲誤。案，傳例因事曰『遂』，若痎已是瘧疾，何爲復言『遂痁』乎？」諸本及定本作「疥」，是也，説文引傳亦作「疥」。段玉裁曰：「仙民之音、孔沖遠之説是也，凡改『疥』爲『痎』者，皆所謂無事而自擾。」

163 齊侯疥遂痁　宋本以下正義十五節揔入注文「除逋責」之下。

164 痁寒熱休作　監本、毛本「休」作「并」，非。❸

165 今定本亦作疥　閩本「今定」二字實缺。

166 帝言問從全數　宋本、監本、毛本「問」作「閏」，是。

167 大月却還天朞十度　閩本「朞」字實缺。

168 史嚚大央也　宋本、監本、毛本「央」作「史」，是也。

169 謂祝史之固陋　閩本「史」字實缺。段玉裁云：「『謂』字上當有『一曰』二字。」

170 公説告晏子　足利本「告」下多「於」字。

171 陳信不愧　釋文「愧」作「媿」，云「本又作『愧』」。

172 撞鍾舞女　石經、宋本、宋殘本、岳本「鍾」作「鐘」。

173 斬刈民力　釋文「刈」作「艾」，云「本又作『刈』」。

174 不思謗讟　諸本作「思」，定本同；正義云「俗本作『畏』」。

175 澤之萑蒲舟鮫守之　案，陳樹華云「風俗通義引作『莞蒲』」。莊述祖云「鮫」當作「魰」，「魰」即「篽」字。説文引「澤之自篽」，「自」乃「舟」之誤，或以「自篽」爲「萑蒲」之異文，誤也。

176 入從其政　山井鼎云「足利本『入』下補『國』字，不足據」。

177 暴征其私　足利本後人記云：「征，異本作『刑』，非也。」

178 關界上之關　宋本下「關」字作「門」，不誤。×

179 言在政無法制　宋本、宋殘本、淳熙本、岳本、纂圖本、足利本「在」作「布」，是也。×

180 平原聊城縣　郡國志「聊」作「蓼」，誤。

181 己責　釋文云：「責，本又作『債』，音同。」×

182 旃以至虞人　宋本以下正義十九節揔入「而後大公因」之節注下。

183 故麾旃以招之也　宋本「麾」作「摩」，非；若依說文則當作「摩」。

184 齊侯至自田　釋文「田」作「佃」，云「本亦作『田』」。×

185 以烹魚肉　石經、宋本「烹」作「亨」，與釋文合。石經「亨」字下四灬係補刊，其跡顯然，必王堯惠輩所爲也。

186 史游急就篇　宋本「史」誤「半」。

187 以洩其過　釋文「洩」作「泄」，是也。×

188 齊益也　宋本、宋殘本、淳熙本、岳本、足利本「齊」作「濟」，不誤。

189 洩滅也　宋本、宋殘本、淳熙本、纂圖本、監本、毛本、足利本「滅」作「減」，是也。

190 是以政平而不干　淳熙本「干」誤「乎」。×

191 言中宗能與賢者　宋殘本「言」作「君」，非也。

192 敬戒且平　宋本「且」作「既」。按，詩烈祖作「既戒既平」。

193 詩毛傳文也 監本、毛本「詩毛」二字誤倒。

194 則一氣不主爲歌吹 監本、毛本「主」作「止」，非。

195 則與服不異 監本、毛本「不」作「少」，非也。

196 蕩滌人之邪志令其正性 浦鏜正誤云：「今漢書律厤志『志』作『意』，『令』作『全』。」

197 唱姓生 宋本、監本、毛本「姓」作「始」。浦鏜云：「案，漢志『生』上有『施』字。」

198 生黃鍾之律 宋本「鍾」作「鐘」，下同。

199 以其徵清 監本、毛本「徵」作「微」，與月令注及正義合。 ×

200 十生三分損一 宋本、毛本「十」作「下」，是也。 ×

201 黃鐘 宋殘本、淳熙本、小字宋本、岳本、纂圖本、閩本、監本、毛本「鐘」作「鍾」，正義同。

202 大蔟 釋文亦作「蔟」，是也；宋本、閩本、監本作「簇」，非。

203 以聽鳳皇之鳴 宋本、閩本、監本、毛本「皇」作「凰」，俗字。

204 而牙物也 監本、毛本「牙」作「芽」。案，漢書律厤志作「牙」，「牙」、「芽」古今字。

205 洗絜也 閩本、監本、毛本「絜」改「潔」。

206 位於戊 宋本、監本「戊」改「戌」，是也。 ×

207 零陵大學奚景 宋本、監本、毛本「大」作「文」。

208 於陰吟道舜祠下 宋本、監本、毛本

「吟」作「泠」，是也。

209 内痺外高　宋本、監本、毛本作「内庳」。

210 律中大蔟　閩本、監本、毛本「蔟」作「簇」，下同。

211 子午以東爲上生　諸本作「午」，此本誤「年」，今改正。案，周禮注「以」作「巳」。

212 大吕　重脩監本「大」誤「太」。

213 周有七音謂七律謂七器音也　段玉裁挍本無上「謂」字，「器音」作「音器」。

214 星與辰之位　案，國語周語「星」下有「日」字。

215 皆在此維　宋本、監本、毛本「此」作「北」，是也。

216 辰馬農祥　宋本、監本、毛本「馬」作「爲」，非也。

217 南北之揆七月也　監本、毛本「月」作「同」，是也。

218 月之所在　宋本「在」字下有「是三所也劉歆三統之術筭此五位所在」十六字。

219 合宿於箕一度　宋本、毛本「一」作「十」，監本初刻亦作「一」，後改「十」。

220 爲南北之揆七月也　監本、毛本「月」作「同」，下句同。

221 前徒倒戈　諸本作「戈」，此本誤「戊」，今改正。

222 九歌之事　閩本、監本、毛本「事」作「書」，非也。

223 出入周疏以相濟也　定本「疏」作「流」，釋文云「傳本皆作『流』」，正義所謂俗本是也。陸氏又云

「古本有作『疏』者」，陳樹華云「案注訓周爲密，則與疏相對，宜爲『疏』耳」。

224 清濁小大長短至出入周疏　宋本作「清濁至周疏」。×

225 若琴瑟之專壹　諸本作「專」，釋文引董遇本作「摶」，音同。案，盧文弨鍾山札記云：「史記秦始皇本紀『摶心揖志』，索隱云『摶，古專字』，引傳『如琴瑟之摶壹』以證之，正用董遇本也。」惠棟云：「史記樂書、管子内業篇皆以『摶』爲『專』。」

226 少皡氏之司寇也　淳熙本「少」作「之」，非也。

227 據晏之言云代爽鳩氏　宋本「晏」下有「子」字，「氏」下有「耳」字，是也。

228 古者無死　石經、宋本、宋殘本、淳熙本、小字宋本、岳本「者」作「若」，是也，宋本正義不誤。

229 爽鳩氏之樂　釋文作「樂之」，云「一本作『之樂』」。×

230 猶應大有人矣　監本「大」作「代」，是也；毛本作「伐」。×

231 取人於萑苻之澤　石經初刻作「萑蒲」，後改作「雚苻」。惠棟云：「韓非子内儲説引此事作『雚』。詩小弁曰『萑葦淠淠』，韓詩外傳作『雚』，古字通也。」顧炎武云「石經『苻』誤『符』」，非也。

232 於澤中劫人　淳熙本、纂圖本、毛本「劫」改「刦」。

233 盡殺之　釋文無「殺」字，云「本或作『盡殺之』，『殺』衍字」。案，臧琳云：「正義曰『既言盡殺之，復云盜少止者，盡謂盡萑苻之内盜也，少止謂鄭國餘處之盜由此少止』。知孔本亦作『盡之』，無『殺』字，與陸本同。『既言盡殺之』當作『既言盡之』，標起至『盡殺之盜少止』當作『盡之盜少止』。此二『殺』字，皆後人所增。」

234 盡殺之盜少止　宋本以下正義五節揔

入「和之至也」節注下。

235 盡謂盡萑苻之内盜也　宋本作「蓋謂」，是也。

236 少止　宋本「少」上有「盜」字。

237 汔其也　諸本作「其」，正義亦是「其」字。詩大雅民勞正義、爾雅釋詁「譏汔也」疏引並作「期」。

238 毋從詭隨　釋文「毋」作「無」，云「本又作『毋』」。按，今本詩作「無」。

239 中國京帥也　宋本、閩本、監本、毛本「帥」作「師」，是也。×

240 又大於無善　毛本「大」作「九」，非也。

241 遠者懷而歸　宋本「懷」下有「德」字。

242 詩大雅云云　宋本「云云」作「至以寬」。

243 故以汔爲其也　監本「其」作「幾」，非也。

244 競强也　宋殘本「强」作「彊」。

附釋音春秋左傳注疏第卷四十九　止

附釋音春秋左傳注疏第卷五十　昭二十一年盡二十三年

經二十一年

245 在於復歸　段玉裁挍改作「歸復」。

246 叔孫昭子數豎告之罪云　宋本、監本、毛本「告」作「牛」，是也。×

247 義披其邑　宋本、監本、毛本「義」作「又」，是也。×

248 傳稱華氏居廬門　宋本、監本、毛本「廬」作「盧」，不誤。×

249 是宋城之内里居　宋本「居」作「名」，是也。

傳二十一年

250 無射鐘名　宋殘本、淳熙本「鐘」作「鍾」。

251 注周景至無射　宋本以下正義四節揔入「其能久乎」注下。

252 景公云二十一年　宋本、監本、毛本「公云」作「王」，是也。

253 鑄大錢　監本、毛本「鑄」上有「將」字，與國語合。

254 王不聽　監本、毛本「不」作「弗」，與國語合。

255 如彼文　閩本、監本「文」誤「云」。

256 故此年發傳　毛本「年」誤「言」。

257 時鐘猶在　宋本「時」作「其」。

258 無射高縣是也　此本「高」字實缺，據宋本補；閩本空闕，監本、毛本作「在」。

259 時人悉共見之　此本「共」字實缺，據宋本補；閩本空闕，監本、毛本作「得」。

260 泠州鳩曰　釋文云：「泠，或作『伶』，樂官也。或作『泠』字，非。」石經「州」字初刻誤「洲」，後改正。

261 而鐘音之器也　石經、宋殘本「鐘」作「鍾」。案，鐘鼓之「鐘」，石經左傳皆不作「鍾」，此及下文「今鍾槬矣」獨異。

262 風散俗煩　宋本「散」作「敝」。

263 器以鐘之　石經、宋本、宋殘本、纂圖本、閩本、監本、毛本「鐘」作「鍾」，是也。

264 鐘聚也　此本正義亦作「鐘」，宋本、宋殘本、纂圖本、閩本、監本、毛本作「鍾」，是也。

265 承上語不説者　宋本、閩本、監本、毛本「説」作「倫」，是。山井鼎云「倫」作「論」，恐非。

266 大者不槬　諸本作「槬」，漢書五行志引作「摦」，下同。案，「摦」乃説文新附字，五經文字作「槬」，云見春秋傳。

267 户暗反　宋本此三字側注。

268 窕則不咸　石經「咸」改作「減」，釋文云「本或作『感』」。案，惠棟云：「唐石經初刻作『咸』，後加三點。按，作『咸』是也。」

269 心是以感感實生疾　石經初刻「感」作「憾」，後改作「感」。顧炎武云「石經誤作『咸』」，指改刊而言也。惠棟云「一作『咸』，一作『減』」，亦誤。陳樹華云：「初刻『憾』，後改『感』，下『心』字年久磨滅。」案，改「感」之説非是。如改「感」磨去忄旁足矣，今「感」字重刻，皆未將碑文細校也。漢書五行志引傳作「感」，不誤。

270 今鐘槬矣　石經、淳熙本、纂圖本、閩本、監本、毛本「鐘」作「鍾」。

271 王心弗堪　惠棟云：「漢書作『𢦟』，孟康云『古堪字』。尚書『西伯戡黎』，説文引作『𢦟』，郭璞爾雅注又作『堪黎』。古字『𢦟』、『堪』通。」

272 注不在至幼齒　宋本此節正義在注「爲蔡侯朱出奔傳」之下。

273 鮑國至七牢　宋本以下正義二節揔入「士鞅怒曰」節注下。

274 諸侯牢禮各依命數　重脩監本「各」誤「名」。

275 亟言之　宋本以下正義二節揔入注文「桑林城門名」之下。

276 言若愛大司馬　岳本「言」作「君」，非也。

277 以恐初公　宋本、宋殘本、淳熙本、岳本、纂圖本、閩本、監本、毛本「初」作「動」，不誤。

278 華貙雖杜　宋本、閩本、監本、毛本「杜」作

「枉」。

279 何如何　宋本、監本、毛本上「何」字作「可」，是也。✕

280 張匄尤之　釋文云：「匄，本亦作『丐』。」✕

281 訊問也　淳熙本「也」誤「城」。

282 言登亡　淳熙本「言」誤「之」。

283 豐愆　釋文云：「愆，本或作『衍』。」

284 梁國睢陽縣南有橫亭　毛本「睢」作「睢」，亦非；釋文作「睢」，音雖，是也。

285 宋城舊鄘　釋文云：「鄘，本又作『墉』。」✕

286 分同至過也　宋本以下正義三節揔入「昭子曰」節下。

287 朔月辛卯　監本、毛本「月」誤「日」。

288 一歲一周　閩本、監本「歲」作「日」，是也，考文同。✕

289 必半在日道裏從外而入內也　宋本、閩本、監本、毛本「裏」作「裏」，是也。✕

290 故於正陽之張　宋本、監本、毛本「張」作「月」，是也。✕

291 未法爲重　監本、毛本「未法」作「其災」，宋本作「示法」。

292 莊二十三年　宋本「三」作「五」，是也。✕

293 非所哭也　石經「也」字以下一行計九字。

294 公子苦雉　石經、宋本、宋殘本、岳本「雉」作「雉」，與釋文合。又按，説文「雉，鳥也，从隹，今聲」，引春秋傳「公子苦雉」。又，考玉篇「苦」作「若」。

295 而不能送亡君　宋本以下正義六節揔入注文「爲明年華向出奔楚傳」之下。

296 乃徇曰　閩本、監本「徇」作「狥」，非。

297 楊徽者　石經、宋本、宋殘本、淳熙本、岳本、纂圖本、毛本「楊」作「揚」，與釋文合。

298 徽識也　釋文云：「徽，説文作『徽』。識，本又作『幟』。」 ×

299 如其在門所樹者　監本「其」作「共」，非。

300 凡此言以也象也　閩本、監本「以」誤「似」。

301 某氏某之樞　宋本、監本、毛本「樞」作「柩」，是也。 ×

302 今之銘旌旗幡也　宋本「幡」作「旛」，與説文合。

303 其制之大小　宋本「其」作「某」。

304 公自楊門見之　石經、宋本、宋殘本、淳熙本、岳本、足利本「楊」作「揚」，是也，注同。

305 睢陽正東門名揚門　監本「睢」誤「睢」。

306 不呰小忿　淳熙本、纂圖本「呰」作「訾」，釋文同，云「本又作『呰』」。

307 莊堇　釋文云：「本或作『莊堇父』。」 ×

308 干犨御吕封人華豹張匄爲右　正義云「本或『豹』上有『華』」，又云「今定本有『華』」。臧琳云：「據正義知今本有『華』者，從唐定本誤衍也。傳文本云『吕封人豹』，故杜云『吕封人豹，華氏黨』，明豹即華豹也。今注作『吕封人華豹』，『華』亦衍文。王肅、董遇並云『吕封人華豹』，則王、董本正文有『華』字可知。」

309 豹則關矣　釋文云：「關，本又作『彎』，同。」 ×

310 關引弓　此下宋本「有關矣〇正義曰關鳥環

反本又作彎」一十三字，在「吕封人華豹」節下。

311 扶伏而擊之　諸本作「扶伏」，釋文云「本或作『匍匐』，同」。

312 事在襄二十三年　纂圖本「二」作「三」，非也。

313 諸侯唯宋事其君　正義曰：「俗本無『其』字。若無『其』字，則是唯宋事楚。檢於時宋國不屬楚也。」 ×

314 俗本或無其字　毛本「字」作「事」，非也。

315 德君必甚　宋本此節正義在「蔡無他矣」注下。

316 且懼泄軍謀　宋本、小字宋本、宋殘本「泄」作「洩」。

經二十二年

317 夏四月乙丑　宋殘本缺三葉，自「四」字起，至「子朝必不克」「必」字止。

318 亂故速　宋本「速」下有「也」字。

319 注承叔至曰亂　宋本以下正義三節揔入「王子猛卒」注下。

320 冬十月王子猛卒十有二月　石經自「王」字至「有」字改刊，故此二行皆衹九字。

321 故不言崩　足利本「言」作「書」。

322 其不得有庚戌也　宋本「其」下有「月」字。

傳二十二年

323 啟齊大夫○北郭佐之後　諸本無「○」，纂圖本「○」作「釋」，亦誤。閩本遂以「北郭佐之後」五字改爲雙行小字，尤非。

324 以𢍰亂人　石經此處缺，岳本、纂圖本、閩本、監本、毛本「𢍰」作「獎」。

325 患宋以義距之　小字宋本無「之」字。

326 **無亢至亂人**　宋本脱人字以下正義二節摠入「以靖國人」注下。

327 **弉勸也**　閩本、監本、毛本「弉」作「獎」。

328 **其亦能無爲也已**　石經此處缺；宋殘本、淳熙本、岳本、纂圖本、監本、毛本「能無」作「無能」，不誤。

329 **士平**　顧炎武云：「石經『士』誤『氏』。」案，石經此處缺，所據乃王堯惠刻。

330 **邊卬**　顧炎武云：「石經『卬』誤作『印』。」案，石經此處缺，所據亦謬刻也。

331 **代華定**　諸本作「定」，此本誤「走」，今改正。✕

332 **王子至立之**　宋本以下正義九節摠入「盟羣王子于單氏」注下。

333 **與賓孟並談説之**　宋本「與」上有「王」字。

334 **景王欲殺下門子**　案，國語周語「欲」作「既」。

335 **子朝有欲位之言**　釋文云「一本『位』作『立』」，岳本作「立」。陸粲附注云「作『立』是也」。

336 **所以彊單子之心**　閩本、監本、毛本「彊」作「强」。

337 **故劉子亦與同志**　齊召南云：「以文義推之，『劉子』應作『單子』，言單穆公與劉蚠同志也。」

338 **掌牧六牲**　監本「掌」作「當」，誤也。

339 **侍者曰**　諸本作「侍」，此本誤「待」，今改正。✕

340 **則無害**　宋本「無」下有「患」字，是也。

341 **臣之與傳**　宋本、監本、毛本「臣」作「經」，

是也。×

342 又時月令錯　宋本、監本、毛本「令」作「多」，是也。×

343 王子猛次王　宋本、岳本、纂圖本、監本、毛本下「王」字作「正」，是也。

344 魏郡廣平以北　淳熙本「北」誤「此」。

345 揚邑　宋本、淳熙本、岳本、纂圖本、監本、毛本「揚」下有「周」字，是也。

346 悼王子猛也　監本「悼」字誤「倬」。

347 樊頃子曰　釋文：「頃，本或作『須』字。」×

348 頃子至劉黨　宋本以下正義十節揔入注文「京楚子朝所在」之下。

349 殺摯荒以說　石經「荒」字以下一行計九字。

350 奔于平時　釋文無「于」字，云「一本作『于平時』，下同。本或作『平壽』，誤」。×

351 故亡走　重脩監本「走」誤「是」。

352 來而殺之　閩本、監本「而」作「必」，非。

353 謚法一意不蠏曰簡　閩本亦誤作「蠏」，宋本、監本、毛本作「懈」，是也。案，逸周書謚法解「一意」作「壹德」。

354 故知是敬王黨　監本、毛本「敬」作「悼」。

355 子朝必不克　「不」字以下，宋殘本起。

356 經書六月誤也　宋本、宋殘本、淳熙本、小字宋本、足利本無「也」字。

357 戊寅是七月二日明傳是也　閩本亦誤「二」，宋本、監本、毛本作「三」。

358 乃在六月上　宋本、監本、毛本「上」作

「下」，是也。✕

359 **前城人敗陸渾于社十一月乙酉**　諸本作「社」，釋文云「本或作『杜』，下音同」。石經「人」字以下一行計九字，「陸渾于社十」五字改刊，因初刊「十」下有「有」字，後刊去也。

360 **前城子朝衆**　陳樹華云：「案，『城』下當有『人』字。」

361 **三子晉大夫**　監本、毛本「三」誤「二」。✕

362 **毀其西南**　石經「南」下有「子朝奔郊」四字，非唐刻也。案，顧炎武九經誤字云：「四字監本脱，當依石經。」惠棟云：「四字非初刻，當是晁公武據蜀石經增入，非杜本也。案，下傳云『二師圍郊，郊、鄩潰』，杜氏云『二邑皆子朝所得』，是杜本無奔郊之文。善乎。」陳樹華之言曰：「四字書法與宣公卷相似，疑朱梁時人所爲，顧炎武説欠詳審。惠棟指爲晁氏據蜀石經增入，亦非。子朝如果在郊，則二師圍郊，郊、鄩潰，子朝當奔別邑，經、傳何以無明文邪？且廿三年王子朝入于尹，杜氏云『自京入尹氏之邑』，正義曰『知自京入尹者，以前年子朝在京，王師雖毀其西南，不言克京，又今年二師圍郊，不言子朝在郊，故云自京入尹。劉炫以爲前年王師已克京，子朝從京入郊，郊潰，不知子朝所在，而規杜，非也』。由此推之，『子朝奔郊』四字，或因劉氏之言而妄增也。」

30—363 **京楚子朝所在**　段玉裁云：「『楚』字衍文。次年晉人圍郊，正義引此注云『京，子朝所在』，無『楚』字。」

校記

❶ 南昌本末增「〇今訂正」。

❷ 南昌本末增「〇今改正」。

❸ 寒熱，南昌本作「熱寒」，與南昌本左傳注疏及説文解字合。

春秋左傳注疏校勘記卷三十一

31—001 經二十三年　宋本春秋正義卷第三十一。石經春秋經傳集解昭六第廿五，岳本「襄」字下增「公」字，並盡二十六年。

002 注稱行至使人　宋本以下正義八節總入「冬公如晉至河有疾乃復」句下。

003 盟主當以師討之　重脩監本「討」作「計」，非也。　×

004 不宜執其使人　宋本、監本、毛本「宜」作「得」，正德本、閩本此處實缺。

005 計辛丑壬寅　諸本作「計」，此本誤「討」，今改正。

006 相十三年　諸本作「桓」，此本作「相」，脩版仍作「桓」。

007 賈之妄〇　宋本「〇」作「也」，是也。

008 今主城内者　宋本「主」作「在」，是也。　×

009 宗族彊盛　閩本、監本、毛本「彊」作「强」，下同。　×

010 立之是當　宋本「當」作「常」。

011 言舉國其立之　宋本、監本、毛本「其」作「共」，是也。　×

傳二十三年

012 注離姑至武城　宋本以下正義九節摠入「去之如始至」注下。

013 先經魯之武城　閩本、監本、毛本「經」作「徑」。

014 魯將御我　釋文「御」作「禦」。

015 謂此山道下濕　纂圖本、毛本「濕」作「溼」。

016 斷其後　監本「斷」誤「擁」。

017 嫌外内異　岳本「外内」誤倒。

018 僖二十九年傳曰　監本、毛本「二」作「公」，非。

019 案傳文　閩本、監本「文」作「云」，非。

020 叔孫旦而立期焉　釋文云：「期，本又作『朞』。」

021 從旦至旦爲期　葉抄釋文亦作「從旦至旦爲朞」。按，古者年之帀、月之帀、日之帀皆曰「期」，而日之帀僅見此。監本下「日」字作「莫」，毛本作「𦱤」字，皆非也。

022 別囚之　閩本「囚」作「因」，形相近而誤；毛本作「叔」，尤非。

023 示不愛　淳熙本「示」誤「寸」。

024 葺補治也　宋本、淳熙本「也」作「之」。

025 訾在河南鞏縣西南　淳熙本「河」誤「可」。

026 注自京至之邑　宋本此節正義在「丙寅」節注下。

027 又今年二師圍郊　諸本作「今」，此本誤「令」，今改正。

028 王師巳克　宋本「克」下有「京」字，是也。

029 劉子從尹道伐尹　石經「劉」字以下一行，計九字。

030 庚寅單子劉子樊齊以王如劉　淳熙本「樊」誤「焚」。

031 鄩肸之子　宋本、岳本「肸」作「肹」，是也；淳熙本誤「將」，纂圖本、監本、毛本誤「盻」。❶

032 莒子庚輿虐而好劒　石經「劒」字以下一行計十一字。

033 必試諸人　石經「試」誤「弑」。

034 殳長而無刃　宋本、淳熙本、岳本、纂圖本、監本、毛本「長」下有「丈二」二字，是也。

035 注殳長至無刃　宋本此節正義在「齊人納郊公」注下。

036 又考工記戈戟皆有刃　山井鼎云：「崇禎本闕『皆有』二字。」案，毛本不闕，考文所據者，是脱字本也。

037 牧之亦莒大夫　山井鼎云：「崇禎本缺『亦莒』二字。」案，毛氏本不闕。

038 威克至必濟　宋本以下正義三節揔入「不言戰」節注下。

039 狂無常　宋本、淳熙本、小字宋本「狂」作「性」，不誤。

040 非王卿也　宋本、淳熙本、岳本、纂圖本、監本、毛本「王」作「正」，是也。×

041 帥賤而不能整　淳熙本「而」誤「丙」。

042 遣兵忌晦戰　岳本、足利本「遣」作「違」，依正義當作「違」。×

043 郤至亡　宋本、監本、毛本「亡」作「曰」，是也。×

044 陳不違晦　毛本「違」作「逢」，非也。

045 此時史隨其日而存之　毛本「隨」作「兵」，非也。

046 譏宋襄　毛本「宋」誤「來」。×

047 注國君社稷之主與宗廟共其存亡者至獲得也　宋本作「注國君至得也」。

048 但君存稱滅　宋本「稱」作「國」，是也。×

049 楚未陳也　石經「陳」字改刊，初刻似作「陣」。

050 爲屋所壓而死　釋文「壓」作「厭」，云「本又作『壓』，同」。

051 注經書至而死　宋本以下正義二節摠入「東王必大克」注下。

052 地動川岸崩　纂圖本「川」下衍「地」字。

053 今川實震　宋本「今」下有「三」字，是也。

054 土無所演　宋本「無」下有「所」字，是也；監本、毛本作「水土土無演」。

055 歧山崩　宋本、監本「歧」作「岐」，是也，「歧」俗字。×

056 子朝在王城故謂西土　足利本「城」下有「西」字。

057 楚大子建之母在郹　石經、宋本、岳本「郹」作「郹」，是也，注及下同，與説文合。

058 請遂伐吴以徼之　釋文「徼」作「儌」。×

059 大子至追之　宋本以下正義二節摠入「亡君夫人」節注下。

060 於時蔡常從楚　宋本「時」作「是」。

061 且夫夫人　宋本、監本、毛本「且夫」作「且失」，是也。×

062 僚子文名諸樊　閩本「文」作「父」，亦非；宋本、監本、毛本作「又」，是也。

063 代陽匄　淳熙本「匄」誤「句」。

064 注楚用至自固　宋本以下正義八節摠入「不亦難乎」句注下。

065 將死不忘衛社稷　閩本、監本、毛本

「忘」作「亡」。

066 更復增脩其城　宋本「增」作「以」。

067 唯欲近守城郭　閩本、監本、毛本「唯」作「惟」。×

068 沈尹謂之必亡　浦鏜正誤「尹」下有「戌」字。

069 結四鄰之國爲助　宋本、淳熙本、岳本「爲」下有「援」字。

070 在僖十八年　案，正義曰：「事在十九年，諸本皆然，當時轉寫誤。」×

071 當是轉寫誤　閩本、監本、毛本「轉」作「傳」，非也。

072 走集邊竟之壘辟　釋文亦作「辟」，下有「也」字；宋本、岳本作「壁」。

073 明其伍候　正義曰「賈、服、王、董皆作『五候』」，惠棟云：「周書程典云『固其四援，明其五候』，古『伍』字皆作『五』，傳本文也。杜氏依周書爲說，故從人旁。」

074 賈服王董　閩本、監本「賈」誤「晉」。

075 耆强也　纂圖本、監本、毛本「强」作「彊」。×

076 不彊不陵人者　宋本、監本、毛本「者」作「也」。×

077 此皆論守竟之事　毛本「皆」字實缺。

078 不僭不貪不貪不耆　宋本、監本、毛本「不貪」二字不重，是也。

079 謂不往侵鄰國也　監本「國」字實缺。

080 言士者念女先祖之法　宋本、監本、毛本「士」作「王」，是也。×

081 杜文十六年云　閩本、監本、毛本「文」×

誤「又」，宋本「文」上有「注」字，是也。

082 故特言之　毛本「特」誤「持」。

083 謂不築其其國都也　宋本、閩本、監本、毛本「其」字不重，是也。

附釋音春秋左傳注疏卷第五十　止

附釋音春秋左傳注疏卷第五十一　昭二十四年盡二十五年

經二十四年

084 經二十四年　石經、宋本、淳熙本「四」上有「有」字，是也。

085 杞伯郁釐卒　諸本作「釐」。北宋刻釋文作「𣝗」，云「本又作『嫠』」。

086 七月至甲午朔　宋本「至」作「當」，是也。

傳二十四年

087 注度謀至無害　宋本以下正義二節揔入「此周所以興也」節注下。

088 德鈞則秉義者彊　監本、毛本「彊」作「疆」，非也。

089 今知非者　諸本作「今」，此本誤「令」，今改正。

090 揆度有義者彊　監本「彊」作「疆」，非也。

091 其引詩斷章　宋本「其」作「且」，是也。

092 大誓曰　石經初刻「大」誤「泰」，後改正，是也。

093 余有亂臣十人　石經初刻「十」誤「臣」，後改正，與襄廿八年傳合。妄人於「亂」字旁復加「臣」字，諸本遂仍其誤，說見前。

094 晉侯使士景伯涖問周故　釋文「涖」作

「莅」。✕

095 晉侯至周故　宋本此節正義在注「衆言子朝曲故」之下。

096 晉助敬王久矣　諸本作「王」，此本誤「士」，今改正。✕

097 嫠不恤其緯　釋文「嫠」作「釐」，云「本又作『嫠』」。✕

098 今王室實蠢蠢焉　惠棟云：「説文引作『惷惷』，三體石經作『𢧵』。尚書『蠢』字，説文引作『𢧵』。古『蠢』字皆作『𢧵』，俗作『蠢』。」✕

099 蠢蠢動擾貌　釋文云：「本又作『動攝』。」✕

100 鉼之罄矣　諸本作「鉼」；釋文作「瓶」，云「本又作『鉼』」。

101 注詩小至恥之　宋本此節正義在「期以明年」注下。

102 刺幽王之詩也　監本、毛本「幽」作「厲」，非也。

103 相依恃於晉　宋本「相」作「恒」，不誤。✕

104 爲明年會黃父傳　纂圖本、閩本、監本、毛本脱「年」字。諸本作「傳」，此本誤「慱」，今改正。✕

105 王子朝用成周之寶珪于河　石經「王」字以下一行計九字，「周之寶珪」四字改刻。釋文云：「本或作『沈於河』。」陳樹華云：「史記周本紀引傳云『子朝用成周之寶珪，沈於河』，漢書五行志引作『王子鼂以成周之寶圭，湛于河』，古文『沈』作『湛』。然則石經所刊去者，乃『沈』字也。」

106 禱河求福　毛本「禱」誤「疇」。✕

107 晉以温兵助敬王南侵子朝　岳本「兵」作「人」。

108 拘得王者　石經、宋本、淳熙本、岳本、纂圖本、監本、毛本「王」作「玉」，是也。

109 王定而獻之　釋文云：「本或作『王定之』。」小字宋本、淳熙本「王」作「玉」，非也。

110 不侫獻玉　宋本、閩本、監本、毛本「玉」作「王」。案，六經正誤云：「注疏本作『獻王』，臨川本作『獻玉』。」

111 鞏在帝南訾城是也　宋本、淳熙本、岳本、纂圖本、毛本「在帝」作「縣西」，是也。

112 吴踵楚　惠棟云：「依説文當作『歱』。歱，相迹也。」

113 王及圉陽而還　宋本以下正義二節揔入「其王之謂乎」注下。

114 鍾離不書告敗略　淳熙本「書」誤「重」。

115 二姓之帥　諸本作「帥」，此本誤「師」，今改正。

116 爲定四年吴入郢傳　監本「四年」二字模糊，「入」誤「人」，毛本同。

經二十五年

117 叔詣　明翻岳本「詣」誤「諸」。

118 有鸜鵒來巢　釋文云：「鸜，本又作『鴝』。」陳樹華云：「高誘注淮南子原道訓作『鴝』。」

119 鸜鵒不踰濟　此本「不」字下衍「○」，今删。

120 東出于陶江北　宋本、監本、毛本「江」作「邱」，是也。

121 又東北會于汶　諸本作「汶」，此本誤「汝」，今改正。

122 非國之禽也　宋本、監本、毛本「非」下有「中」字，是也。

123 上辛二十三日也　監本、毛本「上」作「季」，宋本作「下」。

124 非雩聚以逐季氏也　宋本「雩」下有「也」字，「聚」下有「衆」字，與公羊傳合。

125 公孫于齊　釋文云：「孫，本亦作『遜』，注及傳同。」 ×

傳二十五年

126 唯禮可以貴身　淳熙本「貴」誤「責」。

127 君子至必亡　宋本以下正義四節揔入「皆喪心也」節注下。

128 昭子賦車轄　釋文云：「轄，本又作『舝』。」 ×

129 還賦韓弈之詩　監本、毛本「弈」作「奕」。

130 非昬姻之事　監本「昬」作「昏」，毛本作「婚」。

131 今兹君與叔孫其皆死乎　閩本、監本、毛本「今」誤「令」。

132 注平子至若姊　宋本以下正義二節揔入注文「爲下公孫傳」之下。

133 唯云三世　毛本「三」誤「二」。 ×

134 叔孫昭王以再命爲卿　宋本、閩本、監本、毛本「王」作「子」，是也。 ×

135 七年三月　監本「三」作「二」，非也。 ×

136 簡子至非禮　宋本以下正義廿六節揔入「請終身守此言也」注下。

137 仲尼燕居法　宋本、監本、毛本「法」作「云」，不誤。 ×

138 自郊必至于贈賄　宋本、閩本、監本、毛本「必」作「勞」，是也。

139 統之於心曰禮　宋本「禮」作「體」，是也，「曰」誤「口」。

140 行者人所履行　宋本、淳熙本、岳本、足利本無「行」字，是也。

141 而民實則之　惠棟云：「案，古文孝經『實』作『是』，『是』即古『寔』字，見尚書秦誓及詛楚文。鄭氏詩箋云『趙、魏之東寔、實同聲』，故此傳又作『寔』。」

142 言聖王制禮以奉天性　閩本、監本、毛本「王」作「人」，非也。

143 此傳文於天言常　毛本「文」誤「之」。

144 載而無弃　閩本、監本「弃」作「棄」，毛本作「事」，非也。

145 因地之利　閩本、監本、毛本「因」作「分」。

146 其踐履謂之爲行　宋本「其」下有「所」字。

147 爲父子兄弟昏媾姻亞　毛本「昏」作「婚」，「亞」作「婭」，閩本、監本亦作「婭」字。按，「婭」者俗字，説文所無。❷

148 以相刻爲次也　閩本、監本、毛本「刻」作「尅」。

149 言氣氣爲五味　宋本「氣」字不重。

150 謂氣入口　宋本「入」下有「人」字。

151 其本末由五行而來也　宋本、毛本「末」作「不」。

152 入耳乃知章徹於人爲五聲也　閩本、監本「知」作「是」。

153 齧　釋文：「齧，本亦作『囓』。」

154 華若草華　閩本、監本、毛本下「華」字誤「華」。

155 服虔云牲　宋本「云」下有「五」字，是也。

156 弗事上帝神秖　宋本「秖」作「祇」，不誤；閩本、監本、毛本作「祗」，下同。×

157 其言闇與之會　監本、毛本「會」作「合」。

158 絺爲繡謂刺也　宋本、閩本、監本、毛本作「繡」，段玉裁校本作「黹」。

159 具分辯之　閩本、監本、毛本「辯」作「辨」。×

160 絺或作繡字之誤也　毛本「絺」作「絺」。段玉裁校本作「希」，「繡」作「絺」，說詳尚書撰異。

161 所謂三辰旂旗　監本「旂」誤「旃」。×

162 皆絺以爲繡　監本、毛本「絺」作「畫」，非也。

163 粉米也　宋本「粉」上有「火也」二字，是也。

164 杜言華若草華　閩本下「華」字誤「華」，毛本「草」作「華」，亦非。×

165 爲水草也　宋本「爲水」上有「是藻」二字，是也。

166 爲圜形以火　宋本「以」作「似」，是也。×

167 形如半環　毛本「半」誤「米」。

168 今之刺黻猶然也　監本、毛本「黻」誤「黼」。

169 是鮮絜之物　宋本、監本、毛本「絜」作「潔」。×

170 王者與天地合其德　毛本「天」誤「大」。

171 所以居光 宋本、閩本、監本、毛本「光」作「先」，是也。×

172 以比方相次 閩本、監本、毛本「比」作「北」。

173 法則有高下 宋本、淳熙本、岳本、足利本「則」作「地」，是也。×

174 婣亞 釋文云：「亞，本亦作『婭』，同。」×

175 釋親又曰 閩本、監本「又」作「文」，非也。

176 稱季氏有政 毛本「季」誤「李」。

177 周禮司勳文也 毛本「司」誤「以」。

178 謂法施於民 毛本「法」誤「云」。

179 雷震電曜 後漢書馬融傳注引作「靁霆震耀」。

180 聖人作刑戮以象類之 宋本、淳熙本「戮」作「獄」，與漢書馬融傳注引同。

181 故人之能自曲直以赴禮者 釋文云「赴，或作『從』」，石經「赴」字改刊，似初刻作「從」也。

182 受牒而退 宋本此節正義在「無不祥大焉」注下。

183 宋之明出人粟之數 監本、毛本「明」作「盟」，宋本作「所」，是也。×

184 吾聞文武之世 石經、宋本、岳本「武」作「成」，謂文公、成公也。陳樹華云：「史記、漢書、論衡異虚篇、李善幽通賦注引並作『文成』。按，劉氏史通亦作『文成』。」

185 鸜之鵒之 宋本以下正義二節在注「將及禍也」下。

186 鸜鵒跦跦 李善注文選魏都賦引作「株株」，云

「株音誅」。

187 **徵褰與襦**　淳熙本、閩本「襦」誤「禯」，釋文云「本或作『裯』」。惠棟云：「方言曰『袴，齊魯之間謂之襱』，郭璞云『傳云徵襱與襦，音騫』。說文作『褰』。」

188 **褰袴**　釋文「袴」下有「也」字，云「說文作『絝』」。

189 **遠哉遥遥**　案，漢書五行志作「遠哉搖搖」，師古曰「搖搖不安之貌」。臧琳曰：「『遥』爲俗字，當從漢志作『搖』。五經文字序云『逍遥之類，說文漏略者，今得之於字林』。說文新附『逍遥』字：『臣鉉等案，詩只用消搖，此二字字林所加。』可證今詩黍離『中心搖搖』不作『遥遥』，白駒作『於焉逍遥』，非古也。」

190 **稠父喪勞**　石經、宋本、小字宋本、岳本、足利本作「裯父」，與漢書五行志引傳合。

191 **宋父以驕**　監本「父」誤「公」。

192 **再雩雖曰旱甚**　宋本「曰」作「由」，是也。

193 **不一至成災**　宋本無「一」字，是也。

194 **生甲**　淳熙本、岳本、纂圖本、毛本「甲」誤「申」。顧炎武云「石經『申』誤作『甲』」，非也。

195 **申夜姑**　釋文云：「夜，本或作『射』，音夜，又音亦。」

196 **又訴於公甫**　釋文「訴」作「愬」。

197 **平子使豎勿內**　石經、宋本、岳本「豎」作「竪」，是也。

198 **季氏介其雞**　釋文云：「介，又作『芥』。」初學記引傳同。按，正文衹作「介」，故有訓爲甲鎧者，有訓爲芥子者，正文不得作「芥」也。

199 **擣芥至介雞**　宋本以下正義十四節揔入

「公徒執之」注下。

200 蓋以膠塗雞之足爪　宋本「瓜」作「爪」，是也。×

201 然後以沙槮之　宋本、毛本「槮」作「糝」，是也。×

202 萬者二人　惠棟云：「吴仁傑曰『淮南書云：禱於襄廟舞者二人』。案，傅氏云：四人爲列，尚不成樂，況二人乎。『人』當作『八』，傳文誤也。沈彤亦云『當作八字』。」

203 亦不知留時魯君用六佾以否　閩本、監本、毛本「留」作「昔」，宋本作「當」，是也。×

204 佾不必用六也　宋本無「佾」字。×

205 使侍人僚相告公　釋文云：「侍，本亦作『寺』。」×

206 亦無命也　石經「無」字起一行，計九字。

207 公使戈以懼之　石經、宋本、淳熙本、岳本、足利本「使」作「執」，不誤。❸

208 臧孫以難　石經「難」字起一行，計九字，字多殘缺。

209 讒人以君徼幸　諸本作「徼」，石經此處殘缺，釋文作「儌」。

210 讒人至爲也　宋本『讒』誤「護」。

211 故留公宫以自明　淳熙本「以」誤「必」。

212 長府官府名　宋本、淳熙本、小字宋本、岳本、足利本無「長府」二字。

213 正義曰例　此脱「釋」字，閩本、監本同。毛本遂删「例」字，宋本「曰」下有「釋」字，是也。

214 沂水出東莞蓋縣　閩本、監本脱「水」字。

215 南經琅邪東海　毛本「邪」作「琊」，俗字。

216 衆怒不可蓄也　釋文「蓄」作「畜」，云「本亦作『蓄』」。✕

217 將藴　釋文亦作「藴」，注同，云「本亦作『蘊』」，淳熙本、小字宋本、纂圖本同。

218 陷西北隅以入　釋文云：「隅，本或作『堣』，音同。」山井鼎云：「足利本『以』作『而』，非也。」

219 冰櫝丸蓋　宋本、淳熙本、小字宋本「櫝」作「犢」，宋本正義同。詩鄭風正義及六經正誤所引亦並從牛，下同。又按，方言作「犢丸」，郭音牛犢。

220 是箭箙　纂圖本「是」誤「又」。

221 遊無倨　毛本「遊」作「游」。案，曲禮「無」作「毋」。

222 君自可止○　宋本「○」作「住」，是也；閩本、監本、毛本脱「住」字。❹

223 謂先往至野井　淳熙本「往」誤「注」。

224 故特牲　宋本「故」下有「郊」字，是也。✕

225 失魯國也　宋本「失」上有「必」字，是也。

226 戮力壹心　石經、宋本、淳熙本、岳本「戮」作「勠」，與釋文合。

227 伏兵　閩本、監本「兵」作「道」，非也。

228 昭子齊於其寢　釋文云：「齊，本又作『齋』。」✕

229 左師至而歸　毛本「師」下增「展將」二字。

230 宋元公將爲公故如晉　閩本、監本「宋」下衍「公」字。

231 服而相之　宋本以下正義二節揔入「宋公

遂行」節注下。

232 且召六卿　石經、宋本「且」作「旦」。毛詛父六經正誤云：「『旦』作『且』，誤也。」

233 獲保首領以歿　石經、宋本、淳熙本、小字宋本、足利本作「以没」，是。按，依說文當作「歾」。

234 棺中苓牀也　宋本、岳本、足利本「苓」作「笭」，是也，正義同。×

235 私降昵宴　淳熙本「降」作「除」，非也。說文「暱」字下引傳作「私降暱燕」。案，昵，「暱」之或體。

236 弗敢失隊　石經「隊」作「墜」。

237 君命祇辱　宋本、岳本、纂圖本、毛本「祇」作「祗」，注及釋文同；石經作「祗」，是也。❺

238 亦是圍而不得　監本「圍」字模糊，重修監本遂誤「國」。

239 案元年成莒取鄆　宋本、監本、毛本「成」作「伐」，是也。×

240 注僂句至地名　宋本以下正義二節揔入「會曰僂句」節注下。

241 掌貨物使有常價　監本、毛本「常價」作「長賈」，「賈」是也，「長」非也。

242 賈師二十四則一人　宋本「四」作「肆」，與周禮地官序官合。

243 辨其物而均平之　宋本、閩本、監本「辨」作「辯」。

244 故使賈正通計簿於季氏　浦鏜正誤「通」改「送」。

245 以戈楯伏諸桐汝之閭　淳熙本「伏」誤「杖」。

附釋音春秋左傳注疏卷第五十一　止

附釋音春秋左傳注疏卷第五十二昭二十

六年盡二十八年

經二十六年

246 雖從齊竟而來　閩本、監本、毛本「竟」作「境」。

247 亦是自齊也　宋本「是」下有「至」字，是也。×

248 傳言王入在子朝奔後　宋本作「傳云天王入」，淳熙本、小字宋本作「傳天王入」。

249 單子劉子來以東西　宋本、監本「來」作「夾」。

250 王入乃告諸侯　諸本作「王」，此本誤「三」，今改正。

傳二十六年

251 爲公處鄆起　淳熙本、閩本「處」作「取」。按，正義云「爲下三月公處鄆以發端也」，則作「處」爲是也。

252 縛一如瑱　石經、宋本、淳熙本、岳本、閩本、監本「縛」作「縛」，與釋文合。

253 注瑱充耳　宋本以下正義八節揔入「林雍乘」注之下。

254 緜下又縣玉爲瑱以塞耳　宋本「縣」作「懸」，俗字。

255 庾十六斗　淳熙本「斗」誤「升」。

256 考工記　毛本「工」誤「功」。×

257 其下文瓬人云　宋本「瓬」作「旊」，非也。説文「瓬」，从瓦，方聲。

258 羣臣不盡力于魯君者　石經「于」作「於」。

259 欲行其説　諸本作「其」，此本誤「具」，今改正。

260 宋元公爲魯君如晉　足利本「公」誤「君」。

261 不知天之弃魯耶　石經、宋本、淳熙本、小字宋本、足利本「耶」作「邪」，是也。

262 君若待于曲棘　纂圖本、毛本「于」改「於」。

263 此即彼棘也　宋本「此」上有「蓋」字。

264 成人伐齊師之飲馬于淄者　石經、毛本「于」作「於」，釋文同。

265 淄水出泰山梁父縣西北入汶　淳熙本「西」誤「東」。

266 齊子淵捷從洩聲子　釋文「洩」作「泄」，是也。

267 瓦楯脊　毛本「脊」作「𦟝」，非。釋文下有「也」字。

268 繇朐汏輈　諸本作「朐」，釋文云「本又作『軥』」。案，正義云「『朐』、『軥』字通」；說文「軥」正字，「朐」假借字也。淳熙本、纂圖本、閩本、監本、毛本「汏」作「汰」，非，注同。

269 稱射兩軥而還　毛本「軥」作「朐」。

270 蓋軥軥字通用耳　宋本、閩本、監本、毛本上「軥」字作「朐」，是也。

271 薄而長闊者爲匕　閩本、監本、毛本「闊」作「濶」。

272 殪死也　淳熙本「死」誤「匕」。

273 野洩亦叱也　淳熙本、纂圖本「也」作「之」。

274 鬒鬚眉　釋文「鬚」作「須」，云「本又作『𩓐』」。案，作「須」正字也，一變而爲「𩓐」，再變而爲「𩣡」。

275 必子彊也　石經「彊」作「疆」。

276 鑒而乘於他車以歸　惠棟云：「說文：鑒，金聲也，从金，輕聲，讀若春秋傳『踁而乘它車』之『踁』。則傳本作『踁』，五經文字亦誤作『鋞』，故杜訓爲一足行。若从金，輕聲，與斷足無涉，必傳寫之誤。正義失考。」又按，足部無「踁」字，蓋即「脛」字之異者。

277 **謂以擊也**　宋本「以」下有「刀」字。

278 **尸在鞏縣西南偃師城**　宋本、淳熙本、岳本、纂圖本、足利本「尸」下有「氏」字，是也。

279 **劉子以王出**　宋本以下正義二節揔入「使女寬守闕塞」注下。

280 **王子朝用成周之寶珪于河**　諸本作「珪」，此本誤「桂」，今改正。

281 **納王者**　毛本「王」誤「土」。　×

282 **王宿于褚氏**　石經、宋本、岳本、監本「褚」作「緒」，釋文同。

283 **王次于萑谷**　釋文「萑」作「藿」。　×

284 **皆周地**　宋本、淳熙本「地」作「邑」，是也。

285 **使汝寬守闕塞**　釋文云：「女，本亦作『汝』。」纂圖本、閩本、監本、毛本亦作「守闕」，石經、宋本、淳熙本、岳本、足利本作「守闕」，是也。陳樹華云：「水經注云『昔大禹疏伊門以通水，兩山相對，望之若闕，伊水歷其間北流，故謂之伊闕矣，春秋之闕塞也』。」

286 **壬昭王也**　陳樹華云：「哀六年云『楚子軫卒』，則昭王名軫，疑壬非昭王，或者即位後改名邪？史記楚世家、十二諸侯年表並作『軫』，蓋傳寫異文，伍子胥傳仍作『軫』。」

287 **瀆優也**　宋本、淳熙本、岳本、纂圖本、足利本「優」作「慢」，釋文作「嫚」。

288 **賂吾至從也**　宋本此節正義在「乃立昭王」之下。

289 **晉師成公般戍周而還**　石經、宋本、淳熙本、岳本、足利本「師」下有「使」字。

290 莊宮在王城　毛本「宮」作「公」，誤也。

291 昔成王克殷　石經、宋本、淳熙本、岳本、纂圖本、閩本、監本、毛本「成」作「武」，定本亦作「武」。

292 以蕃屏周　小字宋本「蕃」作「藩」，釋文同，云「亦作『蕃』」，是也。

293 昔武王克殷　宋本、監本、毛本作「武」，此本誤「成」，今改正。宋本以下正義十五節摠入「文辭何爲」注下。

294 是以理居處厲王于彘　監本「理」作「禮」，非也。

295 何肯不忍害不　監本、毛本下「不」字作「王」。

296 與治王之政事　監本「治」字脱水旁。

297 以同於王庭而言曰　韋注云「褒人褒君共處曰同」，閩本、監本、毛本誤「伺」。

298 而以入於王　毛本「入」誤「人」。

299 周語云　案，「周」當作「晉」。

300 并去天子　宋本、毛本「天」作「大」，不誤。閩本、監本作「太」，此節上下「大」字，監本皆作「太」，非也。

301 案左傳攜王奸命舊説攜王爲伯服　毛本「奸」誤「好」。

302 伯服古文作伯盤　段玉裁校本「盤」作「股」。按，周禮司勳注引「盤庚」作「般庚」；漢石經殘碑作「股庚」，五經文字云「石經變『舟』作『月』」。玉裁：「盤」作「股」，亦從「舟」之變體也。

303 生頹禍心　石經、宋本、小字宋本作「穨」，是也。

304 惠襄辟難　釋文「辟」作「避」，陳樹華云「傳寫之謁」。

305 鄭生頃王巨　毛本「頃」作「傾」，非也。

306 咸黜不端　正義曰「諸本『咸』或作『減』」。案，惠棟云：「呂覽仲冬紀『水泉減竭』，今月令作『咸竭』，是『咸』爲古文『減』字。」

307 諸本咸或作減　閩本、監本「減」作「减」，俗字。　×

308 傅咸爲七經詩　閩本、監本「傅」誤「傳」。　×

309 其傳詩有此句　毛本「傳」作「傅」，誤也。盧文弨挍本「其」下有「左」字。

310 秦人降妖　釋文云：「妖，本又作『訞』。」　×

311 受亂災謂楚也　淳熙本「災」作「灾」。　×

312 其誰敢請之　閩本亦誤「請」，石經此處殘缺；宋本、淳熙本、岳本、纂圖本、監本、毛本作「討」，是也。

313 侵欲無厭　釋文「厭」作「猒」，云「本又作『厭』」；石經此處殘缺。

314 規求無度　諸本作「規」，石經此處殘缺；段玉裁挍本作「玩」，正義云「本或作『規』」，謬也。

315 貫瀆鬼神　諸本作「貫」，説文引傳作「摜」。

316 俗本作規　段玉裁挍本「俗」上有「玩」字，是也。

317 傲很威儀　纂圖本、閩本、監本、毛本「很」作「狠」，誤；釋文作「佷」。

318 先王謂景王　毛本「先」作「宣」，非也。

319 茲不穀震盪播越　釋文「盪」，云「本又作『蕩』」。　×

320 未有攸底　石經、宋本、淳熙本、岳本「底」作

「厎」，是也，注同。❻

321 奬順天法　石經、宋本、淳熙本、小字宋本「奬」作「弉」，釋文同。

322 無助狡猾　釋文作「狡滑」，云「本又作『狡猾』」。

323 年鈞以德德鈞以卜　後漢書盧植傳引傳「鈞」作「均」，陳樹華云「古字通也」。

324 襄三十一年傳曰　諸本作「襄」，此本誤「衰」，今改正。閩本「一」作「二」，亦非。×

325 蓋王后夫人無姪娣之子　毛本「王」作「皇」，非也。×

326 亦唯伯仲叔季圖之　閩本、毛本「伯仲」誤倒。

327 子朝干景之命　毛本「干」誤「于」。

328 注出齊至不見　宋本以下正義二節在「公說乃止」之下。

329 明出齊之分野　監本「明」字模糊。

330 祇取誣焉　石經「祇」作「祗」，是也。❼

331 天道不謟　監本、毛本「謟」作「諂」，釋文云「本又作『慆』」。陳樹華云：「論衡變虛篇引作『不闇』。按，依論衡則『闇』與『諂媚』字同韻，或左傳古有作『諂』之本。」

332 言文王德不違天人　淳熙本「違」誤「愇」。×

333 惟此文王　宋本「惟」作「唯」，今詩大明作「維」。

334 翼翼然共順也　監本、毛本「順」作「慎」。按，詩箋作「翼翼恭慎貌」。

335 君無違德　案，惠棟云：「論衡引作『回德回邪也』，與上文『不回』、下文『回亂』合。」

336 豆區釜鍾之數　岳本「鍾」作「鐘」。

337 詩曰至且舞　宋本以下正義五節揔入「是以先王上之」注下。×

338 後世若少惰　釋文云：「惰，本亦作『憜』，同。」×

339 工賈不變　釋文云：「本亦作『商賈』。」×

340 滔慢也　釋文云：「慢，本又作『漫』。」×

341 大夫不得聚收公利　閩本、監本、毛本「聚」作「自」，非也。×

342 易序卦曰　毛本「曰」作「云」。×

343 是與大地並興　宋本、閩本、監本、毛本「大」作「天」，不誤。盧文弨挍本「是」下有「禮」字。

344 君令臣共　閩本、監本「共」作「恭」，非也。石經「共」字重刊，蓋初刻亦作「恭」也。

345 父慈而教　毛本「教」誤「敬」。

346 先王所稟於天地　石經、宋本、岳本、監本「稟」作「禀」，是也。×

31—347 又禮與天地同貴　毛本「與」作「於」，非也。×

校　記

❶ 南昌本末增「〇今從宋本」。

❷ 南昌本無「婭字」之「字」、「婭者」之「者」及「所」三字。

❸ 南昌本末增「〇今依訂正」。

❹ 南昌本末增「〇今訂正」。

❺ 南昌本末增「〇今訂正」。

❻ 南昌本末增「〇今并訂正」。

❼ 南昌本末增「〇今訂正」。

春秋左傳注疏校勘記卷三十二

32—001 經二十七年　宋本春秋正義卷三十二。石經春秋經傳集解昭七第廿六，岳本「昭」下有「公」字，並盡三十二年。

002 敗楚于雞父　諸本作「父」，此本誤「文」，今改正。

003 又使大子諸樊入郥　毛本「郥」作「郞」，亦非；宋本作「郹」，是也。

傳二十七年

004 注二子至母弟　宋本以下正義十六節揔入「令尹病之」注下。

005 然當是相傳説耳　毛本「是」作「時」。×

006 其長子死葬於嬴悖之間　宋本、閩本、監本、毛本「悖」作「愽」，是也。

007 襄三十一年　毛本「襄」誤「齊」。×

008 此又分坼之　宋本、正德本、閩本「坼」作「拆」，監本作「折」，毛本作「析」。

009 杜意當謂吴地別有州來　毛本「謂」誤「爲」。×

010 楚莠尹然工尹麇　釋文亦作「工」，定本同；纂圖本、閩本、監本、毛本作「王」，與正義本合。孫志祖云：「下云別有『工尹壽』，此當作『王尹』。」

011 除其傜役　宋本「傜」作「徭」，下同，是也。

012 駕馬四良馬之數　宋本、監本、毛本「四」作「三」，不誤。

013 八趣馬一馭夫　毛本「馭」作「圉」，非

也。×

014 與吳師遇于窮　纂圖本、監本、毛本「于」作「於」。惠棟云：「水經注云『水出安豐縣窮谷』，窮音戎。唐石經『窮』下有『谷』字，酈道元所引同。正義以有『谷』字爲誤，非也。」案，石經『谷』字後人旁加。

015 遇于窮　毛本「于」作「於」。×

016 弗可失也　石經「也」字初刻誤「巳」，後改正。×

017 以弒王　釋文「弒」作「殺」，云「申志反」。×

018 不足依馮　閩本、監本、毛本「馮」作「憑」。

019 光言王嗣者　毛本「光」作「故」，非也。×

020 彭仲傳云　宋本、毛本「傳」作「博」，是也。

021 夏四月光伏甲於堀室而享王　釋文亦作「堀」，云「本又作『窟』」。陳樹華云：「史記『夏四月』下有『丙子』二字，『堀』作『窟』，下同。初學記引亦作『窟』。按，作『窟』即釋文所謂『又作』之本也。」

022 鈹劒也　毛本「劒」作「劍」，下同。×

023 入于堀室　顧炎武云：「石經『堀』誤作『⿰土屋』。」案，石經不誤，炎武非也。

024 鈹交於⿱凶月　宋本、淳熙本、岳本「⿱凶月」作「胷」。石經初刻作「匈」，合於說文，後改作「胷」，俗字也。此本作「⿱凶月」，說文之或體也。

025 無極譖郤宛焉　毛本「極」誤「及」。

026 擇取以進子常　纂圖本、閩本、監本、毛本「取」作「此」，非也。×

027 召鄢將帥而告之　石經、宋本、淳熙本、岳本、纂圖本、監本、毛本「帥」作「師」，不誤；閩本初刻亦作「帥」，後改正。×

028 秆槀也　纂圖本「槀」作「藁」。按，「槀」正字也，俗作「稿」、作「藁」。

029 白華野菅 宋本「菅」作「管」，非，下同。

030 民弗肯蓺也 宋本「弗」作「不」，是也。重脩監本「蓺」誤「藝」。

031 與其弟完及佗 石經「佗」字改刊。

032 皆郤氏之黨 宋本、淳熙本、足利本無「之」字。

033 晉陳之族呼於國曰 釋文「於」作「于」。 ✕

034 懼禍至道也 宋本此節正義在注「以難納白晉君」之下。

035 孟懿至伐鄆 宋本以下正義二節揔入注文「且知近鄆地」之下。

037 嗚呼爲無望也夫 石經、淳熙本「嗚」作「烏」，是也，古「烏呼」字不作「嗚」。

038 且知近鄆地也 宋本、淳熙本無「也」字。 ✕

039 楚郤死之難 石經、宋本、淳熙本、岳本、纂圖本、閩本、監本、毛本「死」作「宛」，是也。 ✕

040 平王之温惠共儉 石經「共」字初刻作「恭」，後改刊。

041 郤氏陳氏晉陳氏 宋本、淳熙本、岳本、纂圖本、監本、毛本「陳氏」作「陽氏」，是也。

042 鄢將師矯子之命 毛本「命」誤「令」，宋本此節正義在「謗言乃止」之下。

043 彊埸日駭 諸本作「疆」，此本誤「彊」，今改正。纂圖本、監本、毛本「埸」誤「場」。

044 朝夕至飲酒 宋本以下正義二節揔入注「辟齊夫人」注下。

045 有享食燕三禮 宋本「燕」作「宴」。

046 享謂享大宰以飲賓 宋本無「享謂」二字，非也。「大」上「享」字作「亨」，與聘禮注合。

047 此年已再如齊 毛本「此」誤「比」。 ✕

048 故言朝夕立於其朝　毛本「言」作「以」，非也。

049 掌賓客之獻飲食者也　諸本作「客」，此本誤「答」，今改正。

050 不親言　宋本、監本、毛本「言」作「獻」，是也。

051 獻也酬也酢也　毛本「獻也」「酬也」誤倒。

052 即燕禮是其事也　毛本「燕」作「宴」，非也。

053 謂齊侯請自安於別室　閩本、監本、毛本「謂」誤「爲」。

054 不在坐也　閩本初刻作「在座」，後改正。

055 彼是請客使自安　宋本、閩本、監本、毛本「客」作「賓」，是也。

056 安實乃是常事　宋本、監本、毛本「實」作「賓」，是也。

057 以見卑公之義　監本、毛本「見」作「爲」，非也。

058 子仲魯公子慭也　宋本、淳熙本、岳本、纂圖本、毛本作「慭」，釋文同。此本及閩本誤「憗」，今改正；監本作「愁」，尤非。

059 辟齊夫人　淳熙本「齊」誤「以」。

060 經所以不書成周　宋本、淳熙本、岳本、閩本「成」作「戌」，是也；纂圖本、監本、毛本誤「戍」。

經二十八年

061 乾侯在魏郡斥邱縣　淳熙本「魏」作「以」，非也。

傳二十八年

062 **逆者乾侯也**　宋本、淳熙本、岳本、纂圖本、毛本「者」作「著」，釋文同。足利本「逆」作「竟」，非也。

063 **晉祁勝與鄔臧通室**　石經初刻作「鄔」，改刻「鄥」字，下「司馬彌牟爲鄔大夫」「鄔」字並同。按，依釋文則作「鄔」，是改刻「鄥」，非也。

064 **實蕃有徒**　諸本作「實」，詩周頌雝之篇正義引傳作「寔」。

065 **惡直至有徒**　宋本以下正義十七節摠入「姑視」之節之下。

066 **惡直事**　毛本「事」作「是」，非也。　×

067 **民之多辟無自立辟**　釋文「辟」作「僻」，云「本又作『辟』」。此本「自」誤「字」，今改正。　×

068 **民之多有邪辟者**　宋本無「者」字。

069 **古辟辟字同音異耳**　重脩監本「異」誤「吴」。浦鏜云：「辟辟，疑作『僻辟』字。」按，孔本二字皆作「辟」，故如此云，猶前疏云「乞與乞一字也」。

070 **晉殺祁盈及楊食我**　石經「楊」字木旁模糊。毛誼父六經正誤云「『揚』作『楊』誤」，非也。此本「及」誤「又」，依諸本改正。

071 **叔向子伯而也**　宋本、淳熙本、岳本、纂圖本、監本、毛本「而」作「石」，不誤。　×

072 **言父多妾勝**　宋本、岳本、纂圖本、閩本、監本、毛本「勝」作「媵」，是也。　×

073 **嫌母氏性不曠**　諸本作「性」，此本誤「往」，今改正。　×

074 **熟能爲此者**　宋本、監本、毛本「熟」作「孰」，是也。　×

075 言其種徹當惡　宋本、監本、毛本「徹」作「允」，是也。×

076 而天鍾美於是　毛本「天」作「夭」，非也。

077 夏此姬也　宋本、淳熙本、岳本、纂圖本、監本、毛本「夏此」作「是夏」，是也。×

078 子貉死在宣四年　淳熙本「死」誤「飛」。

079 今俗語云云衰家女未必慧慧　宋、監、毛本「云」字不重，次「慧」字下有「家女未必衰」五字，是也。

080 夏姬淫或　宋本「或」作「惑」。

081 猶爲未是大敗　監本、毛本「是」作「得」。

082 昔有仍氏生女鬒黑　漢書古今人表「仍」作「扔」，師古曰「扔音仍」。釋文云「鬒，之忍反，美髮也」。說文作「㐱」，又作「鬒」，云「稠髮也」。

083 詩云鬒髮如絲　宋本、監本、毛本「絲」作「雲」，是也。

084 然則鬒者髮多長而黑美之貌也　毛本「多」誤「當」。「貌」字監本作「皃」。

085 知髮與肌膚　監本「肌」誤「飢」。×

086 以髮黑故　毛本「髮黑」二字誤倒。

087 是夔爲舜之典樂官也　宋本「樂」下有「之」字。

088 猶謂爲后稷　宋本「謂」下有「稷」字，是也。

089 貪惏無饜　釋文「饜」，云「本亦作『厭』」。×

090 忿纇無期　釋文「纇」，云「本又作『類』」，服作『類』」。×

091 服云云　宋本、監本、毛本上「云」字作

「虔」，是也。

092 忿怒其類 監本、毛本「類」作「類」，是也。

093 夏以妹喜 宋本、淳熙本、岳本、纂圖本、足利本「妹」作「末」，是。釋文云「喜，本或作『嬉』」，宋本正義同。

094 以驪姬廢 釋文「驪」作「孋」，云「本或作『麗』」。穀梁亦作「麗」。盧文弨云：「淮南説林訓、王注楚詞思美人章皆作『孋』。案，『驪』與『麗』、『孋』實一字耳。」

095 有蘇以妲己女焉 宋本「蘇」下有「氏」字，與國語合。

096 於是與膠華比而亡殷 宋本「華」作「革」，監本、毛本作「鬲」，與國語合。

097 是三代所由亡之事也 毛本「代」誤「伐」。

098 平公强使取之 淳熙本「强」作「彊」，非也。

099 幼者謂長爲姒也 宋本「長」下有「者」字，是也。

100 皆小於叔向 閩本、監本、毛本「向」下衍「也」字。

101 是豺狼之聲也 釋文云：「豺，本又作『犲』。」

102 縣水 宋本、淳熙本、岳本、纂圖本、監本、毛本「縣」作「塗」，是也。

103 銅鞮子陽楊乎 宋本、淳熙本、岳本、纂圖本、監本、毛本「子」作「平」，「乎」作「氏」，不誤。

104 司馬彌牟爲鄔大夫 宋本作「鄥大夫」，石經初刻「鄔」，後改「鄥」，非也。水經注：「晉大夫司馬彌牟之邑謂之鄔水，俗亦曰『慮水』。『慮』、『鄔』聲相近，故因變焉。」

105 太原鄔縣　宋本、淳熙本、岳本「太」作「大」，是也，下同；重脩監本誤「人」。

106 知盈縣　宋本、淳熙本、岳本、纂圖本、足利本「縣」作「孫」，是也。

107 盂丙爲盂大夫　顧炎武云：「今本作『孟丙』者，非。漢書地理志云『盂，晉大夫盂丙邑』，以其爲盂大夫而謂之盂丙，猶魏大夫之爲魏壽餘，閻大夫之爲閻嘉，邯鄲大夫之爲邯鄲午也。」

108 趙朝爲平陽大夫　諸本作「平」，此本誤「梗」，今改正。

109 平陽平陽縣　閩本、監本、毛本下「平」字作「巫」，非也。

110 僚安爲楊氏大夫　纂圖本、監本、毛本「楊」作「陳」，非也。

111 分祁至氏大夫　宋本以下正義十八節揔入「魏子之舉也義」節下。

112 傳文先祁後羊舌　閩本、監本、毛本「文」作「云」，非。

113 謂伯石爲楊石　此本「楊」字模糊，依監本、毛本補正；宋本作「揚」，下同。閩本誤作「鴂」。

114 在銅鞮楊氏之閒　銅鞮，閩本、監本作「銅鍉」，非是。宋本「楊」作「揚」。

115 韓固　毛本「韓」作「魏」，非也。

116 卿之庶子爲餘子　毛本「爲」誤「謂」。

117 官卿之適以爲公族又官其餘子　宋本「官」並作「宦」，是也。

118 能守其祖父之業者也　閩本、監本、毛本脱「者」字。

119 九年傳曰　毛本「曰」作「云」。

120 以魯衛驗之　毛本「驗」作「言」。

121 詩曰唯此文王　釋文云：「詩作『唯此王季』。」陳樹華云「傳文凡發語詞『唯』字俱從口，其引詩、書本句則從忄，前後一例。此『唯』字應從忄，今詩作『維』」。

122 施于孫子　毛本「于」作「於」，非也。

123 爲天帝所佑　宋本「佑」作「祐」，與詩皇矣正義同。

124 令其有揆度之惠　監本、毛本「惠」作「慧」。按，詩正義作「惠」。

125 又能有監昭在下之明　宋本「昭」作「照」。

126 或以爲比于前世文德之王　毛本「于」作「於」。

127 勤心之善耳　宋本「心」作「施」，是也。

128 其德無所可恨　閩本、監本、毛本脱「所」字。

129 經涉亂罹　監本、毛本「罹」作「離」。按，「離」正字，「罹」俗字。

130 正義曰毛詩　監本「正」誤「三」。

131 注施而無私至類也　宋本、監本、毛本無「無私」二字。

132 作威作福君之職也　詩大雅皇矣之篇正義引作「作福作威君之道也」。

133 擇善而從之曰比　淳熙本「比」誤「此」，注同。

134 故得施于子孫　毛本「于」作「於」，非也。

135 則飲猶未畢　監本、毛本「猶」作「酒」，非也。

136 賈國之大夫惡亦醜也　纂圖本、監本、毛本亦作「且」，非也。

137 女遂不言不笑夫　石經初刻無「夫」字，重刊補。

138 今子少不颺　石經「子」字下旁加「皃」字，非也。

139 言不可以已也如是　宋本、淳熙本、岳本、足利本「言」下有「之」字，與石經合。

140 今女有力於王室　纂圖本、監本、毛本「力」作「功」，非也。

141 先賞王室之功故爲忠　毛本「爲」誤「謂」。

142 其長有後於晉國乎　毛本「於」改「于」。

143 而待於魏子之庭　毛本「於」改「于」。

144 比置三歎　毛本「置」改「至」，非也。

145 魏子中軍帥　釋文亦作「帥」，云「本又作『率』，同」。監本作「將」，非是。

146 注魏子至將軍　宋本此節正義在注文「傳言魏氏所以興」之下。

147 傳言魏氏所以興也　宋本、淳熙本、足利本無「也」字。

附釋音春秋左傳注疏卷第五十二　止

附釋音春秋左傳注疏卷第五十三　昭二十九年盡三十二年

經二十九年

148 以乾侯至　宋本、岳本、足利本「至」作「致」。按，正義云「以乾侯致告於廟者」，作「致」是也。

149 注以乾至晉侯故　宋本無「晉」字。

150 無傳　淳熙本「傳」作「便」，非也。　×

151 潰散叛公　淳熙本「潰」作「遺」，非也。

152 當是季氏道之使然　毛本「是」誤「時」。

傳二十九年

153 注比公於大夫　宋本此節正義在「公如乾侯」注之下。

154 趙文子曰　毛本「文」誤「武」。

155 齊卑君矣　毛本「卑君」誤倒。

156 君祇辱焉　石經「祇」作「衹」，是也。

157 二十八年　宋本、淳熙本、岳本、纂圖本、足利本「八」作「六」，是也。

158 注二十至道還　宋本此節正義在注「鄻周邑」之下。

159 以婦人尤之云　諸本作「尤」，此本誤「无」，今改正。

160 平王每歲賈馬　纂圖本亦誤作「王」，石經、宋本、淳熙本、岳本、閩本、監本、毛本作「子」，是也。❶

161 注啟服馬名　宋本以下正義二節揔入「子家子曰」節注下。

＊中央夾來轅者　補：案，「來」字誤衍。

162 隋塹死也　宋本「隋」作「墮」。

163 乃以幃裹之　石經、宋本、岳本、足利本「幃」作「帷」，與釋文合，注同。

164 注禮曰敝至馬也　宋本無「敝」字。

165 請以馬肉食從者　宋本重「者」字，是也。

166 多辨　宋本、閩本、監本、毛本「辨」作「辯」。

167 皆知大王賤人而貴馬也　監本「大」誤「犬」。

168 以壠竈爲椁　毛本「壠」作「攏」，非也。

169 **齊以薑桂**　毛本「齊」誤「齎」。

170 **注龍輔玉名**　宋本以下正義二節揔入「且後生而爲兄」節之下。

171 **龍禱旱玉也**　段玉裁校本「龍」作「瓏」，依説文改也。

172 **請相與偕告**　纂圖本、毛本「偕」作「皆」，非也。

173 **務人公爲也**　案，王引之周秦名字解故云：「魯公子務人字爲，務亦爲也。禮記檀弓作『公叔禺人』，假借字。」段玉裁曰：「説文云『爲，母猴也』，『禺，母猴屬』，故公爲字禺人。左傳作『務人』者，『務』古音茂，『禺』古音偶，音相似也。」

174 **人實至實知**　宋本自此節以下正義至注「棄周至代」之節止，揔入注文「傳言蔡墨之博物」之下。

175 **有御龍氏**　正義曰「養馬曰御」，「『御』與『圉』同，言養龍猶養馬，故稱御」。❷

176 **服虔曰**　宋本「曰」作「云」。

177 **禮養犬豕曰豢**　監本「犬」誤「大」。

178 **而知其故**　石經、宋本、淳熙本、岳本、纂圖本、監本、毛本「而」下有「不」字，是也。

179 **叔安其君名**　諸本作「君」，此本誤「若」，今改正。

180 **則以官名**　宋本、淳熙本、岳本、纂圖本、監本、毛本「名」作「氏」，是也。

181 **芒子帝世世子帝不降**　宋本「世」並作「泄」，是也。

182 **故杜以爲合爲四**　宋本無上「爲」字。

183 **陶唐堯所治地**　纂圖本、毛本「地」作「也」，非也。

184 以更豕韋之後　惠棟云：「史記夏本紀『更』作『受』。周禮巾車云『歲時受讀』，杜子春云『受，當爲更』。儀禮燕禮及大射儀注皆云『古文更爲受』，是『更』與『受』古今字也。」

185 下文云　閩本、監本、毛本「下文」作「又下」，非也。

186 懼而遷于魯縣　岳本「于」作「於」。

187 若泯弃之　石經「泯」作「泜」，避所諱。

188 物乃坻伏　纂圖本、毛本「伏」誤「服」字。按，說文「坻，小渚也」，「坁，箸也」，箸直略切，然則此傳當作「坁」。伏，石經、宋本不誤。

189 蓋言鳳皇麒麟　閩本、監本、毛本「皇」作「凰」，俗字。

190 沈滯壅塞　閩本、毛本「沈」作「沉」，俗字。✕

191 若滅弃所掌　宋本「所掌」作「其官」，是也。

192 職事不理　宋本「職」作「百」，是也。✕

193 乃令雖有此物　宋本、監本、毛本「雖」作「無」。❸

194 非徒不至而已　此本「非徒」二字實缺，閩本同，據宋本、監本、毛本補。

195 傳謂塞井爲堙井　「傳謂爲堙井」五字，此本實缺，閩本同，據宋本、監本、毛本補。

196 是堙爲塞也　此本「堙爲」二字實缺，閩本「塞」字亦實缺，據宋本、監本、毛本補。

197 言此物沈滯壅塞　「物沈滯壅」四字，此本實缺，閩本同，據宋本、監本、毛本補。監本「沈」作「沉」，非也。

198 列謂行列　此本「行列」二字實缺，閩本同，據宋本、監本、毛本補。

199 言五官皆然也　此本「言」字實缺，閩本同，據宋本、監本、毛本補。

200 又賜之以姓　此本「賜之以姓」四字實缺，閩本同，據宋本、監本、毛本補。

201 諸侯以國爲氏　此本「諸侯」二字實缺，閩本同，據宋本、監本、毛本補。

202 王者社稷五祀　宋本「王」作「主」，非也。

203 而以此人之神配之匹　監本、毛本「匹」作「食」，宋本作「耳」，是也。×

204 行西河　宋本「行」下有「在」字。監本、毛本作「立西河」。陳樹華云：「當依外傳作『立於西河』。」

205 自是金神之形耳　毛本「神」作「刑」，「形」作「神」，並非。

206 光明四海　浦鏜正誤「明」作「照」，依國語改也。

207 金正曰蓐收　釋文云：「蓐，本又作『辱』。」×

208 在野則爲社　淳熙本「社」誤「一」。

209 土爲至爲社　閩本、監本、毛本脱下「爲」字。×

210 各以其野之所宜木　此本「宜木」二字模糊，依宋本、監本、毛本改正；閩本「宜」誤「草」。

211 謂若松柏栗也　毛本「栗」誤「粟」。×

212 命人社是也　監本、毛本「人」作「民」。

213 賈逵以句芒祀於户云云　毛本「户」作「月」，非也。考文「祀」作「祭」。

214 故特辨之云　閩本、監本「辨」作「辯」。×

215 言彼與中霤　監本「與」作「爲」，非。宋本「彼」下有「社」字，是也。

216 則鳳皇來儀　閩本、監本、毛本「皇」作「凰」，俗字，下同。

217 是此方水官之物也　宋本「此」作「北」。

218 則上云物有其官　閩本、監本、毛本「云」作「文」。

219 各各自有其官　閩本、監本、毛本「各」字不重。

220 不可强言是用　宋本「强」作「彊」。

221 在乾之姤　釋文云：「乾，本亦作『乹』。」

222 乾下乾上乾　淳熙本脱末「乾」字。

223 乾九二變　纂圖本「二」誤「五」。

224 其坤　釋文「坤」作「巛」，云「本又作『坤』」。案，説文無「巛」字，即「☷」之變耳。

225 坤上坤下坤　宋本、淳熙本、足利本作「坤下坤上坤」，不誤。

226 上爻辭　宋本、淳熙本、岳本、纂圖本、監本、毛本作「坤上六爻辭」，是也。

227 猶女行而遇男　宋本「行而」作「而行」。

228 故別摠其用而爲之辭　毛本「別」作「名」，非也。

229 坤下艮上剥　閩本、監本「艮」作「兊」，非也。

230 物謂上六卦所稱龍　「上六卦」三字此本實缺，據宋本、淳熙本、岳本、纂圖本補。閩本誤作「周易之」三字。監本、毛本「卦」下有「之」字，亦衍文。

231 **乃命木正重司天以屬神**　監本、毛本「乃」作「則」，非也。浦鏜云：「木，國語作『南』。」

232 **即命重黎**　毛本「重」作「是」，非也。

233 **以水名官**　宋本、淳熙本、岳本「官」下有「者」字。

234 **次言其工以水名**　宋本、閩本、監本、毛本「其」作「共」，不誤。

235 **次言大皞以龍名**　諸本作「大」，此本誤「人」，今改正。

236 **祭法曰**　諸本作「祭」，此本誤「登」，今改正。

237 **首種謂稷也**　毛本「謂」作「爲」，非也。

238 **宣王不藉千畝**　閩本、監本、毛本「藉」誤「籍」。

239 **然則百穀**　宋本、毛本「穀」作「官」，非也。

240 **烈山氏**　釋文云：「禮記作『厲山』。」案，禮記郊特牲正義引作「列山氏」，國語補音云「左傳作『烈山』」，是所據本各異也。

241 **其子能殖百穀**　諸本作「穀」，此本誤「設」，今改正。

242 **賈逵**　諸本作「賈」，此本誤「賣」，今改正。

243 **案世祀**　宋本、閩本、監本、毛本「祀」作「紀」，是也。

244 **後爲神農也**　案，神農，疑當作「農神」。

245 **其子鄭柱**　宋本、監本、毛本「鄭」作「曰」，是也。

246 **蓋柱地名**　宋本「地」作「是」，不誤。

247 故革命創制　宋本「故」作「政」。

248 重犂之輩　諸本作「重」，此本誤「不」，今改正。

249 共鼓石爲鐵　淳熙本「共」誤「其」。

250 注令晉至言遂　宋本以下正義六節揔入「其及趙氏」節注下。

251 用槖扇火　宋本、監本、毛本「槖」作「橐」，下句同。按，「橐」非也。橐者，吹火韋囊也，或作「槖」，古書祇用「排」，步拜切。

252 民不豫知　毛本「豫」作「預」。案，「豫」、「預」古今字。

253 文公蒐被廬　釋文「蒐」作「搜」，云「本又作『蒐』」。×

254 於是晉侯將以士穀梁益耳將中軍　宋本「穀」作「榖」，是也，下同。×

255 其事文公傳具矣　宋本「公」下有「之」字。

256 興之以成　重修監本「興」誤「其」，「成」誤「戒」。

257 范氏取蒐之法　宋本「取」下有「夷」字，是也。

258 縱應有禍　毛本「縱」誤「總」。

259 可以免禍　纂圖本、毛本「免」作「勉」，非也。×

經三十年

260 徐子章羽奔楚　岳本「羽」作「禹」，從傳文也。

傳三十年

261 且徵過也　釋文云：「徵，本或作『懲』。」×

262 所以非責公之妄　淳熙本「妄」誤「妾」。×

263 内外弃之　宋本、淳熙本、纂圖本、足利本作「外内」。案，正義本亦作「外内」。

264 且徵過也　毛本「徵」誤「懲」。

265 彊弱相參　監本、毛本「彊」誤「疆」。×

266 以二魯侯　宋本、監本、毛本「二」作「貳」，是也。

267 亦無抽筋倒縣之急　宋本、閩本、監本、毛本「縣」作「懸」，是俗字。

268 既不能彊　閩本、監本、毛本「彊」誤「强」。×

269 然所以非責公之妄也　宋本無「然」字。

270 明公過可掩也　宋本「過」下有「不」字，是也。

271 則往前未釋之時　閩本、監本、毛本「前」誤「年」。

272 晉頃公卒　淳熙本「頃」誤「須」。

273 弔喪共使　宋本、岳本、足利本「喪」作「葬」，是也。

274 以新備御者多　宋本、岳本、監本、毛本「新」作「所」，是也。×

275 不及辦之　宋本、淳熙本「辦」作「辨」。

276 紼輓索也　釋文云：「輓，本又作『挽』。」×

277 注紼輓至執紼　宋本以下正義三節摠入注文「傳言大叔之敏」下。

278 爲越綿而行事　監本、毛本「綿」作「綍」，宋本作「紼」，是也。

279 帥六鄉之衆　閩本、監本、毛本「鄉」誤「卿」。

280 **禮送葬必執紼** 毛本「送」誤「遂」，宋本「必」上有「而」字。按，今曲禮上作「助葬必執紼」。

281 **明底其情** 石經此處殘缺，宋本、淳熙本、岳本「底」作「厎」，是也，注同。

282 **底致也** 淳熙本「也」字下衍「王禮數」三字。❹

283 **胡田胡子之地** 宋本、淳熙本、岳本、纂圖本、監本、毛本「田」下有「故」字。

284 **若好吴邊疆** 石經、宋本、岳本、足利本「吴」作「吾」；釋文作「吾好」，云「一本作『若好吾』」。

285 **謂不與吴構怨** 宋本、纂圖本、閩本、監本、毛本「構」作「搆」。

286 **吾又疆其讎以重怒之** 石經、宋本、淳熙本、岳本、足利本「疆」作「彊」，是也。

287 **亦自西戎始比諸華** 淳熙本、纂圖本、毛本「戎」誤「戊」。

288 **不知天將以爲虐乎** 淳熙本「天」作「无」，非也。

***執鍾吴子** 補：毛本「吴」作「吾」。

289 **徐子章禹斷其髮** 閩本「禹」作「羽」，係改刊，初刻亦必作「禹」也。石經此處缺。

290 **若爲三師以肄焉** 釋文云：「肄，本又作『肆』。」

經三十一年

291 **薛伯入春秋以來** 閩本、監本、毛本作「薛伯」，此本誤倒。宋本無「伯」字，「薛」上有「但」字。

292 **將使意如迎公** 宋本「迎」作「逆」。

293 **冬黑肱以濫來奔** 陳樹華云：「郡國志『濫』作『藍』。按，作『藍』非也，而可爲釋文『力甘反』之一證。」

傳三十一年

294 我受其無咎　宋本以下正義三節摠入「子家子曰」節注下。

295 請囚于費　毛本「于」改「於」。

296 以待君之察也　石經「君」字以下一行，計九字。

297 君一言使晉　淳熙本「一」字空缺。

298 何敢復知耶　宋本、足利本「耶」作「邪」，是也。

299 退而謂季孫君怒未怠　石經此行計九字。

300 不得復自在　諸本作「自在」，足利本後人記云「異本作『自存』，非也」。

301 賤而書名　石經「而」字以下一行，計十一字，「而」字似增入。

302 在襄二十二年　宋本、淳熙本、岳本、纂圖本、足利本「二年」作「一年」，是也。

303 故曰賤　淳熙本「曰」作「行」，非也。

304 皆數而不志　宋本、足利本「志」作「忘」，是也。

305 婉而辨　宋本此節正義在「善人勸焉」節之下。

306 趙簡子夢童子𧞤而轉以歌　諸本作「𧞤」，北宋刻釋文云「本又作『𧞤』」，風俗通義引作「裸」，鄭氏周禮占夢注引作「倮」。按，説文作「𧞤」，「从衣，𣎆聲，裸𧞤，或从果」。

307 轉婉轉也　岳本、監本、毛本「婉」作「宛」。

308 庚辰有變　宋本、淳熙本、岳本「辰」作「日」，是也。

309 注庚日至入郢　閩本、監本、毛本「日」誤「辰」。宋本以下正義三節揔入「庚午」節注下。

310 乃謂日是辰日　毛本「是」誤「房」。×

* 而同而同名曰辰　補：案，「而同」字誤重。

311 角即龍角即龍尾　宋本、監本、毛本「即」上有「尾」字，是也。

312 故言辰尾龍尾也　宋本上「尾」字作「星」，是也。

313 故六年也　宋本「年」字下有「吳入郢」三字，與正義合。

314 氣見於天　宋本「見」作「是」，非也。

315 楚是南方之國　宋本脱「之」字。

316 五行相刻　監本、毛本「刻」作「尅」。

317 是楚彊盛之兆　諸本作「兆」，此本誤「非」，今改正。

經三十二年

318 季氏奪之不因師徒　宋本、毛本「因」作「用」。×

319 凡克邑不用師徒曰取　重脩監本「邑」誤「色」。×

320 何故辭　宋本「辭」下有「盟」字。

321 故不書於經也　毛本「也」誤「之」。

322 而盟不書者　毛本「盟不」二字誤倒。×

323 賦丈數　諸本作「丈」，此本誤「文」，今改正。

324 傳稱正月庚寅　毛本「正」誤「止」。×

325 裁三旬而畢　宋本「裁」作「裁」字。按，定元年傳作「城三旬而畢」，當依此作「栽」，謂自庚寅栽，麻三十日而畢工也。

326 知本以城事召集　監本「本」作「木」，非也。 ×

327 杜顯言此未五日者　宋本、監本、毛本「未」作「十」，是也。 ×

傳三十二年

328 故於今猶在乾侯　纂圖本脱「於」字。

329 雖疆事小争　閩本、監本「疆」作「彊」，非也。

330 則二十五年復在大梁　宋本「二」作「三」。

331 而此年歲在星紀者　監本、毛本「歲」誤「數」。

332 合有一十八年　閩本、監本「十」誤「千」。 ×

333 以十二去之餘餘次一百四十四用七个一百四十四年還得剩行天一周也　閩本、監本、毛本「用」作「周」。李鋭云：「此文舛譌不可曉，以意求之，當云『以十二去之餘七，每次有一百四十四分，周七个一百四十四年，還得剩行天七次也』。」

334 歲在鶉火　監本、毛本「在」誤「有」。 ×

335 歲星是天之貴神　毛本「星」誤「歲」。 ×

336 而得越福吴凶者　監本、毛本「得」作「云」。

337 此年歲星在牽牛　閩本、監本「年」作「是」。

338 斗十二度至於牽牛初度　毛本「於」作「于」。 ×

339 乃爲申耳　宋本「申」作「中」，是也。 ×

340 俾我兄弟　釋文云：「俾，本又作『卑』，同。注同。」

341 謂二十三年二師圍郊　淳熙本「師」誤「帥」。

342 注謂二至于今　宋本以下正義六節揔入「以爲成命」句注下。

343 以十二月乖盡　閩本、監本「十二」誤倒。

344 如農夫之憂飢　纂圖本、毛本「飢」作「饑」。

345 伯父若肆大惠　石經「肆」字改刊，初刻誤「賜」。

346 弛周室之憂　淳熙本「弛」作「㢮」，非也。

347 文公重耳　宋本、淳熙本「耳」下有「也」字。

348 劉炫以爲崇文德之教　閩本、監本「德」作「王」，非也。

349 蝥賊遠屏　毛本「賊」誤「賤」。

350 蝥賊謂灾害　宋本、岳本、監本、毛本「謂」作「喻」。

351 衛彪徯曰　淳熙本、正德本、閩本亦作「徯」，注同。石經、宋本、岳本、纂圖本、監本、毛本作「傒」，與釋文合。按，說文有「徯」無「傒」。毛本「衛」誤「魏」。

352 驅馳自恣　宋本、淳熙本、纂圖本、閩本、監本、毛本作「馳驅」，是也。

353 計所當城之丈數也　宋本、淳熙本、足利本無「也」字。

354 仞溝洫　釋文云：「仞，本又作『刃』，而慎反。」按，「刃」者，古文假借字也。

355 慮財用　石經、宋本、淳熙本、岳本「財」作「材」，不誤，注同。

356 書餱糧　釋文「餱」作「糇」，云「本又作『餱』」。

357 賦丈　周禮大司馬職疏引作「賦丈尺」，似以意增也。

358 屬役謂屬聚下役也　宋本「下」作「丁」，是也。

359 武文謂課付尺人　宋本、閩本、監本、毛本「武文」作「賦丈」，「人」作「丈」，不誤。×

360 上既號令丁役之事　閩本、監本、毛本「丁」誤「下」。重脩監本「令」作「合」，非也。

361 國各出若干之役　毛本「干」誤「于」，下同。×

362 注琥玉器　宋本以下正義八節揔入「不可以假人」句注下。

363 有陪貳　石經此處模糊，宋本、纂圖本、毛本「陪」作「倍」，非也。

364 魯君世從其失　釋文云：「從，本亦作『縱』。」×

365 大夫刺幽王也　閩本、監本、毛本「幽」作「厲」，非也。

366 三后之姓於今爲庶王所知也　石經、宋本、淳熙本、岳本、纂圖本、監本、足利本「王」作「主」，是也。

367 震爲諸侯而在上　宋本、淳熙本、岳本「在」下有「乾」字，是也。

368 猶臣大强壯　淳熙本「臣」誤「巨」，宋本「强」作「彊」。

369 是諸侯而在天子之上　宋本「侯」下有「之象諸侯」四字。

370 懷妊始動　宋本「妊」作「姙」，非也。

371 知有震娠而即卜也　宋本、毛本「卜」

作「動」，非也。

立僖公　淳熙本「僖」作「喜」，非也。

32—372

*不費舊職　補：案，「費」當作「廢」。

附釋音春秋左傳注疏卷第五十三　止

校　記

❶ 南昌本末增「○今訂正」。

❷「養馬曰御」，南昌本左傳注疏作「養馬曰圉」，與校記下文合。底本爲誤。

❸ 此條南昌本作「乃令無有此物：此本『無』字實缺，據宋本、監本、毛本補」。

❹ 底，南昌本作「底」。

春秋左傳注疏校勘記卷三十三

33—001 附釋音春秋左傳注疏卷第五十四定元年盡四年　宋本春秋正義卷三十三。石經春秋經傳集解定十第廿七，淳熙本、岳本「定」下有「公」字，並盡七年。

定公

經元年

002 其義也　宋本「其」上有「是」字，是也。

003 因以此年爲元年也　閩本、監本、毛本「此」字、「元」字誤倒。

004 雖則年初亦統此歲　案，隱元年正義「則」作「非」。

005 長厤辛巳　齊召南云：「『辛』上當有『推』字。」

006 事當使歸伏於天子　宋本、毛本「伏」作「決」，不誤；閩本、監本作「决」，俗字。

007 其廟即已毁矣　監本、毛本「即」作「既」，非。

008 隕霜殺菽　釋文「菽」作「叔」，云「本或作『菽』」。石經初刻作「叔」，艹頭後加。説文作「尗」，今字多作「菽」。

009 菽者大豆之苗　宋本「大」誤「人」。

傳元年

010 晉魏舒合諸侯之大夫于狄泉　諸本作「狄」。陳樹華云「漢書五行志作『翟』」。案，水經注穀水篇引同。僖廿九年亦作「翟」。「翟」、「狄」二字古多通用。

011 非義也大事奸義　陳樹華云：「漢書『義』並作『誼』。」

012 易位以令　宋本以下正義六節揔入「天之所壞」注下。

013 若之南鄉　宋本、監本、毛本「若」作「君」，是也。

014 各致徒役而已　毛本「役」誤「殺」。×

015 興周相去千有餘里　宋本、監本、毛本「興」作「與」，是也。

016 當是荒蕪之地　閩本、監本、毛本「是」作「時」。

017 地下寬率　宋本「率」作「平」，是也。

018 而規杜氏非　宋本「非」下有「也」字。×

019 欲使三國代宋受功役也　宋本、淳熙本「也」下有「郳小邾」三字。

020 以爲夏車正　石經「正」字改刻。

021 山川鬼神　鄭氏注儀禮覲禮引作「山川神祇」。

022 尚書説命傳説進戒於王云　宋本「傳」作「傅」，不誤。「王」作「主」，非也。

023 開彼寵人過其本分　閩本、監本、毛本「開」誤「聞」。×

024 萇叔違天　毛本「叔」作「宏」，與諸本不合。

025 諸侯相帥以崇天子　宋本、閩本、監本、毛本「帥」作「率」。

026 衆士皆諮問子家子　宋本、淳熙本、岳本、纂圖本、閩本、監本、毛本「士」作「事」。

027 季孫至命焉　宋本以下正義七節揔入「對日生弗能事」節注下。

028 一聽子家子之所爲　毛本「聽」作「爲」，非也。×

029 凡從君出而可以入者　閩本、監本、毛本「君」作「公」，非也。

030 不敢叔孫成子名　纂圖本、毛本「成」誤「臣」。

031 諸侯至即位　宋本「諸」上有「注」字。

032 天子十日而殯　宋本「十」作「七」，是也。

033 榮駕鵞曰　石經、淳熙本、岳本「駕」作「駕」，與葉抄釋文合，下同。案，説文無「駕」字。錢大昕云：「依正文當用『鴐』，假借同音，則『駕』亦通也。」

034 知者下云死又惡之　閩本、監本、毛本「云」作「文」。

035 溝而反　閩本、監本、毛本「反」作「合」，宋本作「溝而」二字，是也。

036 則公死於外　宋本、淳熙本、岳本、纂圖本、監本、毛本「則」作「昭」，是也。

037 平易不從曰簡　案，逸周書謚法解「從」作「訾」。

經二年

傳二年

038 桐叛至無忌　宋本此節正義在注文「巢大夫」之下。

039 故意吴得使之也　宋本無「意」字，是也。

040 使楚人無復防忌於我也　毛本「忌」作「舊」，非也。

041 故不遂圍巢克之　宋本、監本、毛本「不」作「下」，是也。

042 奪之杖以敲之　葉抄釋文「敲」作「毃」，又「或作『茅』，或作『𣪠』」。案，説文殳部有「毃」，云「擊頭也」。

經三年

043 若以緩見退 閩本、監本、毛本「退」作「譴」，是「譴」字之誤。❶

044 當遣謝罪 閩本、監本、毛本「遣」作「退」。

045 冬仲孫何忌及邾子盟于拔 顧炎武云：「石經『拔』誤『枝』。」案，石經此處殘缺，炎武所據乃補刻本。

傳三年

046 閽以缾水沃廷 釋文云：「缾，本又作『瓶』。」 ✕

047 自投于牀 淳熙本「牀」誤「狀」。

048 欲藏中之絜 纂圖本「之」誤「三」。

049 注欲藏至遺命 宋本此節正義在注「卞躁疾也」之下。

050 禮國君位而爲邾 宋本、監本、毛本「君」下有「即」字，「邾」作「椑」，是也。

051 莊公卞急而好潔 石經「潔」作「絜」，是也。

052 秋九月 毛本「九」誤「七」。

053 爲五年士鞅圍鮮虞張本 毛本「爲」作「謂」，非也。 ✕

054 注成公至馬名 宋本以下正義二節揔入「蔡侯如晉」節注下。

055 肅爽鴈也 毛本「鴈」作「雁」。

056 謂請楚楚許之也 宋本「許」下有「人」字。

057 自誓言若復度漢 宋本、岳本、纂圖本、監本、毛本「度」作「渡」，閩本初刻作「度」，後加水旁。

經四年

058 但諸侯雖五月可葬 宋本「可」作

「而」，是也。

059 事既無傳　毛本「既」誤作「今」。諸本作「無」，此本作「无」，今改正。

060 蔡公孫姓帥師滅沈　釋文「姓」作「生」，云「本又作『姓』」。×

061 今删是知非者　宋本、監本、毛本「是」作「定」，是也。

062 杞伯成卒于會　諸本作「于」，此本誤「子」，今改正。

063 昭二十二年傳曰　毛本下「二」字作「三」，非也。×

064 從蔡計謀　纂圖本「計」誤「討」。

065 吴其入郢　監本、毛本脱「其」字，正義同。

066 貪珮馬以致討　宋本「珮」作「佩」，是也。

067 猶成三年　宋本、閩本、監本、毛本「三」作「二」，非也。

068 故敗而稱吴　宋本、閩本、監本、毛本「敗」作「貶」，不誤。

傳四年

069 注文公至諸侯　宋本自此節以下正義至「不正其德」止，揔入「乃長衛侯於盟」句下。

070 晉荀寅求貨於蔡侯弗得言於范獻子曰　石經及諸本作「於」，毛本作「干」，非。

071 祇取勤焉　石經此處殘缺，當是「祇」字；宋本以下作「祗取」，亦非。

072 晉人假羽旄於鄭　監本、毛本「晉」上衍「注」字。

073 掌九旗之名物　案，周禮作「物名」。

074 斿車載旌　閩本、監本「斿」作「游」，毛本作「遊」。

075 斿車木路也　閩本、監本、毛本「斿」作「遊」，非。

076 令賤人施其旆　毛本「旆」誤「旂」。 ×

077 然則旐謂旂身　毛本「謂」誤「爲」。 ×

078 聖人有以見天下之賾　宋本「賾」作「䁒」，是也。

079 有頓亂忿争之言　宋本「頓」作「煩」，是也。

080 其使祝佗從　諸本作「佗」，詩下泉正義、書舜典正義、論語疏引傳並作「鮀」。

081 則諸侯之祝官亦然也　閩本「官」作「宫」，亦非；浦鏜正誤作「宜」。

082 先事祓禱於社　宋本、淳熙本、岳本、纂圖本、閩本、監本、毛本「先」下有「有」字。

083 以血塗鼓鼙　釋文「鼙」作「鞞」，云「本又作『鼙』」。 ×

084 奉社主也　監本「主」誤「王」。 ×

085 尚書甘誓云　重脩監本「甘誓」誤「其音」。 ×

086 不用命奔此者　宋本、監本、毛本「此」作「北」。

087 欲令蔡先衛歃　釋文「歃」下有「也」字。

088 選建明德以藩屏周　石經、宋本「藩」作「蕃」。

089 分魯公以大路大旂　釋文「路」作「輅」，云「本亦作『路』」。案，經、傳多作「路」，無作「輅」者。輅，俗「路」字。

090 封父之繁弱　惠棟云：「鄭康成曰『封父，國名』。荀卿子曰『繁弱、鉅黍，古之良弓也』，『繁』亦作『蕃』。上林賦云『彎蕃弱』，文穎曰『蕃弱，夏后氏良弓之名』。李善曰『蕃與繁古字通』。」

091 **注封父至弓名** 毛本「弓」作「國」，非也。

092 **載忌歸之矢** 宋本、監本、毛本「忌」作「忘」，是也。

093 **殷氏六族** 宋本、岳本、纂圖本、閩本、監本、毛本「氏」作「民」，是也；石經「民」字缺末筆。

094 **令其移家居魯** 毛本「令」作「合」，非也。 ×

095 **下賜殷氏七族** 宋本「氏」作「民」，是也。

096 **分之土田陪敦** 諸本作「陪」。釋文作「倍」，云「本亦作『陪』」。陳樹華云：「説文『培』字注云『培敦土田，山川也，从土，音聲』，則『培』乃『陪』本字，作『倍』非也。」

097 **地方五百里** 宋本「地」作「巳」，非。

098 **大卜** 淳熙本「大」作「火」，非也。 ×

099 **備物典策** 石經「策」作「策」。釋文作「筴」，云「本又作『册』，亦作『策』，或作『篇』」，説見序。

100 **若今繖扇之屬** 宋本、閩本、監本、毛本「繖」作「繖」，是也。

101 **武王殺以** 宋本、監本「以」作「紂」。

102 **二名共爲一國** 閩本「二」字空缺，監本、毛本作「一」，非也。

103 **商謂紂子禄父** 宋本、毛本「謂」誤「爲」。 ×

104 **非爲商奄外別有四國也** 浦鏜云「爲」當「謂」字誤。

105 則恐天下迴心尚之　諸本「尚」作「向」，不誤。

106 命以康誥則伯禽亦似策命篇　宋本「康」作「唐」，是也。毛本「似」誤「以」。

107 綪茷旃旌　鄭氏禮記雜記注引作「蒨旆」，詩小雅「白旆央央」正義云「『茷』與『旆』古今字也，故左傳云『蒨茷旃旌』，『茷』亦『旆』也」。石經「綪」字似改刻，疑初刻作「蒨」字。按，説文云「綪，赤繒也」，是「綪」爲正字。

108 析羽爲旌　淳熙本「羽」誤「目」。

109 則綪是染赤之草　毛本「綪」作「蒨」。

110 旌是干之所建　毛本「干」作「于」，非也。

111 鐘名　淳熙本、纂圖本、閩本、監本、毛本「鐘」作「鍾」，閩、監、毛正義同。

112 殷氏七族　石經、宋本、岳本、監本、毛本「氏」作「民」，是也。

113 及圃田之北竟　釋文「圃」作「甫」，云「本亦作『圃』，同」。

114 洫上有塗　宋本「塗」作「涂」。

115 廣二尋　毛本「二」誤「三」。

116 容二軌　毛本「二」作「一」，非也。

117 與北武父非一也　宋本、閩本、監本、毛本「北」作「此」，是也。

118 其地闕無處　宋本「無」下有「其」字，是也。

119 爲湯沐邑　毛本「沐」作「沐」，非也。

120 王東巡守　宋本「守」作「狩」。

121 寒煖燥濕　毛本「煖」作「暖」，「濕」作

「湮」。

122 **開道以舊政也**　閩本、監本、毛本「道」作「導」。案，「道」、「導」古今字。

123 **考工記**　毛本「工」作「功」，誤。

124 **沽洗**　閩本「沽」改「姑」。

125 **鐘名**　淳熙本「名」誤「各」。

126 **分九宗爲五官**　監本、毛本「九」誤「五」。

127 **命以康誥**　宋本、淳熙本、岳本、纂圖本、毛本「康」作「唐」，是也，注同；石經「唐」字改刻，初刻亦誤「康」。

128 **亦因夏風俗**　監本「因」字模糊，重脩監本誤「國」。

129 **蔡放也**　淳熙本「也」誤「安」。段玉裁云：「傳文『蔡蔡叔』，說者謂上『蔡』字即『䊛』字也。古音『蔡』同『殺』，減殺字亦讀入聲。」

130 **無若爾考之違王命也**　淳熙本「考」誤「夸」。

131 **未聞更有兄伯**　閩本、監本、毛本「聞」作「得」。

132 **惟周公位冢宰**　宋本亦作「惟」，閩本、監本、毛本作「唯」。

133 **正百工**　毛本「百」誤「伯」。

134 **蔡仲克庸祗德**　宋本、監本、毛本「祗」作「祇」。按，作「祇」是也，「祇」乃「地祇」字。

135 **不復可識**　毛本「復可」誤倒。

136 **毛叔聃也**　陸粲附注云：「逸周書及史記皆云毛叔名鄭，此作『聃』誤也。且聃季是毛叔之弟，何容乃取兄名爲封國之號，斯必不然矣。陶淵明集聖賢羣輔録作『毛叔圉』。」

137 於佃無升降也　宋本、閩本、監本、毛本「佃」作「甸」，是也。

138 宋王臣　釋文云：「王，或作『壬』。」×

139 晉趙簡子爲之臨　石經「之」字以下一行計十一字。

140 〇乃長衛侯　宋本以下正義二節攙入「無犯非義」注下。

141 匡周而言　閩本、監本「匡」作「匡」，宋本作「厈」。

142 兵屬於吳蔡　毛本「蔡」作「楚」，非也。

143 注豫章至地名　宋本以下正義十四節攙入「秦師乃出」注下。

144 在江南此在江北者　閩本、監本、毛本作「此在江南在江北」，大誤。

145 楚人伐吳師于豫章　監本、毛本「師」作「帥」，非也。×

146 又伯舉之役　宋本、閩本、監本、毛本「伯」作「柏」。案，穆天子傳注「古『伯』字多從木」。公羊經又作「伯莒」。

147 子㳂漢而與之上下　岳本「㳂」作「沿」，注同。

148 遮使勿渡　宋本「渡」作「度」。

149 毁吾所舍舟　宋本、岳本、纂圖本、監本、毛本「吾」作「吳」，是也。

150 還塞大隧直轅寘阨　釋文云：「冥阨，本或作『寘隘』。」石經、宋本作「冥」，與釋文合。惠棟云：「冥阨，九塞之一，在楚。史記蘇秦傳云『塞鄳阨』，徐廣曰『鄳，江夏鄳縣』，棟謂鄳阨即冥阨也。墨子非攻篇曰：『吳闔閭次注林，出於冥隘之徑，隘即阨，傳亦作「隘」。戰于柏舉，中楚國而朝。』當子常不從司馬之計，濟漢轉戰至於柏舉。其時吳已隘而西，楚事不可爲矣。」

151 以戰死　閩本、監本、毛本「戰死」誤倒。×

152 笄而稱字　閩本、監本、毛本「笄」誤「芋」。×

153 季芉稱字　宋本「芉」作「芊」。

154 正義曰壬地名　閩本、監本、毛本「壬」作「雎」，亦誤；宋本作「土」，是也。

155 以火繫其巳　宋本、監本、毛本「巳」作「尾」，是也。

156 目鼻長七八尺　監本、毛本「目」作「其」；閩本初刻作「目」，後改「其」，是也。

157 是象可調馴　毛本「是」作「蓋」，非也。×

158 令突吳師　毛本「令」誤「命」。×

159 使焉却之　正德本、閩本「焉」作「馬」，監本、毛本同，「馬」上有「驚」字。宋本作「使驚却之」，是也。

160 言執燧象者　監本、毛本「執」上無「言」字。

161 執而率向吳師乃放之　宋本「率」作「牽」，是也。

162 司馬先敗吳師而身被創　淳熙本「先敗」作「嘗征」，非也。

163 吾不用也已　宋本、淳熙本、岳本、監本、毛本「不」下有「可」字，是也。石經此處殘缺。

164 有巴邱胡　宋本、監本、毛本「胡」作「湖」，是也。

165 知此在江南　毛本「此」誤「比」。×

166 言仲山甫不辟彊陵弱　淳熙本、足利本「彊」作「强」。×

167 啜菽謂食藜藿也　宋本「藜」作「豆」，是也。

168 弒君罪應滅宗　淳熙本「宗」誤「宇」。

169 鄖江夏雲杜縣　閩本、監本「江」誤「注」。

170 蓋爲楚與隨有恩　毛本「爲」作「謂」。

171 以奬天衷　淳熙本「奬」作「獎」，注同。

172 鑪金初官於子期氏　石經、宋本「鑪」作「鑢」，是也，與釋文合。案，漢書古今人表亦作「鑢」字。宋本、岳本、足利本「官」作「宧」，淳熙本作「宧」，石經初刻同，後改「宦」，是也。

173 初伍負與申包胥友　石經「伍」字人旁後加，非也。

174 言吳貪害如蛇豕　宋本「蛇」作「虵」。

175 越在草莽　釋文「莽」作「茅」，云「今本多作『莽』」。

176 彊埸之患也　纂圖本、閩本、監本、毛本「埸」作「場」，非。

177 與吳共分其地　宋本、淳熙本、岳本、纂圖本、監本、毛本「其」作「楚」，是也。

178 而於王興師　毛本「於」作「與」，非也。

附釋音春秋左傳注疏卷第五十四　止

附釋音春秋左傳注疏卷第五十五　定五年盡九年

經五年

179 飢乏　閩本、監本「飢」作「饑」。

傳五年

180 夏歸粟于蔡以周亟矜無資　石經「資」字下後人旁增「也」字。書武成正義引作「歸粟於蔡以賙急矜無資也」，似一本有「也」字。

181 卒于房　顧炎武云：「『房』疑即『防』字。古『阝』字作『𨸏』，脱其下而爲『房』字。漢仙人唐公房碑可證也。漢書汝南郡吳房，孟康曰『本房子國』，而史記項羽紀封揚武爲吳防侯，字亦作『防』。漢書武帝紀濟川王明廢，遷防陵，常山王敎廢，徙房陵，一卷之中字體不同，又『防』、『房』二字相通之一證。」陳樹華云：「漢書溝洫志『宣防塞兮萬福來』，後云『自塞宣房後』，一篇之中『防』、『房』互見。又後漢書光武紀『南擊新市、真定、元氏、防子』，注云『房子屬常山郡，防與房古字通用』。文選月賦『徘徊房露』，李善注『防露，蓋古曲也，文賦曰：寤防露與桑閒』。據此則『房』之爲『防』審矣。」

182 **陽虎將以璵璠斂** 釋文「璵」，「本又作『與』」。 ×

183 **注璵璠至所佩** 宋本以下正義三節摠入「子行之乎」注下。

184 **則亦當法與璠** 宋本、淳熙本、岳本、纂圖本、閩本、監本、毛本「法」作「去」，「與」作「璵」，是也。

185 **接武蹈半迹** 監本、毛本「蹈」誤「踏」。 ×

186 **子行之乎** 石經「子」字起一行，計九字，「子行之」三字改刊。

187 **爲下陽虎囚桓子起** 淳熙本「桓」作「相」，避所諱。

188 **吳人獲薳射於柏舉** 監本「柏」作「栢」。

189 **自立爲吳王號夫槩** 諸本作「吴」，此本誤作「異」，今改正。按，廣韻、唐韻引作「夫溉」。又未韻「既」字下「姓也，吳王夫既之後」，是本又作「既」也。

190 **吳師居麇** 諸本作「麇」，此本誤「麇」，今改正，注及下同。 ×

191 **多死麇申** 宋本、淳熙本、岳本、纂圖本、監本、毛本「申」作「中」，是也。

192 **囚闉輿罷** 石經初刻作「與」，後改「輿」；釋文云「本又作『與』」。

193 楚王之奔隨也　石經「楚」字旁增，非唐刻也。

194 江夏竟陵縣有臼水　宋本、淳熙本、纂圖本「有」上有「西」字。

195 出聊屈山　淳熙本「屈」誤「出」。

196 以初謀弑王也　釋文「弑」作「殺」，云「申志反」。

197 且吾尤子旗　淳熙本「吾」誤「吴」。

198 子族蔓成然也　淳熙本「成」誤「戌」。

199 王之至脾洩　宋本以下正義四節揔入「余亦弗能也」注下。

200 國内無王　宋本「王」作「主」。

201 子西問高厚焉　石經「高厚」下後人旁增「大小」二字。陳樹華云「據正義不當有」，是也。

202 本或有小大者　閩本、監本、毛本作「大小」，非也。

203 袒而視之背　宋本、岳本、纂圖本、監本、毛本「視」作「示」。石經此處缺。案，「示」古皆作「視」。淳熙本「袒」誤「祖」。

204 城不至何知　毛本「知」誤「如」。

205 張免古今人論云　宋本、監本、毛本「免」作「奂」。

206 能之不可知　宋本、監本、毛本「能」作「城」，閩本同。

207 張奂引辭爲文　此本「奂」字模糊，閩本空缺，據宋本、監本、毛本補。「辭」字，宋、監、毛三本作「傳」。

208 小大上屬　此本「上」字模糊，閩本同，據宋本、監本、毛本補。

209 杜雖無注　此本「杜」字模糊，閩本空缺。

據宋本、監本、毛本補。

210 報觀虎之役也　石經、宋本、淳熙本、足利本「役」作「敗」，是也。

經六年

211 何忌不言何闕文　山井鼎云：「『闕文』上，異本有『史』字，非也。」

傳六年

212 討鄭之伐胥靡　宋本以下正義三節摠入「若何乃止」注下。

213 文子公叔發　纂圖本、閩本、監本、毛本「叔」誤「孫」。

214 尤其罪而復效之　宋本、閩本、監本、毛本「罪」作「非」，是也。

215 下云效小人以弃之　此本「效」字實缺，據宋本、閩本、監本、毛本補。

216 門是陽虎之計　宋本「門」作「明」，是也。

217 蓋衛文公鑄此鼎也　宋本「蓋」作「鑿」，非也。

218 定之鞶鑑　釋文「鞶」作「盤」，云「本又作『鞶』」。

219 苟可以納之　宋本無「以」字，非也。

220 陽虎至之幣　宋本以下正義四節摠入「請以取入焉」注下。

221 後晉人兼享之　宋本、監本、毛本「後」作「故」，是也。

222 旦拜葬也　宋本、監本、毛本「旦」作「且」，是也。

223 令行兩事　宋本「令」作「今」，是也。

224 上爲晉人所賤　宋本、監本、毛本「上」作「止」，是也。

225 獲潘子臣小惟子　北宋刻釋文「惟」作「帷」，云「本又作『惟』」。石經此處缺。吕覽作「小帷子」，與釋文合。

226 子期又以陵師敗于繁揚　石經「揚」字殘缺，宋本作「楊」，亦非。案，襄四年傳作「繁陽」。

227 注陵師陸軍　宋本此節正義在「於是乎」節注下。

228 因鄭人將以作亂于周　岳本脱「以」字。

229 儋翻子朝餘黨　宋本、淳熙本、岳本、纂圖本、閩本、監本、毛本「翻」作「翩」，是也。

230 爲戍周起也　宋本「戍」誤「成」。

* 寅知晉多門往必有難難　補：各本「晉」下有「政」字，無下「難」字。

231 經所以稱行人　淳熙本「人」誤「行」。

232 天王處于姑蕕　釋文云：「蕕，本又作『猶』。」×

經七年

233 陽平元城縣東南有少亭　宋本、淳熙本、岳本、纂圖本、監本、毛本「少」作「沙」，不誤。宋本「縣」作「在」，非也。

234 夏國佐孫　淳熙本「孫」作「縣」，非也。

235 九月大雩　「大雩」二字此本實缺，據石經、宋本、淳熙本、岳本、纂圖本、閩本、監本、毛本補。

236 無傳過也　此本「無」、「過」二字實缺，據宋本、淳熙本、岳本、纂圖本、閩本、監本、毛本補。

237 注過也　宋本此節正義在經文「冬十月」之下。

238 杜以春秋旱雩　此本「秋」誤「欲」；「雩」

字實缺，閩本同，據宋本、監本、毛本補改。

239 傳皆發之言旱　此本「傳皆發之」四字實缺，閩本同，據宋本、監本、毛本補。

240 前既有雩後又有雩　此本「前既有雩後又」六字實缺，閩本同，據宋本、監本、毛本補。

241 上辛大雩季辛又雩　此本「上辛大雩季辛又」七字實缺，據宋本、閩本、監本、毛本補。

242 劉以賈言規杜非也　此本「劉以賈言規杜」六字實缺，閩本同；監本空缺「劉以」二字，毛本亦脱；依宋本補正。

243 蓋時有雩旱　宋本、監本、毛本「雩」作「小」，是也。

244 冬十月　纂圖本、閩本、監本、毛本亦脱此三字，據石經、宋本、淳熙本、岳本補。

傳七年

245 中二於齊　宋本、淳熙本、岳本、纂圖本、監本、毛本「二」作「貳」，是也。

246 共爲亂也　淳熙本「共」誤「其」。

247 處父至必死　宋本以下正義二節揔入「不待有司」節注下。

248 苫夷　釋文「夷」作「荑」。

249 注已巳至無月　宋本此節正義在「而後朝于莊宮」注下。

33—250 此年經傳日少　此本「日」誤「曰」，閩本同，據宋本、監本、毛本改。

校　記

❶ 南昌本「讀」、「譴」互倒。

春秋左傳注疏校勘記卷三十四

34—001 經八年　宋本春秋正義卷三十四。石經春秋經傳集解定下第廿八，岳本「定」下有「公」字，並盡十五年。

002 陳侯柳卒　釋文云：「柳，本或作『抑』。」

003 共以解曰靖　宋本、監本、毛本「解」下有「信」字。浦鏜正誤作「共巳鮮言曰靖」，依今本逸周書謚法解改。

004 家臣賤名氏不見　淳熙本「臣」誤「目」。❶

005 璋制白　宋本、監本、毛本「制」作「判」，與公羊傳文合。

傳八年

006 古稱重故以爲異强　宋本「强」作「彊」。

007 顔高至異强　宋本「强」作「彊」，下同。以下正義二節揔入注文「傳言魯無軍政」之下。

008 本起黄鐘之龠　閩本、監本、毛本「鐘」作「鍾」，下同。

009 一龠容千二百黍　此本「一」字空缺，據宋本、閩本、監本、毛本補。❷

010 斗重十兩　宋本、監本、毛本「斗」作「升」，是也。

011 而得重於令者　宋本、閩本、監本、毛本「令」作「今」，是也。

012 周隨斗稱　閩本、監本、毛本「隨」作「隋」，非。

013 子姑使溷代子　顧炎武云「石經『代』誤『伐』」，是也。

014 主人焚衝　釋文云：「衝，説文作『䡴』。」

015 主人出師奔　宋本此節正義在注「欲自比僑如」之下。

016 若如賈言　閩本、監本、毛本「如」作「以」，非也。×

017 楊州之役　宋本、淳熙本、岳本、纂圖本、閩本、監本、毛本「楊」作「陽」，是也。

018 注救不至入竟　宋本以下正義二節揔入注文「史略之」之下。

019 齊師聞晉來殺　宋本、監本、毛本「殺」作「救」，是也。

020 獻子士鞅也　淳熙本「鞅」誤「鞅」，下同。×

021 賈何以討命高下妄稱禮乎　宋本、監本、毛本「討」作「計」。

022 天子之卿執羔　重脩監本「天」誤「大」。×

023 凡諸侯之禮　監本「凡」誤「見」。×

024 是則皆明文而用肺腸也　宋本、毛本「皆」作「背」，是也。

025 晉師將盟衛侯于鄟澤　淳熙本「鄟」作「剸」，與北宋刻釋文合。

026 二子晉大夫　宋本「大」作「人」，非也。

027 王次盟者　宋本、淳熙本、岳本、纂圖本、監本、毛本「王」作「主」，是也。正義同。

028 故請　宋本、淳熙本、足利本「請」下有「之」字，是也。

029 注盟禮至故請　宋本無「故」字，「請」下有「之」字。以下正義二節揔入「遂侵衛」注下。

030 鄫行之役　宋本、毛本「行」作「衍」，不誤。

031 當今小國執牛耳　宋本、監本、毛本

「令」作「令」，是也。

032 蒙則齊魯三國　宋本「三」作「二」，不誤。

033 官位牛耳　宋本、閩本、監本、毛本「官位」作「宜涖」，是也。

034 言衛小可比晉縣　淳熙本「比」誤「此」。

035 涉佗捘衛侯之手及捥　石經初刻作「腕」，後改「捥」，諸本同。惠棟云：「史記『樊於期偏袒搤捥』，索隱曰『捥，古腕字』。史記多古文，今人知者鮮矣。」説詳左傳補注。

036 昭中三年　宋本、閩本、監本、毛本「中」作「十」，是也。

037 王孫賈趨進　淳熙本「趨」作「趍」，俗字。

038 其改卜嗣　淳熙本「改」誤「攺」。

039 必以而子與大夫之子爲質　淳熙本「與」上衍「厚」字。

040 有期日　纂圖本「期」誤「其」。

041 秋晉士鞅會成桓公侵鄭　淳熙本「桓」誤「栢」。

042 監帥不親侵也　足利本「帥」作「師」。

043 懼於僖神　淳熙本「懼」誤「擢」。

044 禘于僖公　宋本以下正義三節摠入注文「叛不書略家臣」之下。

045 禮之當也　宋本、監本、毛本「當」作「常」，是也。

046 各於其宮　閩本、監本、毛本「於」作「以」，非也。

047 計禘傳當于大廟　宋本、監本、毛本「傳」作「禮」，是也。

048 **放於僖廟行禘禮** 宋本、閩本、監本、毛本「放」作「故」，不誤。

049 **以都車攻二家** 監本「攻二」誤「政三」。 ×

050 **桓子咋謂林楚** 諸本作「咋」，石經初刻作「乍」，後加口旁。案，錢大昕云：「咋，暫也。孟子『今人乍見孺子』，趙岐訓『乍』爲暫，『乍』『暫』聲相近。疑經注皆無口旁，後人妄增。梁履繩云『咋字經典罕見，左傳果有此字，五經文字何以不收也』。」

051 **後猶晚** 宋本、淳熙本、岳本、足利本「晚」下有「也」字。

* **魯東階之北門** 補：各本「階」作「城」。

052 **陽虎說甲如公宮** 釋文云：「說，本又作『稅』，同。」 ×

053 **將殺之** 宋本、足利本「將」下有「欲」字，是也。

054 **故言喜於召死** 宋本「於」誤「放」。

055 **陽虎召孫欲殺之** 監本、毛本脫「陽」字，「孫」上有「季」字；宋本作「陽虎召季孫欲殺之」，是也。

經九年

056 **弓玉國之分器** 諸本作「玉」，此本誤「王」，今改正。

傳九年

057 **而子擊鍾何也** 石經、宋本、岳本、纂圖本、毛本「鍾」作「鐘」，下同；葉抄釋文亦作「鐘」。

058 **故云竹刑** 宋本、淳熙本、岳本「云」作「言」。

059 **注鄧析至竹刑** 宋本以下正義五節揔入「思其人」節注下。

060 **令鄧析別造竹刑** 宋本「令」作「今」，是也。

* **則鄧析不當私作刑書** 補：各本「當」

作「爲」。

061 若用君命遣造　宋本「用」作「其」，非也。

062 周禮大司寇　宋本「大」作「小」，是也。

063 四曰議能之法　宋本「法」作「辟」，是也。

064 夫謀而不過　宋本、監本、毛本「不」作「鮮」，不誤。

065 以賢能者　宋本「賢」作「勸」，不誤。

066 不亦惑子　宋本、閩本、監本、毛本「子」作「乎」，是也。❸

067 當明其罪狀　宋本「明」作「議」，是也。

068 役有能之人　宋本、監本、毛本「役」作「殺」，是也。

069 明之臣民　宋本、監本、毛本「明」作「國」，是也。

070 女史記事規誨之所執　此本「女」字模糊，「史」誤「反」，據宋本、淳熙本、岳本、纂圖本、閩本、監本、毛本補正。

071 衛人欲得貞静之女　監本、毛本「衛」作「國」，非也。

072 易非無德之夫人也　宋本、監本、毛本「非」作「去」。

073 篇有三章　此本「篇」字實缺，據宋本補；閩本、監本、毛本作「詩」，非也。

074 静女其孌　此本「静」字實缺，「女」誤「詩」，「孌」誤「變」，據宋本、閩本、監本、毛本補正。

075 進御之法　此本「進御」二字實缺，據宋本補。閩本、監本、毛本改作「彤管」。按，作「進御」與毛傳合。

076 事之常耳　此本「事」字實缺，閩本同，據宋本、監本、毛本補。

077 本録静女詩者　此本「女」誤「之」，「詩」字實缺，據宋本補正；閩本、監本、毛本「詩」作「云」。

078 止爲彤管之言可取　此本「止」字實缺，據宋本補；閩本、監本、毛本作「特」。

079 其女史所書之事　此本「其女」二字實缺，據宋本、閩本、監本、毛本補。

080 古者后夫人必有女史　此本「史」字實缺，據宋本、閩本、監本、毛本補。

081 以禮御於君所　此本「所」字實缺，據宋本、閩本、監本、毛本補。

082 女史書其日月　諸本作「女」，此本誤「其」，今改正。

083 則以金環進之　宋本、閩本「進」作「退」，是也。

084 録竿於詩者　宋本、淳熙本、岳本、纂圖本、監本、毛本「於」作「旄」，是也。又按，詩作「干旄」，左傳作「竿旄」，詩用正字，左傳用假借字也。

085 注詩鄘至存身　諸本作「存」，此本誤「有」，今改正。

086 詩鄘風干旄之篇也　宋本、閩本、監本作「干」，此本誤「于」，今改正；毛本作「竿」，亦非。

087 孑孑干旄　宋本、閩本、監本、毛本「旄」作「旟」，是也。

088 一明其無所吝惜　宋本、監本、毛本「一」作「之」，屬上讀。

089 本録干旄之詩者　閩本、監本作「干」，此本誤「于」，今改正；毛本作「竿」，亦非。宋本無「之」字。

090 勿得剪削之 宋本「剪」作「翦」。×

091 而祇爲名故歸之 宋本、纂圖本、監本、毛本「祇」作「衹」，足利本作「秖」，亦非；淳熙本作「祇」，與葉抄釋文合。

092 書曰得器用也 石經「得」字重。段玉裁曰：「此『得』字不當重，石經非也。傳言以其爲器用，故謂之得，細玩下文，則『器用』上不宜有『得』字。」

093 若麟爲田獲 釋文云：「麟，本又作『驎』。」×

094 凡獲至曰獲 宋本以下正義三節摠入注文「受亂人故」之下。

095 唯有獲麟 閩本、監本、毛本「唯」作「惟」。×

096 兹陽虎所欲傾覆也 釋文「傾」作「頃」，云「本又作『傾』」。×

097 載葱靈 毛本「葱」作「蔥」，注及下同。惠棟云：「尚書大傳云『未命爲士，不得有飛軨』，鄭康成注云『如今窻車也』。『軨』與『靈』古字通。」

098 今人猶名葱木爲靈子 毛本「葱」誤「二」字。按，傳之「葱」字即說文之「囱」字，「在牆曰牖，在屋曰囱」。或作「窗」，或假「蔥」爲之。

099 其内容人師 宋本、監本、毛本「師」作「卧」，是也。

100 又以葱靈逃奔晉 石經、宋本、淳熙本、岳本、纂圖本、監本、毛本「奔」下有「宋遂奔」三字。

101 仲尼曰 毛本「尼」誤「氏」。

102 注爲衛討也 宋本以下正義九節摠入「親推之二」注下。

103 如驂之靳 釋文云「本或作『如驂之有靳』，非也」；詩小戎釋文、說文繫傳引並作「如驂之有靳」。

104 然則古人車馬四馬　監本、毛本上「馬」字作「用」，淳熙本作「駕」，是也。

105 說文云靳當膺也　段玉裁校本「膺」作「胷」。

106 今熒陽有中牟縣　纂圖本、監本、毛本「熒」作「滎」，非是，毛本正義同。×

107 有臣費者　宋本、閩本、監本、毛本「費」作「瓚」，是也。

108 在鄭之彊内　宋本、閩本、監本、毛本「彊」作「疆」，不誤。

109 趙界自漳水以此　宋本、閩本、監本、毛本「此」作「北」，是也。

110 卜過之龜焦　說文「焦」作「𪛁」。按，九經字樣收「𪛁」、「焦」二字，云「上說文，下省」。今傳作「焦」，蓋省文也。

111 畏晉故于　宋本、岳本、纂圖本、監本、毛本「于」作「卜」，是也；淳熙本「卜」字模糊。

112 晢幘而衣貍製　閩本亦誤「晢」，宋本、監本、毛本作「晳」，是也。諸本作「製」，此本誤「裂」，今改正。

113 而郤缺將將　宋本、閩本、監本、毛本上「將」字作「爲」。×

114 戎事上衣同服　宋本「衣」作「下」，是也。

115 故逢五父得與齊侯易位　宋本、毛本「五」作「丑」，是也。

116 齊侯容或不辨　此本「齊」字模糊，依宋本、閩本、監本、毛本補。閩、監「辨」作「辯」。

117 齊侯賞犂彌犂彌辭曰　淳熙本脱下「犂」、「彌」二字。

118 晳幘　晳，宋本从白，是也。幘，說文引作「䰕」，「齒相值也」。按，「䰕」正字，「幘」假借字。

* 白也齒上下相值　補：各本「齒」上應有「幘」字。

119 故齊得優其僞役也　監本、毛本「僞」作「爲」，亦非；宋本作「傜」。案，作「傜」是也。

120 明二襚終以卿服　宋本「二」作「三」。×

121 軒曲旃也　宋本「旃」作「輈」，是也。

附釋音春秋左傳注疏卷第五十五　止

附釋音春秋左傳注疏卷第五十六　定公十年盡十五年

經十年

122 夏公會齊侯于夾谷公至自夾谷　釋文云：「二傳作『頰谷』。」

123 三邑皆汶陽田也　監本「汶」誤「汝」。×

124 以距君命　纂圖本「距」作「拒」，閩本作「踞」。

125 宋公寵向魋　淳熙本「寵」誤「籠」。×

126 虛請自忿　諸本作「虛請」，此本誤「靈諸」，今改正。

傳十年

127 注萊人至夷也　宋本以下正義五節揔入注文「次魯事」之下。

128 使此萊萸　宋本、監本、毛本「萸」作「夷」，是也。

129 正義曰夏也　宋本、監本、毛本「夏」下有「大」字，是也。

130 要盟不絜　纂圖本、監本、毛本「絜」作「潔」，俗字，正義同。×

131 屈疆國　宋本「疆」作「彊」，是也。

* 此聖人之大司也　補：案，「大司」當作「大勇」，各本皆誤。

132 吾子何不聞焉　纂圖本、毛本「吾」作「君」，非也。

133 其再獻用兩象尊　此本「兩」誤「内」，閩本同，據宋本、監本、毛本改。

134 象尊以象鳳皇　監本、毛本「皇」作「凰」，俗字。

×

135 王肅以爲犧尊象尊　諸本作「肅」，此本誤「肖」，今改正。

136 冬日至　閩本、監本「日至」誤倒。

137 謂亨燕正禮　宋本、閩本、監本、毛本「亨」作「享」。

138 用秕稗也　諸本作「秕」，釋文云「字林音匕，或作『粃』」。段玉裁曰：「當作『粃』，即説文『粊』字，惡米也。今説文譌作『粊』。」

139 齊人來歸鄆讙龜陰之田　陳樹華云：「漢書五行志引『來』作『倈』，地理志引『讙』作『酄』。案，説文亦作『酄』。」

140 經其倒者次魯事　宋本、淳熙本、岳本、纂圖本、毛本「其」作「文」，是也。

141 城其西北而守之　釋文云：「一本或作『城其西北隅』。」案，正義云「今定本有『隅』，誤」。

142 城其西北而守之　宋本以下正義二節摠入「詩曰人而無禮」節注下。

143 昭二十五年傳　宋本「傳」下有「云」字。

144 涉佗而誤耳　毛本「涉佗」作「季氏」，亦非；宋本作「涉彼」，是也。

145 涉佗曰　諸本作「佗」，釋文此處作「沱」，與前不合。

146 注僞爲至授之　宋本以下正義四節摠

入「驪赤止」節之下。

147 見劍向已　釋文云：「向亦作『嚮』，俗字也。」×

148 故叛叛而以圍告廟　淳熙本「叛叛」誤「板板」。×

149 討陽虎　宋本、閩本、監本、毛本作「陽虎」，此本二字誤倒，今乙正。

150 在揚水卒章之四言矣　諸本作「揚」；石經初刻作「楊」，是也，後改「揚」。釋文云：「本或作『揚之水卒章』。」

151 揚水詩唐風　淳熙本「風」誤「退」。×

152 唐詩揚之水　宋本、監本、毛本「揚」作「楊」。

153 沃彊盛　閩本、監本「彊」作「疆」，非也。

154 楊之水　宋本、閩本、監本、毛本「楊」作「揚」。

155 白石鄰鄰　監本、毛本「鄰」並作「粼」，宋本作「粼」，是也。重脩監本「白」誤「曰」。

156 驪赤謂侯犯曰　顧炎武云：「石經『赤』誤作『亦』。」案，石經此處及下文皆作「赤」不誤，炎武非也。

157 侯犯將以郈易于齊　石經、宋本「于」作「於」。

158 言非徒得民　淳熙本「非」誤「罪」。×

159 犯謂驪赤曰　石經「犯」上有「侯」字。

160 公子地有白馬四　諸本作「四」。陳樹華云：「漢書五行志引作『駟』，師古曰『四馬曰駟』。」淳熙本「四」誤「囬」。

161 朱其尾鬣　宋本此節正義在注文「故言國人」之下。

162 目盡腫　淳熙本「目」誤「月」。

163 公子地出奔陳　淳熙本「地」誤「也」。

164 非所以賜寡君　淳熙本「寡」誤「之」。　×

經十一年

165 稱地例在前年　宋本、岳本、足利本「地」作「弟」，是也。

166 還叔詣曾孫　釋文「孫」下有「也」字。　×

167 轉寫誤耳　閩本、監本、毛本「轉」作「傳」。

傳十一年

經十二年

168 家無藏甲　按，公羊傳「無」作「不」。

169 但轉稱費人襲魯　宋本、閩本、監本、毛本「轉」作「傳」，是也。

170 僅不皆克　監本、毛本「不」作「而」字。按，作「不」是也。謂郈、費已克，成不克，故曰「不皆克」。

傳十二年

171 羅不退在行列之後　淳熙本「羅」誤「公」。

172 仲尼時爲司寇　宋本此節正義在「冬十二月」節下。

173 子僞不知　諸本作僞，釋文作「爲」，云「一本作『僞』」。陳樹華云：「成九年『爲將改立君者』，釋文曰『本或作僞將也』。昭廿五年傳『臧昭伯之從弟會爲讒於臧氏，而逃於季氏』，史記作『僞讒臧氏匿季氏』。是皆『爲』讀『僞』之証。定八年『以爲公期，築室於門外』，杜注云『不欲使人知，故僞築室於門外』，陸氏雖音于僞反，依注似應讀爲『僞』也。此處傳文作『爲』，故杜注云『陽不知』，若本作『僞』，則無煩再注矣。」案，陳説是也。

174 佯不知　釋文「佯」作「陽」，「知」下有「也」字。按，「佯」、「陽」古多通用。

175 我將不墜　石經、宋本、淳熙本、岳本、閩本、監本、毛本「墜」作「墮」。

176 公圍成弗克　監本「克」下衍「注」字。

經十三年

177 夏築蛇淵囿　石經初刻「蛇」作「虵」，後改正。

178 秋晉趙鞅入于晉陽以叛　纂圖本、閩本、監本、毛本脱「秋」字。

179 言韓魏之彊猶列國　纂圖本、閩本、監本、毛本「彊」作「强」。×

180 稱君無道　宋本、岳本重「君」字，是也。

傳十三年

181 實郥氏　石經、宋本、岳本、足利本「郥」作「鄍」，與釋文合，宋本注及正義並同，是也。

182 注垂葭至郥亭　宋本以下正義二節揔入注文「傳言齊侯輕所以不能成功」之下。

183 鞅置之邯鄲　淳熙本「邯鄲」誤作「即郎」。×

184 今俗徙著晉陽　淳熙本、岳本、纂圖本、監本、毛本「著」作「置」。

185 欲因懼齊而徙　淳熙本「懼」作「擢」。×

186 故因之　淳熙本「因」誤「四」。×

187 注午趙至宗親　宋本以下正義四節揔入「十二月」節注下。

188 荀寅子娶吉射女　淳熙本「吉」誤「舍」。×

189 知文子　諸本作「文」，此本誤「丈」，今改正。

190 今三臣始禍　諸本作「今」，此本誤「令」，今改正。

191 齊高彊曰　正德本、閩本、監本「彊」作「疆」，非，注同。

192 傳録晉襄亂　宋本、淳熙本、岳本、纂圖本、閩本、監本、毛本「襄」作「衰」，是也。

193 史鰌史魚　足利本「魚」下有「也」字。

194 戍也驕　岳本、纂圖本、監本、毛本「戍」作「戌」，誤，下及注並同。按，凡人名多用「戌亥」字，惟此用「戍守」字。

195 注靈公至之徒　宋本此節正義在「夫人愬之曰」節注下。

經十四年

196 亦黨公叔戌皆惡之　監本此節注文誤入「二月辛巳」節下，脱「之」字。

197 吴郡嘉興縣南醉李城　陳樹華云：「史記越世家正義引注『南』下多『有』字，『醉』作『檇』。」

198 彼從俗而名之也　宋本「彼從」作「從彼」，是也。

199 檇李之役　此本「役」字實缺，依宋本、閩本、監本、毛本補。

200 勾踐患吴之整　宋本「勾踐」作「越人」。

201 猶以獨克爲文舉其權詐也　此本「克爲文舉」四字實缺，正德本、閩本亦磨滅，據宋本補；監本、毛本誤作「未陳例者」，「獨」字作「從」，亦非。

202 天王使石尚來歸脤　諸本作「脤」，説文作「祳」，鄭注周禮地官掌蜃引作「蜃」。

203 石尚天子之士　諸本作「士」，此本誤「土」，今改正。

204 盛以脤器　閩本、監本「脤」作「蜃」，段玉裁挍本亦作「蜃」。

205 祀有執燔　宋本、閩本、監本、毛本「燔」作「膰」。案，傳作「膰」。

206 盛以脤器　閩本、監本「脤」作「蜃」，是也。

207 ○自蕭來奔　諸本無「○」，此本誤衍。

208 此年無冬史闕文　宋本脱「文」字。

209 特辯此者　宋本「辯」作「辨」。

210 故特辨冬闕　閩本、監本、毛本「辨」作「辯」。

傳十四年

211 而告於知氏曰　石經「氏」字下增「范氏」二字，非唐刻也。

212 安于則至而死　宋本以下正義二節揔入注文「趙氏廟」之下。

213 故安于自縊死耳　閩本、監本、毛本脱「耳」字。

214 凡有功名者　宋本無「名」字，是也。

215 今趙氏祀安于於趙安氏之廟　宋本、閩本、監本、毛本無下「安」字，是也。

216 越子勾踐禦之　纂圖本、閩本、監本、毛本「勾」作「句」，釋文同，下放此。

217 遂自剄也　釋文云：「剄，本又作『刎』。」

218 夫差使人立於庭　釋文「庭」作「廷」，云「本又作『庭』」。

219 二年乃報越　石經、宋本、淳熙本、纂圖本、閩本、監本、毛本「二」作「三」，是也。

220 脾上梁閒即牽　閩本、監本、毛本脱「上」字。

221 謀救范中行氏　石經「氏」下有「也」字。

222 小王桃甲　釋文云：「桃，本又作『姚』。」

223 舊通于南子　此本脱「子」字，閩本同，依宋本、淳熙本、岳本、纂圖本、毛本補。監本「于」字模糊，「子」字擠刊。

224 婁豬求子豬　淳熙本「子」誤「予」。

225 艾豭喻宋朝　諸本作「豭」，此本誤「豬」。

226 會于至艾豭　宋本以下正義三節揔入「諺曰」節注之下。

227 此會于佻　宋本、閩本、監本、毛本「佻」作「洮」，是也。

228 故追言衛　宋本「衛」下有「侯」字，是也。

229 非令始召　諸本作「今」，此本誤「令」，今改正。

230 服虔以會于洮主屬爲義　宋本、閩本、監本、毛本「主」作「上」，是也。

231 爲此令也　宋本、監本、毛本「令」作「會」，不誤。

232 逐子豬牝豝　閩本、監本亦誤「逐」，宋本、毛本作「豕」，是也。

233 從我而朝少君　釋文云：「少君，本亦作『小君』。」

234 戕殘殺也　岳本「戕」誤「戕」。纂圖本「殺」作「賊」，亦非。

經十五年

235 爾雅云　浦鏜正誤云「『雅』下當脱『注』字」，是也。

236 不於露寢失其所　宋本、岳本、足利本「露」作「路」，是也。

237 戊午日下昗　纂圖本、監本、毛本「昗」作「昃」，閩本誤「昃」，淳熙本誤「昊」。

238 雨不克葬　宋本此節正義在「乃克葬」句下。

239 ○辛巳葬定姒　宋本「○」作疏字，以下正義二節揔入「辛巳葬定似」注下。

240 以爲定姒是妾　毛本「姒」作「妣」，非也。

241 而穎氏唯繫於先君之廟　宋本「穎」作「潁」，是也。

傳十五年

242 子貢觀焉　漢書五行志載古文左傳作「子贛」。臧琳云：「案，説文貝部『貢，獻功也，从貝，工聲』，『贛，賜也，从貝，竷省聲』，是『貢』、『贛』不同。依説文當爲『贛』，『贑』即『贛』之譌體。子貢名賜，故字子贛。作『貢』者，字之省借耳。」

243 注玉朝者之贄　宋本此節正義在「高仰驕也」注下。

244 夫禮死生存亡之體也　石經「之」字起一行，計十一字。

245 君爲王　石經、宋本、淳熙本、岳本、纂圖本、監本、毛本「王」作「主」，是也。

246 齊侯衛侯次于蘧挐　石經「于」字改刻，初刻作「於」。

247 二者課行一事　按，課猶試也。閩本、監本、毛本作「果」，非。

248 辭不稱夫人也　宋本「辭」作「解」，是也。

249 雨不成事若汲汲於欲葬　宋本、淳熙本、岳本、纂圖本「不」作「而」，是也。纂圖本「若」誤「君」。

34—250 故不稱小君　淳熙本「小」誤「水」。

附釋音春秋左傳注疏卷第五十六　✕　止

校記

❶「共以解曰靖」與「家臣賤命氏不見」二條，南昌本位

置互換，與南昌本左傳注疏合。

❷「本起黄鐘之龠」與「一龠容千二百黍」二條，南昌本誤倒。

❸此條南昌本出文作「亦不惑子」。

春秋左傳注疏校勘記卷三十五

35—001 附釋音春秋左傳注疏卷第五十七 哀元年盡五年　宋本春秋正義卷第三十五石經春秋經傳集解哀上第廿九，淳熙本、岳本「哀」下有「公」字，並盡十三年。

哀公

002 同上　宋本作「正義曰：魯世家云，哀公名蔣，定公之子，蓋是夫人定姒所生，以敬王二十六年即位。謚法共仁短折曰哀」。按，此古本之最善處，坊刻改爲「同上」以省字。

經元年

003 吴之入楚　監本「入」誤「人」。 ×

004 隨人免之　閩本、監本「人」作「侯」，非也。

005 不序於宋盟也　諸本作「宋」，此本誤「朱」，今改正。

006 則是楚封近公爲許男也　宋本「近」作「元」，是也。

007 不言所食非一處　宋本、淳熙本、岳本、足利本重「所食」二字，與正義合。

傳元年

008 報柏舉也　監本「柏」作「栢」。

009 栽設板築爲圍壘周匝　宋本、纂圖本、毛本、足利本「板」作「版」。周匝，宋本、岳本、足利本作「周帀」，與釋文合。

010 注栽設至一里　宋本以下正義三節揔入注文「爲明年蔡遷州來傳」之下。

011 壘未成　淳熙本「未」誤「朱」。 ×

012 屑言晝夜九日　宋本、監本、毛本「屑」

作「何」，是也。

013 是戍守之名　監本「戍」誤「城」。×

014 在江水之北　監本「北」作「比」，非也。×

015 彭神爽　宋本、監本、毛本「神」作「仲」，是也。

016 吴王夫差敗越于夫椒　諸本作「椒」，釋文云「又作『楙』」。陳樹華云：「案，史記伍子胥傳、説苑並作『夫湫』，古字通。」

017 注夫椒至椒山　宋本以下正義九節揔入「三月」節注下。

018 以椒必在山旁　宋本「椒」作「戰」，是也。

019 去疾莫如盡　釋文云：「去疾，本又作『去惡』。」×

020 夏同姓諸侯　淳熙本「夏」誤「反」。×

021 故曰殺夏后相也　宋本「曰」作「因」。

022 夏后相啟孫也　閩本、監本、毛本脱「也」字。

023 后緡方娠　詩生民正義引昭元年傳「邑姜方震大叔」及此「后緡方震」，皆謂有身爲震；爾雅釋詁邢昺疏引同。是所據本不同也。

024 用之爲正　宋本、監本、毛本「用」作「謂」。❶

025 而邑諸綸　閩本、監本脱「而」字。

026 方十至爲旅　監本「至」作「里」，非也。×

027 復禹之績　釋文云：「績，一本作『迹』。」×

028 所加惠賜　淳熙本「所」作「施」，非也。×

029 猶言天與不取　淳熙本「言」誤「上」。

030 結其心腹　宋本「其」作「於」，是也。

031 日可俟也　釋文「俟」作「竢」，云「本又作『俟』

字」。按，「竢」正字也，「俟」假借字也。

032 **言可計日而待**　岳本「日」誤「月」。

033 **與之毉**　宋本「毉」作「醫」。

034 **非年所種**　宋本、閩本、監本、毛本「年」作「手」，是也。

035 **陳人從田無田從黨**　陳樹華曰：「禮記檀弓正義引傳『陳人』下多『有田』二字。案，二字似以意增也。」

036 **不知所與**　淳熙本「與」作「爲」，非也。

037 **逢滑當公而進**　釋文亦作「逢滑」，石經此處殘缺，閩本「逢」誤「逄」，足利本「滑」作「猾」。

038 **暴骨如莽**　足利本後人記云：「『莽』上有『草』字。」案，注云「草之生於廣野，莽莽然，故曰草莽」，此必因注文而誤衍也。

039 **以敗我於柏舉**　監本「柏」作「栢」。　×

040 **食不二味**　宋本以下正義五節揔入「一日之行」節注下。

041 **器不彤鏤**　陸粲附注後録云：「『彤』當作『彫』，文相近而譌也」，惠棟云「彤，古『彫』字」。

042 **天有菑癘**　釋文云：「本或作『大無菑癘』，非。」　×

043 **共其乏困也**　毛本「乏」誤「之」。　×

044 **本或天作無誤耳**　監本「天作」作「作天」，是也。

045 **親巡其孤寡而共其乏困**　石經、宋本、淳熙本、岳本、足利本無上「其」字。

046 **孫武兵書云**　毛本「書」作「法」。

047 **將不言飢**　閩本、監本「飢」作「饑」。案，饑謂穀不熟也，與「飢餓」字有別。

048 **必須軍士皆食熟食**　宋本「熟」作

「孰」，下同。

049 **若單醪注流也** 閩本、監本、毛本「單」作「簞」。

050 **杜以分王半食** 重修監本「杜」誤「柱」。 ×

051 **不足徧及軍人** 閩本、監本、毛本「足」誤「得」。

052 **死知不曠** 石經此處殘缺，閩本、監本「知不」字誤倒。

053 **過再至曰次** 宋本、淳熙本、岳本、纂圖本、毛本「至」作「宿」，不誤。

054 **澤彰曰陂** 宋本、監本、毛本「彰」作「鄣」，是也。

055 **宿有妃嬙嬪御焉** 釋文云：「嬙，本又作『廧』，或作『牆』。」石經初刻作「牆」，後改「嬙」。案，錢大昕云：「說文無『嬙』字。陸氏云云，漢隸爿旁字或變从广，『廧』與『牆』實一字也。」

056 **夫先自敗也已** 釋文云：「本或作『夫差先自敗者』，非。」 ×

057 **爲二十年越滅吴起本** 宋本、淳熙本、足利本脱「本」字。

058 **冬十一月** 石經、宋本、淳熙本、岳本、足利本無「一」字。

經二年

059 **納衛世子蒯聵于戚** 諸本作「聵」，閩本、毛本誤「瞶」，後同。

傳二年

060 **注三揖卿大夫士** 宋本以下正義廿節揔入「兩靷皆絶」注下。

061 **土揖庶姓** 監本、閩本、毛本「土」作「士」，非也。

062 與外内同之　纂圖本、閩本、監本、毛本「外内」誤倒。

063 宵迷　石經初刻作「霄」，後改「宵」，諸本同。淳熙本「迷」誤「述」。

064 又奔喪之祖　宋本「祖」作「禮」，不誤。

065 免麻于宇東　宋本、監本、毛本「宇」作「序」，是也。

066 狀如今之著慘頭矣　宋本「慘」作「幓」，是也。

067 不知其虚實　淳熙本「知」作「智」，非也。

068 詩大雅緜之篇　閩本、監本、毛本「緜」作「綿」，俗字。

069 肥美呼居　宋本、監本、毛本「呼」作「可」，是也。

070 反易天明　石經初刻「易」誤「亦」，後改正。

071 欲擅晉國而滅其君　釋文云：「滅，或作『戕』。」

072 十里百縣　宋本、淳熙本、岳本、纂圖本、毛本「十」作「千」，不誤。

073 則縣方二十里耳　毛本「縣」誤「二」。

074 上大夫受縣　毛本「上」誤「土」。

075 去厮役　釋文「厮」作「斯」，云「字又作『厮』也」。按，説文無「厮」字，作「斯」乃古本也。

076 志父趙簡子之一名也　北宋刻本釋文亦作「一」，監本、毛本誤改，閩本「一」字改刻。

077 家國不爲之諱　宋本、毛本作「國家」，監本二字改刊，非原刻也。

078 不設屬辟　鄭注禮記喪大記、賈公彦疏儀禮士喪禮引並作「屬椑」。

079 記有杝棺梓棺杝謂椵也　閩本、監本、毛本「杝」作「椸」，非也，下同。

080 謂杭木與茵也　監本「杭」作「抗」，下同。按，說文「抗」字或从木作「杭」，儀禮「抗木」亦作「杭」，此作「抗」、作「杭」皆可。若今人「杭州」、「餘杭」之字，則字本作「斻」而譌改耳。

081 然則柩皆人挽　毛本「然」誤「他」。×

082 此用車馬載者　閩本、監本「此用」誤倒。

083 無入于兆　石經、宋本「于」作「於」。

084 當世豈無騏驥乎　宋本「乎」作「兮」，是也。

085 登鐵上　案，酈道元注水經河水篇、李善注文選長笛賦引「上」作「丘」。

086 故駒跳而遠去　監本「駒」誤「跔」。❷

087 施諸檗　宋本、毛本「施」作「扡」，是也。

088 羅無勇麇之　段玉裁案，廣韻十八吻「麇，邱粉切」，引左傳「無勇麇之束縛也」，葢傳本作「麇」字，所謂本無其字依聲託事也。「麇」則後人所製俗字。十七準又有「麇」字，邱尹切，則更俗矣。

089 釋君助臣　此本「助」誤「時」，閩本同，據宋本、淳熙本、岳本、纂圖本、監本、毛本改正。

090 鞅簡子名　毛本「簡子」誤「節公」。

091 無折骨無面傷　惠棟云：「鄭司農注周禮大祝云『無破骨無面夷』。案，外傳晉惠公、韓之誓曰『將止無面夷死』，此求勝之辭，故云『無面夷』。」

092 集成也　淳熙本「集」誤「筋」。×

093 大命至敢愛　宋本「至」下有「不」字。

094 在軍無珪璧故以佩玉　諸本脱「玉」字，據宋本補。監本「珪」作「圭」。

095 斃于車中　釋文云：「斃，本亦作『弊』。」

096 傅傁曰　諸本作「傁」，石經此本殘缺，釋文云「又作『叟』」。

097 公孫尨稅焉　閩本、監本「尨」作「龍」，非也。

098 爲范氏收周人所與田之稅　淳熙本「收」作「取」。

099 吾伏弢嘔血　釋文云「嘔，本又作『喀』」，與外傳合。

100 我功爲上　宋本、淳熙本、岳本、纂圖本、足利本無「我」字。

101 冬蔡遷于州來　毛本脱「冬」字，監本空闕。

經三年

102 故推齊使爲兵首　淳熙本「使」作「師」。案，正義本作「使」。

103 自非霸王之命　閩本亦作「王」，宋本、監本、毛本作「主」，是也。

104 子圍父也　宋本「子」下有「不」字，與穀梁合。

105 齊衛圍之　毛本「圍」誤「國」。

106 貪國以距父耳　重修監本「貪」誤「食」。

107 今琅邪開陽縣　纂圖本、毛本「邪」作「琊」。案，「邪」、「琊」古今字。

108 無傳　毛本「傳」誤「博」。

傳三年

109 注司鐸宮名　宋本以下正義四節揔入「孔子在陳」節注下。

110 雖易公小宮　宋本、監本、毛本「易」作「是」，是也。

111 庀具也　諸本作「庀具」，此本誤「它其」，今改正。

112 宰人冢宰之屬　宋本「冢」作「家」。

113 巾車脂轄　釋文云：「轄，本又作『鎋』。」　×

114 官人肅給　惠棟云：「石經似作『宜人』。」

115 以濡物冒覆公屋　淳熙本「冒」誤「胃」。　×

116 周禮大宰云　毛本「大」誤「夫」。　×

117 言始和者　閩本「始」誤「治」。　×

118 猶拾瀋也　淳熙本「拾」誤「治」。

119 於是乎去表之槀　葉抄釋文亦作「槀」。石經、宋本、岳本作「槀」，从禾是也。釋文云「古老反」。

120 風所向者　釋文「向」作「鄉」。　×

121 道還公宮　釋文云：「還，本又作『環』。」　×

122 周匝公宮　宋本、足利本「匝」作「帀」。

123 社諸侯親廟四焉　宋本、監本、毛本「社」作「禮」，是也。

124 劉氏范氏世爲婚姻　淳熙本、岳本「婚」作「婚」；宋本作「昏」，與石經合。

125 至握國權　宋本「至」作「既」，是也。

126 欲付以從事　宋本、岳本、纂圖本、監本、毛本「從」作「後」，是也。

127 女也則肥也可　監本「女」改「汝」。

128 當欲問不立康子之意　宋本「立」作「位」，非也。

129 荀寅至而出　宋本此節正義在「癸丑奔」節注下。

130 又使其救己之徒　諸本作「徒」，此本誤「徙」，今改正。

經四年

131 盜殺蔡侯申　釋文亦作「殺」，云「申志反」。石經作「弑」。

132 蔡殺其大夫公孫姓　釋文云：「姓，本又作『生』。」

133 葬滕頃公　淳熙本「滕」誤「蔡」。

傳四年

134 蔡昭侯將如吴　顧炎武云：「石經『蔡』誤作『葬』。」案，石經此處缺，所據乃補刊本。

135 承音懲蓋楚言　岳本「言」下有「也」字。惠棟云：「『承讀爲懲』，經傳無文。詩魯頌曰『戎狄是膺，荆舒是徵，則莫我敢承』，毛傳曰『承，止也』。傳言『承』者，謂諸大夫皆欲止之也。」

136 注承音懲蓋楚言　宋本以下正義二節揔入注文「盱即霍也」之下。

137 公孫盱　纂圖本、閩本、監本、毛本「盱」作「旴」，非也，注同。

138 爲一昔之期　監本「昔」誤「備」。

139 右師軍於倉野　郡國志「倉」作「蒼」。

140 蒼野在上雒縣　宋本、淳熙本、岳本、纂圖本、閩本、監本、毛本「蒼」作「倉」。郡國志引注「縣」下有「南」字。

141 注命大至監尹　宋本「至」字作「夫别縣」三字。此節正義在「而盡俘以歸」之下。

142 少習商縣武關也　郡國志引注「縣」下有「東」字。

143 與其五大夫　石經「大」字起，以下兩行皆九字。

144 弦施弦多　諸本作「施」，此本誤「弛」，今改正。

145 逆時　案，水經濡水注引作「曲逆」，漢封陳平爲侯即是地也。今諸本作「逆時」。

146 遂墮臨　宋本此節正義在注「弦施與鮮虞會也」之下。

147 今趙國柏人縣也　監本「柏」作「栢」。×

經五年

傳五年

148 使爲柏人　監本凡「柏」字皆作「栢」，與石經不合，下同。

149 昭子范吉射也　岳本脱「也」字。

150 爾從主　此本「主」誤「王」，閩本同。據石經、宋本、淳熙本、岳本、纂圖本、監本、毛本改正。

151 諸大夫恐其爲大子也言於公曰君之齒長矣未有大子若之何　案，惠棟云：「服虔曰『爲子爲大子也，荼少，故恐立之』，言君長未有大子，一旦不諱，當若之何，欲齊侯早立也。案，今本『爲子』作『爲大子』，疑後人所增。杜無注，或杜所增也。」

152 則有疾疢　釋文云：「疢，本或作『疹』。」×

153 閒於至無君　宋本以下正義二節揔入「何黨之乎」注下。

154 不得飲樂　浦鏜正誤「飲」作「歡」。

155 寘羣公子於萊　釋文云：「羣，或作『諸』。」×

156 景公死乎不與埋　淳熙本「埋」誤「理」。

157 哀羣公子失所　閩本「子」字空闕。

158 注師衆也黨所也之往也至公子失所　宋本作「師衆至失所」。

159 嬖大夫也　閩本、監本、毛本脱「也」字。

160 詩曰至攸塈　宋本以下正義二節摠入「不守其位」節注下。

161 民之攸塈　石經、宋本、淳熙本、岳本「塈」作「壁」，注同，是也。

附釋音春秋左傳注疏卷第五十七　止

附釋音春秋左傳注疏卷第五十八哀公六年盡十一年

經六年

162 任城元父縣北有郠婁城　郡國志引注「郠」作「瑕」，是也。

163 叔還會吳于柤　石經此處殘缺，「吳」字以下一行計十一字。

164 楚子軫卒　釋文云：「軫，史記作『珍』。」

165 注爲陳乞所逆故書入　宋本作「注爲陳至書入」。

166 所以明乞立陽生而荼見弒　諸本作「荼」，此本誤「茶」，正義同，今改正。

167 楚比劫立　淳熙本「比」誤「此」。

168 故不容於誅也　監本、毛本「故」作「固」，非也。

傳六年

169 師于城父　閩本、監本「于」誤「干」。

170 陳盟在昭十一年　宋本、淳熙本、岳本、纂圖本、閩本、監本、毛本「一」作「三」，是也。

171 需事之下也　宋本此節正義在「國人追之」節注下。

172 晏圉嬰之子　宋本、淳熙本、岳本、足利本「晏圉」作「圉晏」，是也。

173 前已敗於柏舉　纂圖本、監本、毛本「舉」誤

174 注前已至是敗　宋本以下正義五節揔入「又曰」節注下。

「人」。

175 五辭而後許　釋文云：「辭，本又作『辤』。」×

176 江漢雎漳　北宋刻釋文亦作「睢」，石經誤「雎」。家語、水經注並引作「沮」，李善注文選登樓賦云「『雎』與『沮』同」。

177 正義曰土地名　宋本「土」作「此」。

178 楚昭王知大道矣　諸本作「大道」，釋文云「本或作『天道』，非」。

179 以爲逸書　宋本「以」上有「故」字，是也。

180 注召在至之次　宋本以下正義二節揔入「葬諸殳冒淳」注之下。

181 謂遣意來召　宋本「意」下有「兹」字。

182 甞獻馬於季孫　纂圖本、閩本、監本、毛本「於」作「于」，非。

183 戒使無曳言　宋本、淳熙本、岳本、纂圖本、閩本、監本、毛本「曳」作「洩」，釋文同。按，當作「泄」。

184 差車王車之官　宋本、淳熙本、岳本、纂圖本、監本、毛本「王」作「主」，不誤。

185 使胡姬以安孺子如賴　史記齊世家、田完世家、十二諸侯年表、漢書古今人表並作「晏孺子」。陳樹華云：「『安』與『晏』古字通也。」

186 内有飢荒之田　毛本「飢」作「饑」。

經七年

187 夏公會吳于鄫　釋文「鄫」作「繒」，云「一本作『鄫』」。陳樹華云：「穀梁、史記吳世家、魯世家、孔子世家並作『繒』，是所據本有異也。」

188 **鄗今琅邪鄗縣** 纂圖本、閩本、監本、毛本「邪」作「琊」。

189 **内外之辭** 岳本、纂圖本、監本、毛本「内外」作「外内」。

傳七年

190 **君若以禮命於諸侯** 石經「禮」字改刻，初刻誤「體」。

191 **吴王百牢** 宋本以下正義五節揔入注文「弃禮知其不能霸也」之下。

192 **莫適用也** 宋本、毛本「適」作「敵」字。按，此「適」音的，主也，作「敵」者誤。

193 **棄天而背本** 石經「棄」字起一行，計十一字。

194 **放棄凶疾** 宋本「放」作「其」，非也。

195 **蓋言君長大於道路** 宋本、淳熙本、足利本無「蓋」字。

196 **畏大國** 淳熙本「國」誤「匡」。

197 **羸以爲飾** 釋文云「羸，本又作『倮』」，與王符潛夫論引合。按，當作「羸」爲正。

198 **皆周大王之子** 閩本、毛本、監本「大」誤「文」。

199 **故舉吴之上祖以計之** 閩本、監本「訐」作「計」，非也。

200 **謂治其本國歧周之禮** 宋本、閩本、監本「歧」作「岐」，是也。

201 **皆馬遷繆耳** 閩本、監本「繆」作「謬」。

202 **注諸侯至執帛** 宋本以下正義三節揔入注文「爲明年吴伐我傳」之下。

203 **以玉作六瑞** 宋本、監本、毛本「六」作

「五」，誤也。

204 鄭以爲每一師領百國　監本「領」誤「傾」。

205 去其方五十里之國二百　宋本「百」下有「里」字。

206 以百里之方一　宋本「一」作「二」，是也。

207 又以百里之方一爲七十里之國二　浦鏜正誤「二」下依王制正義補「又以百里之方一爲五十里之國四」十四字。

208 猶聞鍾聲　石經、宋本、岳本、纂圖本、閩本、監本、毛本「鍾」作「鐘」。

209 魯繫柝聞於邾　釋文云：「柝字，又作『㰋』，同。」案，説文作「㰋」。

210 手持兩木以相敵　案，周禮正義引鄭注「敵」作「敲」，是也。

211 平陽縣西北有瑕邱城　監本「城」誤「縣」。

212 前者魯得邾之繹民　毛本「之」作「子」，非也。

213 或夢衆君子　宋本以下正義二節揔入注文「有黍邱亭」之下。

214 衆君子諸國君妾耳　閩本「妾」字模糊，宋本、監本作「妾」，是也。

經八年

215 宋公既還　纂圖本、閩本、監本、毛本「公」作「人」，非也。

216 夏齊人取讙及闡　諸本作「讙」；漢書地里志引作「鄻」，説文亦作「鄻」。

217 闡在東平剛縣北　宋本、淳熙本、岳本、足利本「對」作「剛」，是也。閩本空缺，纂圖本、監本、毛本誤「劉」。案，顧景范方輿紀要云：「應劭曰『剛城，故闡邑也』。戰國時爲齊之剛邑，秦昭王卅六年取齊剛壽即此。漢置剛縣，屬泰山郡。後漢屬濟北國。晉曰剛平。水經注云『又西南過岡縣北』，是也，後訛『剛』爲『堽』，今有堽城壩。」此本作「對」，亦形相近而誤。陳樹華云：「『東平』當作『茌平』。不知茌平別是一縣，非郡名也。晉志東平郡有剛平。」

218 未同盟而赴以名　宋本「未」誤「來」。

219 無官使也　宋本、淳熙本、岳本、纂圖本、足利本「官」作「旨」，葉抄釋文同。文十五年正義引作「指使」。

220 正義曰定十年　「十年」二字此本脱，閩本同，據宋本、毛本補；監本初刻亦脱，後擠刊。

傳八年

221 曹人詬之　釋文云：「詬，本又作『訽』。」案，説文作「詬」，「从言后聲」，「訽」下云「詬或从句」。

222 執曹伯　石經「伯」下有「陽」字，與李善注運命論同。

223 問可伐否　宋本、淳熙本、岳本、足利本「否」作「不」，是也。案，古書之「不」，後人多改爲「否」。

224 問於叔孫輒　宋本以下正義六節揔入「吴人盟而還」注下。

225 兵敗奔齊於後自齊奔吴　此本實缺「齊於」二字，據宋本補；閩本、監本、毛本二字誤倒，「於」作「于」。

226 吴子令問之　宋本「令」作「今」。

227 君子至讎國　宋本「至」字作「違不適」。

228 如鬬辛之徒　宋本、閩本、監本、毛本「鬬」作「鬭」，重脩監本作「國」，非也。

229 告有伐本國者　宋本、岳本、纂圖本、閩本、監本、毛本「告」作「若」，是也。

230 唯此二人故也　監本「此」誤「比」。×

231 王問於子洩　釋文「洩」作「泄」，是也，云「又作『洩』」。×

232 與晉而四　宋本、淳熙本、岳本、纂圖本、監本、毛本「晉」作「魯」，是也。

233 拘鄫人之漚菅者　惠棟云：「鄭康成注考工記引作『渥菅』，釋文云『渥，烏豆反，與漚同』。」

234 何故使吾水滋　說文引作「水茲」，葉抄釋文同，云「本亦作『滋』字」。按，依說文則「滋」乃水名，左傳字不从水。

235 謂武城邑懼子羽爲吳內應　宋本「邑」下有「人」字。

236 令知非者　宋本、閩本、監本、毛本「令」作「今」，是也。

237 王犯嘗爲之宰　毛本「犯」作「范」，非也。×

238 文繼武城之下　監本、毛本「文」誤「又」。×

239 獲叔子與析朱鉏　釋文亦作「鉏」，纂圖本、閩本、監本、毛本誤「組」。×

240 故不可望得　足利本記云：「『得』下異本有『魯國』二字，非也。」

241 明日舍于庚宗　石經「于」作「於」。×

242 三百人行至稷門一　監本、毛本「一」作「內」。盧文弨挍本云「疑作『下』」，亦非。案，「一」字乃衍，宋本、淳熙本、纂圖本、足利本所無。

243 畏微虎　淳熙本、岳本、足利本「虎」下有「也」字。

244 析骸而爨　釋文：「骸，本又作『骨』。」　×

245 弗從景伯負載造於萊門　惠棟曰：「鄭詩箋云『載猶戴也』，謂負戴器物，劉光伯說是也。」

246 魯人不以盟爲了　毛本「了」作「子」，非也。

247 栫之以棘　釋文「栫」作「荐」，「注同」，云「本又作『栫』」。惠棟云：「說文云『以柴木壅也，从木，存聲』，本又作『洊』。釋文作『荐』，音在薦反。」

248 栫壅也　釋文亦作「壅」，岳本、監本、毛本作「擁」，非也。

249 賓如臧會子○　淳熙本「○」作「也」，亦衍文；宋本、岳本、纂圖本、閩本、監本、毛本作「臧會子」，無「○」是也。

250 注明閭至略之　宋本此節正義摠入「冬十二月」節之下。

251 麇之以入　諸本作「麇」，此本作「麋」，今改正。

經九年

傳九年

252 公孟綽　釋文云：「綽，本又作『卓』，同。」　×

253 齊與魯平　重脩監本「平」誤「乎」。

254 瑕請取於他國　岳本「國」下有「也」字。　×

255 宋公伐鄭　宋本以下正義六節摠入「乃止句」注下。　×

256 西北至宋口入淮　宋本「宋」作「末」，是也。案，毛誼父六經正誤云「西北至末口，『末』作『未』，誤」，然則毛氏所見南宋監本已不作「末口」矣。

257 今廣陵韓江是　監本、毛本「韓」作「邗」。

258 炎帝爲火師　淳熙本「炎」上衍「故」字。

259 立爲天子　宋本、淳熙本「立」作「五」。案，正義亦作「五」。山井鼎云「足利本云『立』字，異本作『五』」。所謂異本多不可信，此云作「五」不誤。

260 宋鄭爲昏姻甥舅之國　纂圖本、閩本、監本、毛本「昏」作「婚」。

261 今卜得帝乙卦　宋本「乙」下有「之」字。

262 或可時實有親　監本「可」作「何」，非。

263 言其昏姻勢敵　閩本、監本、毛本「昏」作「婚」。

264 吉在彼　淳熙本「吉」誤「言」。

265 反與魯謀伐齊　此本無「謀」字，閩本同，據諸本補。閩本、毛本「與」作「爲」，非也。

經十年

266 郲子益來奔　宋本以下正義二節揔入注文「書會從不與謀」之下。

267 郲子又無道　宋本「又」作「人」，非也。

268 注書會至與謀　宋本「至」作「從不」二字。

269 故言及某同行　監本「及」作「反」，非也。

270 故言會其伐某　宋本、監本、毛本「其」作「某」，是也。

271 以疾赴故不書弑　釋文「弑」作「殺」，「申志反」。

272 來未同盟而赴以名　閩本、監本、毛本「來」作「夷」。

傳十年

273 終子貢之言　監本「終」誤「絲」。

274 齊人弒悼公　釋文「弑」作「殺」，「申志反」。×

275 故令興兵　宋本、淳熙本、岳本、足利本「令」作「今」。

276 再令瀆也　淳熙本「瀆」誤「賣」。

277 犂一名隰　釋文云：「隰，本或作『濕』。」×

278 注犂一名隰　宋本此節正義在「毀高唐之郭」節之下。

279 犂即犂邱也　宋本「犂邱」作「黎邱」，下同。

280 知伯親禽顏庚　宋本、毛本同，與廿三年傳合。閩本、監本「禽」作「擒」。

281 二十七年　宋本「年」下有「傳」字。

282 是犁一名隰　宋本「犁」作「黎」。×

283 世稱知伯　宋本「世」字上有「世稱趙孟知氏」六字。

經十一年

284 滕子虞母卒　淳熙本、岳本、閩本「母」作「毋」。案，六經正誤云「作『毋』誤，興國本作『母』」。

傳十一年

285 齊北盧縣　宋本、淳熙本、岳本、足利本「齊」作「濟」，是也。

286 二子從公禦諸竟　釋文「禦」作「御」，云「本又作『禦』」。×

287 竟内近郊之地　纂圖本、閩本、監本、毛本脱「之」字。

288 一室敵車　此本「一」字空闕，據石經、宋本、淳熙本、岳本、纂圖本、閩本、監本、毛本補。

289 二子之不欲戰也宜　石經「宜」字下後人旁增「哉」字，非也。

290 言子所問　纂圖本「子」上衍「君」字。

291 是謂我不成丈夫也　釋文云：「本或作『大夫』，非。」×

292 有子曰就用命焉　劉原父春秋權衡云：「案，『有子』當作『子有』。『子有』者，冉求字也。仲尼門人字多云子某者，不得云『有子』也。」

293 公叔務人　正德本、閩本、監本「叔」誤「孫」，毛本作「務」，亦非。

294 繇役煩　釋文云：「繇，本或作『傜』。」案，作「傜」是也。×

295 抽矢策其馬　釋文：「策，本或作『筴』。」×

296 銳請也　宋本、淳熙本、岳本、纂圖本、監本、毛本「請」作「精」，是也。×

297 我不欲戰而能默　釋文云：「默，本亦作『嘿』。」×

298 公爲與其嬖僮汪錡乘　釋文「僮」作「童」，云「本亦作『僮』」。案，說文「童子」字作「僮」。禮記作「與鄰重汪踦」，鄭注云「『重』當爲『童』，春秋傳曰『童汪踦』」。

299 可無殤也　石經「殤」字改刊，初刻誤「傷」。

300 注時人至當殤　宋本「至」作「疑童子」三字，此節正義在「冉有用矛」節注下。

301 以夏后氏之堲周葬中殤　毛本「堲」誤「塈」。

302 封內之田悉賦稅之　纂圖本、監本、毛本「悉」誤「⿱邑心」。

303 長器鍾鼎之屬　宋本、岳本「長」作「大」，「鍾」作「鐘」；淳熙本、足利本亦作「大」，是也。

304 腶脯焉　釋文云：「腶字，亦作『鍛』。」×

305 稻醴粱糗腶脯　宋本此節正義在「曰何不吾諫」節注下。

306 月令命作酒云　浦鏜正誤云：「『作酒』二字疑『大酋』之誤。」

307 白粱粟　宋本「白」作「好」，非也。

308 展如將右軍　纂圖本、監本、毛本「展」誤「辰」。

309 桑掩胥御國子　石經「掩」字起一行，計九字。

310 歌虞殯　宋本以下正義六節摠入「齊至無日矣」注下。

311 葬即下棺　監本、毛本「即」作「則」，非也。

312 擊虞駿之云　宋本、監本、毛本「擊」作「摯」，「駿」作「駮」，是也。

313 陳子行命其徒具含玉　釋文云「含，本又作『唅』」，初學記引同。

314 賜子貢孔子弟子　岳本「子」下有「也」字。

315 褧之以元纁　釋文作「褧以元纁」，云「一本作『熨之以元纁』」，又云「纁，本亦作『勳』」。

316 王及列士皆有饋賂　釋文云：「饋，或作『餽』。」

317 吴其泯矣　石經、宋本「泯」作「泜」，避所諱。

318 暫遇姦宄　重脩監本「宄」誤「究」。

319 屬其子改姓爲王孫欲以辟吴禍　岳本「以」字在「其」字上。

320 而縣吾自於吴門　宋本、閩本、監本、毛本「自」作「目」，不誤。案，國語吴語「吴」作「東」。

321 盛之鴟夷　監本、毛本「之」作「以」，與今國語同。

322 初晉悼公子慭亡在衛　釋文云：「慭，一作

『整』。」

323 注胡簋至曰簋　宋本以下正義三節揔入「魯人以幣召之」注下。×

324 夏曰胡　閩本、監本「胡」作「瑚」。×

325 以治國之具地　宋本「以」作「亦」，是也。

326 季康子使公華公賓公林　宋本亦作「華」，是也；閩本、監本、毛本誤「葉」。

327 通出馬一疋　監本、毛本「疋」作「匹」。×

328 注邱賦至田賦　宋本此節正義在「若不度於禮」節注下。

329 但不知若爲用之　監本、毛本「爲」作「何」。

330 井共一馬三牛　宋本「井」作「并」。

331 舊田與家資官賦　宋本、監本、毛本「官」作「同」，是也。

332 使冉有訪諸仲尼　岳本「諸」作「於」。

333 度於禮　石經「度」字起一行，計九字。

334 施取於厚　石經、宋本、淳熙本、岳本、纂圖本、監本、毛本「於」作「其」，是也。

335 邱十六井　淳熙本「六」誤「大」。

35—336 出戎馬一疋　毛本「疋」作「匹」。×

附釋音春秋左傳注疏卷第五十八　止

校　記

❶ 此條南昌本作「用之爲正當當是食官之長」：宋本、監本、毛本『用』作『謂』。○補：案，此本『當』字疑誤重」。

❷ 「登鐵上」與「故駒跳而遠去」二條，南昌本位置互換，與南昌本左傳注疏合。

春秋左傳注疏校勘記卷三十六

36—001 附釋音春秋左傳注疏卷第五十九哀十二年盡十五年　宋本春秋左傳正義卷第三十六。

經十二年

002 橐皋在淮南逡遒縣東南　郡國志「逡」作「浚」。

003 廣陵海陵縣東南有發繇亭　宋本、岳本、足利本「亭」作「口」；淳熙本「亭」字改刊，初刻似亦作「口」也。

004 是歲置閏　宋本、淳熙本、岳本、纂圖本、閩本、監本、毛本「歲」下有「應」字，是也。

005 司厤誤一月　宋本「一」作「十」，非也。

傳十二年

006 昭公娶于吴　釋文「娶」作「取」，云「本亦作『娶』」。

007 注諱娶至宋女　宋本以下正義三節揔入「孔子與弔」節注下。

008 宋是子姓長女字孟　重脩監本「字孟」誤「音盡」。

009 若言此夫之　宋本、監本、毛本「之」作「人」，是也。

010 過而知悔也　毛本「悔」誤「晦」。

011 籍小君之尊　浦鏜正誤「籍」作「藉」。

012 至令仲尼釋己之経　閩本、監本「経」誤「經」。

013 故與弔也　纂圖本、監本、毛本「與」作「爲」，非也。

014 季孫不服喪　纂圖本、閩本、監本、毛本「孫」誤「氏」。

015 哀公誅之　宋本、監本、毛本「誅」作「誄」，是也。 ×

016 子貢譏云　監本、毛本「貢」作「贛」。 ×

017 又世家又諸書　監本、毛本下「又」字作「及」，宋本同，是也。宋本「諸」作「語」，非。

018 而來與用　宋本、監本、毛本「用」作「弔」，不誤。 ×

019 於傳文上下　閩本、監本、毛本「文」作「云」，非也。 ×

020 理其符同　宋本、毛本「其」作「甚」，監本「甚」字改刻。 ×

021 君之母妻則不名也　宋本「不名」作「小君」，與儀禮喪服傳合。

022 謂老苦有廢疾而致仕者也　宋本「苦」作「若」。案，「癈疾」之「癈」當作「癈」。

023 孔子不得服弔服　宋本上「服」字誤「成」。

024 大夫之弔服弁絰　諸本作「弁」，此本誤「牟」，今改正。

025 纏而不糾也　宋本「糾」作「以」，非。

026 或弔者先拜　此本「或」字模糊，依宋本改；閩本、監本、毛本誤「成」。

027 若可尋也　諸本作「尋」，儀禮有司徹篇鄭注引作「燖」，俗字。

028 注尋重也寒歇也　宋本以下正義四節摠入「從之固矣」注下。

029 子羽衛大夫　岳本「夫」下有「也」字。

030 噬齧也　釋文云：「齧，本或作『嚙』。」

031 宜應貶此三國　毛本「宜」誤「以」。

032 則三國私盟　考文「三」作「二」，誤。

033 仲尼爾從而不書之耳　宋本、監本、毛本「爾」作「亦」，是也。

034 凡三會一伐三盟　宋本、監本、毛本「一」作「三」，是也。

035 藩籬　釋文「籬」下有「也」字。

037 而藩其君舍以難之　諸本作「藩」，此本誤「籓」，今改正。

038 子盍見大宰　石經「宰」下有「嚭」字。

039 若本不爲制請者　宋本、淳熙本、岳本、纂圖本、閩本、監本、毛本「制」作「衛」，是也。

040 十月之昏則伏矣　此本「矣」字模糊，據宋本改；閩本、監本、毛本作「火」，誤也。

041 則是夏九月　宋本「九」作「十」，是也。

042 言諸儒皆以爲時　此本「時」字模糊，據宋本補；閩本、監本、毛本作「冬」。

043 隙地間田　宋本、岳本「間」作「閒」。釋文云「閒田，一本作『閒地』」。

044 玉暢　釋文「玉」作「王」。

045 錫　石經、宋本、岳本、纂圖本、閩本、監本、毛本「錫」作「鍚」，是也，下同。監本「鄭取鍚」誤「鄭取錫」。

046 十二月鄭罕達救嵒丙申圍宋師　石經「二」字以下十字皆改刻，因初刻脱「月」字也。

047 更具列其月以爲別者　淳熙本「具」作「其」，非也。

048 明傳文無較例　重脩監本「較」誤「較」。

經十三年

049 夏許男成卒　葉抄釋文云:「成,本或作『戌』。」 ×

050 故使承而書之　宋本、岳本、足利本「使」作「史」,是也。 ×

051 七年會吳于鄫　重脩監本「鄫」誤「鄭」。

052 以告今諸侯　宋本、閩本、監本、毛本「今」作「令」,是也。 ×

053 見于旦也　宋本同,與公羊傳合;閩本、監本、毛本「于」作「乎」。

傳十三年

054 空虛之名不有　岳本、足利本「名」字作「各」。按,「各」是也。「各不有」者,宋、鄭皆不有之,如子產所約也。

055 不與會　宋本「會」下有「也」字。 ×

056 越子伐吳爲二隧　顧炎武云:「『隧』即古『隊』字。」按,傳文「隧」多訓爲道,「隊」乃古之「墜」字,絕不相涉。今俗語謂「衆若干爲一隊」,則非古人語言。

057 今東陽大宋縣　宋本、淳熙本、岳本、纂圖本、足利本「宋」作「末」,是也,釋文同。 ×

058 不可以見讎而弗殺也　石經「弗」字改刻,初刻誤「不」。

059 自到七人於幕下　淳熙本「幕」誤「募」。

060 吳爲大伯後　淳熙本「爲」誤「後」。

061 趙鞅至知也　宋本以下正義十二節揔入注文「終伍負之言」之下。

062 乃令董褐請事　宋本、閩本、監本、毛本作「董」，此本誤「董」，下同，今改正。

063 則吴請先戰　監本「吴」誤「吾」。 ✕

064 立鼓繫之與戰也　宋本、閩本、監本、毛本「繫」作「擊」，是也。 ✕

065 傳元云　宋本、毛本「傳」作「傅」，是也。 ✕

066 二伯各主一方　毛本「各」誤「名」。 ✕

067 則晉成爲伯矣　石經「矣」字以下至卷末皆殘缺。

068 七年傳　宋本「傳」作「使」。

069 有事於上帝先王　正義曰「周之十月非祭上帝先公之時」，則「先王」似當作「先公」。惜石經殘缺，無以正之。

070 言吴士不恤下　毛本「士」作「主」，亦誤；宋本、淳熙本、岳本、足利本「士」作「王」，是也。

071 告己之乏食也　閩本、監本、毛本「食」作「飲」。 ✕

072 軍中不得出粮與人　閩本、監本、毛本「粮」作「糧」。案，「糧」、「粮」古今字。

073 穀以秋孰　閩本、監本、毛本「孰」作「熟」。

074 言欲致餅并致飲也　宋本「餅」作「飯」。案，盧文弨挍云：「『餅』乃『餠』之訛，見桓二年釋文。『餠』『飰』皆同『飯』。」

075 吴所營軍之房　宋本「房」作「旁」，是也；監本、毛本誤「方」。

076 殺其丈夫　釋文云：「丈夫，本或作『大夫』，誤。」 ✕

077 經十四年　石經春秋經傳集解哀下第卅，岳本「哀」下有「公」字，並盡廿七年。

078 設武備而不爲書　宋本、閩本、監本、毛

本「書」作「害」，是也。 ×

079 音中鐘呂　閩本、監本、毛本「鐘」作「鍾」。

080 案此時去漢二百七十有餘年矣　監本、毛本「二」作「三」，非也。續漢志云「獲麟至漢，二百七十五歲」。李銳云：「下『三百許歲』亦『二百』之誤。」

081 潁容等　宋本、監本、毛本「潁」作「穎」，非。

082 子爾不言　宋本、監本、毛本「子」作「了」，是也。

083 獲麟以上　毛本「上」作「土」，非。 ×

084 而昭三十一年傳　監本、毛本「三」誤「二」。 ×

085 自此巳下　宋本「巳」作「以」，古字通。 ×

086 齊陳恒執其君寘于舒州　惠棟云：「史記齊世家云『田常執簡公于徐州』、司馬貞曰『徐字从人，說文作𨛭』，竝音舒。戰國策齊一篇曰『楚成王戰勝于徐州』，高誘曰『徐州，或作舒州，是時徐屬齊』。案『徐』、『舒』古字通。」

087 陳宗豎出奔楚　諸本作「豎」，此本誤「登」，今改正。

088 莒子狂卒　石經、宋本、淳熙本、岳本「狂」作「狂」，與葉抄釋文合。案，錢大昕云「考古字書無『狂』字」。

傳十四年

089 注大野至商名　宋本以下正義三節揔入「仲尼觀之曰」節注下。

090 鉅訓大也　閩本、監本、毛本作「鉅」，此本誤「臣」，今改正；宋本作「巨」。案，作「巨」者是。

091 棄郭外　宋本「郭」上有「之」字。

092 取公羊之説飾之　宋本「飾」作「節」，是也。

093 由仲尼辨之故也　閩本、監本、毛本「辨」作「辯」。

094 季氏之墳羊　監本、毛本「墳」作「羵」。

095 故辭不能也　閩本、監本、毛本「不」上衍「而」字。

096 可以沐頭　毛本「沐」作「浴」，非也。

097 盟諸陳於陳宗　宋本以下正義五節揔入注文「悔不誅陳氏」之下。

098 使爲臣他日　石經「臣他」二字改刊，因初刻誤倒也。

099 廩邱子意兹　宋本、岳本、纂圖本、閩本、監本、毛本「廩」作「稟」。

100 子芒盈　宋本、岳本、纂圖本、毛本作「芒子盈」。山井鼎云：「或作『子芒盈』，非。」

101 侍人禦之　釋文「禦」作「御」，云「本亦作『禦』」。

102 素在内　淳熙本「在」誤「任」。

103 子我歸屬徒攻闈與大門　石經「歸」下有「帥」字，衍文也。屬，之欲反，屬則不必更言「帥」矣。

104 子方取道中行人車　監本、毛本「人」誤「入」。

105 知其矯命　釋文「矯」作「橋」，云「本又作『矯』」，詳釋文挍勘記。

106 遂使東　宋本、淳熙本、岳本、足利本「遂」作「遂」，是也。

107 左師每食擊鍾聞鍾聲　石經、宋本、岳本、纂圖本、毛本「鍾」作「鐘」。

108 主迹禽獸者　淳熙本「主」誤「王」。　×

109 注主迹禽獸者　宋本以下正義三節揔入「吴人惡之」節注下。

110 逢澤有介麋焉　釋文亦作「麋」，云「本又作『麇』」。石經、宋本、淳熙本作「麇」。案，王應麟困學紀聞、昭十四年正義引並作「麇」。「逢」作「逄」，非。

111 言逢澤在熒陽　纂圖本、監本、毛本「熒」誤作「榮」。齊召南云：「『熒陽』二字似衍文。案，漢志本文：『開封，逢池在東北，或曰宋之逢澤也。』漢時開封屬河南郡，晉始屬熒陽郡，似不得以晉時郡名混入漢志也。」

112 開封縣逢澤在東北　案，漢書地理志「澤」作「池」。

113 梁惠王廢逢忌之藪　案，漢志「廢」作「發」。

114 今浚儀縣有逢忌陂是也　案，漢志「逢忌陂」作「逢陂忌澤」。

115 牙璋琢以爲牙　宋本「琢」作「瑑」，是也。

116 臣之罪大　淳熙本「臣」誤「氏」。

117 司馬牛致其邑與珪焉　此本「與珪」二字實缺，據石經及諸刻本補。

118 公文氏攻之　此本「文氏」二字實缺，依石經及諸刻本補。

119 亦不與魋同　宋本、淳熙本、足利本「亦」作「示」，是也。　×

120 錄其卒葬所在　此本「錄」字實缺，據諸本補。

121 孔某三日齊　釋文云：「齊，本又作『齋』。」×

122 袒免哭于衢　淳熙本「袒」誤「祖」。

123 不成歸成　宋本、淳熙本、岳本、纂圖本、閩本、監本、毛本上「成」字作「敢」，是也。×

經十五年

124 齊高無丕出奔北燕　監本「丕」誤「平」，下同。

傳十五年

125 遂城輸　此本「城」字實缺，據石經及諸刻本補。

126 宣城廣德縣　諸本作「廣」，此本實缺，今補正。

127 聘禮至將命　宋本以下正義二節揔入注文「傳言芋尹蓋知禮」之下。

128 聘禮文也　此本「文」字實闕，閩本同，據宋本、監本、毛本補。

129 賓入竟而死遂也　毛本「入」誤「人」。×

130 深以折之　此本「折」字實缺，據宋本補，閩本、監本、毛本作「辯」。

131 荐伐吴國　毛本「荐」作「薦」，非，注同。

132 大命隕隊　石經、纂圖本、閩本、監本、毛本「隊」作「墜」，俗字。

133 絶世猶言棄世　纂圖本、閩本、監本、毛本下「世」字誤也。

134 以共具殯斂所積聚之用　淳熙本「殯」誤「殰」。

135 一日使遷次　宋本、淳熙本、岳本「使」作「便」，是也。×

136 事死如事生禮也　宋本、岳本無下「事」字；

137 朝聘道死以尸行事　岳本「道」上有「而」字，「死」下有「則」字。纂圖本、閩本、監本、毛本「死」作「使」，非也。石經初刻有，後刊去。

138 又云聘遭喪入竟則遂也　監本、毛本「遭」作「禮」，非也。

139 不延凡　監本作「不筵几」，是也。

140 無穢虐士　淳熙本「虐」作「虘」，大謬。

141 而有背人之心　石經「而」下旁有「子」字，非唐刻也。本或作「人皆臣人子有背人之心」。

142 謂以邑入齊　監本「入」誤「人」。

143 曰人至貳乎　宋本「至」下有「不」字，此節正義在「公孫宿以其」節注下。

144 令公孫成而有背人之心　宋本、閩本、監本、毛本「令」作「今」，是也。

145 自稱昏姻家妾　纂圖本、閩本、監本、毛本「昏」作「婚」。

146 與豭　宋本以下正義四節摠入「先謂司徒」節注下。

147 課得牲耳　監本、毛本「課」作「難」。

148 難以文論也　宋本「文」作「禮」，是也。

149 迫孔悝於廁　釋文云：「孔悝，本又作『叔悝』。」

150 論語稱子路爲季季　宋本下「季」字作「路」，是也。

151 駕乘車言不欲戰　監本、毛本「言」誤「者」。

152 若倒此一句　宋本「一」作「二」。

153 子羔至辟其難　宋本無「辟」字。

154 曰無入爲也　淳熙本「也」誤「出」。

155 是公孫也　宋本、淳熙本、岳本、纂圖本、毛本「孫」下有「也」字。石經此行雖殘缺，然自「無入爲也」「也」字起至「求利焉」「利」字止，計十字，亦必有「也」字也。

156 不使冠在地　淳熙本「使」誤「吏」。×

157 莊公蒯聵也　諸本作「聵」，此本誤「聕」，今改正。

附釋音春秋左傳注疏卷第五十九　止

附釋音春秋左傳注疏卷第六十　哀十六年盡二十七年

經十六年

158 魯襄二十二年生至今七十三也　釋文云：「本或作『魯襄二十三年生至今七十二』，則與史記孔子世家異，此本非也。」

159 或可杜爲抑揚之辭　監本、毛本「可」作「曰」。

傳十六年

160 晉以王室之故　石經「晉」字後人旁增。

161 言天方受爾以休　淳熙本、足利本「受」作「授」。

162 煢煢余在疚　鄭司農注周禮大祝引作「嬛嬛予在疚」，說文引作「嬛嬛在疚」，蓋古字通也。

163 嗚呼　諸本作「嗚」，足利本作「烏」；石經此處缺，前後皆作「烏」，是也。

164 公誄至自律　宋本此節正義在「君兩失之」句下。

165 周禮大祝　監本「周」誤「問」。×

166 主爲其辭　監本「其」作「共」，非也。×

167 尼父因且字以爲之謚　監本、毛本

「且」誤「目」。段玉裁曰：「且字見儀禮注、禮記注、公羊傳注。古謂伯仲之下一字曰且字，如言仲山甫，則山甫是且字，合仲而爲字。蓋且字冠而有之，伯仲五十乃稱也。各注疏内『且』誤爲『其』，或爲『目』。此檀弓疏，今本皆誤。」

168 君兩失之　册府元龜七百九十六引此篇稱「余一人非名也，君兩失之亡國之風」，較多五字。又引服虔注「天子自謂一人，非諸侯所當名也」，然則其所據乃服本也。

169 使副車還取廟主　宋本「使」誤「貳」。

170 注使副至石函　閩本、監本、毛本「副」下有「車還」二字。此節正義宋本在「孔悝出奔宋」句下。

171 唯天子諸侯有主　閩本、監本、毛本「唯」作「惟」。 ×

172 許公爲反祏　諸本作「反」；釋文作「返」，云「本亦作『反』字」。按，説文「返」字下出「彶」篆，云「春秋傳返从彳」。今左傳不見有「彶」字，蓋班固所謂多古字古言，許慎所謂用古文者，盡爲轉寫改易矣。

173 得祏於櫜中　纂圖本、閩本、監本、毛本「櫜」誤「槖」。

174 與晉人謀襲鄭　案，石經此處殘缺。顧炎武云「『晉』誤作『爲』」，所據非唐刻也。

175 言楚國新復政令　監本、毛本「新」誤「雖」。

176 平以告子西　淳熙本「平」誤「乎」。 ×

177 市南有熊宜僚者　石經「熊」字下後人旁增「相」字；釋文云「本或作『熊相宜僚』」。案，後漢書崔駰傳、孔融傳注引傳並有「相」字，因宣十二年傳楚有熊相宜僚爲蕭人所囚，當涉彼文而誤衍。漢書古今人表無「相」字。

178 救劒揞其喉　宋本、監本、毛本「救」作「按」，亦非；宋本、岳本、纂圖本、足利本作「拔」，是也。

179 不洩人言　釋文「洩」誤「泄」，是也。　×

180 勝曰至去之　宋本以下正義三節揔入注文「傳終言之」之下。

181 抶豫章以殺人而後死　淳熙本「人」誤「之」。

182 殺王不祥　石經、宋本、淳熙本、岳本「殺」作「弒」。

183 公陽楚大夫　淳熙本「公」誤「父」。　×

184 盜賊之矢若傷君　纂圖本「矢」誤「夫」。

185 日日以幾　纂圖本下「日」字作「月」。案，毛詛父六經正誤云「『日日』作『日月』，誤」。釋文：「幾，本或作『冀』。」

186 而又掩面以絶民望　毛本「又」作「父」，非也。

187 言葉公得民心　毛本「公」誤「先」。

188 欲與白公并　纂圖本「與」誤「爲」。　×

189 使與國人以攻白公　釋文「與」作「興」，云「謂興廢也，一本作『與』」。　×

190 不言將烹　宋本「烹」作「亨」，石經初刊同，後人妄增四點，非是，下同。

191 乞曰此事　岳本「事」下有「也」字，與石經合。錢大昕云：「諸本多無『也』字。蜀大字本、興國本、建大字本有，今從之。」

192 王孫燕奔頟黄氏　淳熙本、纂圖本、閩本、監本、毛本「頟」作「頯」，亦非；石經、宋本、岳本作「頯」，不誤，注同。

193 諸梁兼二事　石經、宋本、淳熙本、岳本、纂圖本、足利本「諸梁」上有「沈」字，是也。

194 將密謀屏左右　監本「屏」誤「奔」。　×

傳十七年

195 衛侯爲虎幄於藉圃　石經「藉」字改刊，初刻誤「籍」。

196 於藉田之圃　閩本、監本、毛本「藉田」誤倒。

197 良夫乘衷甸兩牡　釋文云：「說文『甸』作『佃』，云春秋『乘中佃一轅車也』。」玉篇引傳與說文合。

198 注衷甸一轅卿車　宋本以下正義四節摠入「太子使牽以退」注下。

199 其外更有二驂　毛本「驂」作「騄」，非。

200 天子之大夫皆駕四　毛本「四」誤「也」。

201 服之襲也充美也　毛本「襲」誤「裼」。

202 三罪至帶劒　宋本「至」字作「紫衣袒裘」四字。

203 吴師分以御之　岳本、足利本「御」作「禦」，與上文合一處，兩見不應有異。釋文上文「禦」字作「御」，云「下同」，是也。

204 恐晉君爲志父教使不一　宋本、纂圖本「亦」誤「爲」；淳熙本作「請」，亦非；岳本、足利本作「謂」，是也。宋本、淳熙、岳、纂圖、足利五本「一」字作「來」，不誤。

205 椓許父欲速得其處　宋本、淳熙本、岳本「許」作「訴」，是也；足利本作「詐」。

206 國子實執齊柄　陳樹華云：「史記蔡澤傳索隱引『柄』作『秉』，又引服虔云『秉，權柄也』。是服本作『秉』。」

207 子高曰率賤　釋文云：「率，本又作『帥』，下同。」

208 皆楚賤官　宋本「楚」作「是」，是也。

209 是以克州蓼　諸本作「蓼」，石經此處殘缺，釋文云「本又作『戮』」。

210 天命不謟　釋文亦作「謟」，云「本又作『滔』」。案，石經此處缺。張衡西京賦云「天命不滔」，李善注云「『滔』與『謟』，音義同」。岳本作「諂」，誤，注同。

211 令尹有憾於陳　石經「憾」字左半殘缺，釋文云「本又作『感』」，是也。

212 五反鶉火　宋本、淳熙本、岳本、纂圖本、足利本「反」作「及」，是也。

213 言過於其志　石經、宋本、淳熙本、岳本、足利本「言」作「吉」，是也。

214 在古昆吾氏之虚　此本「古」字模糊，依宋本、淳熙本、岳本、纂圖本、足利本補。閩本、監本、毛本誤「於」。

215 良夫善巳　宋本、岳本、足利本「善」作「言」。

216 有以小成大之功　纂圖本、閩本、監本、毛本「小」誤「卜」。淳熙本「大」作「太」，亦非。

217 若瓜之初生　此本「瓜」字模糊，據諸本改。宋本、足利本無「初」字。

218 衛侯至而譟　宋本以下正義二節摠入注文「此皆繇辭」之下。

219 而并數一時之事　宋本「數」誤「救」。

220 懼難而逃也　宋本、足利本無「也」字。

221 如魚竀尾衡流而方羊裔焉大國滅之將亡　錢大昕云：「杜氏以『裔焉』連上爲句。劉炫謂當以『方羊』爲句，其說當矣。而孔氏曲護杜義，辨之甚力。然毛詩正義亦出孔氏之手，而汝墳正義引傳『如魚赬尾，橫流而彷徉』，正與劉氏合。」

222 竀赤色　宋本、岳本、足利本「色」作「也」。

223 以裔焉二字宜向下讀之　宋本「裔」

作「褢」，下同。

224 俟我於著乎而　毛本「於」作「與」，非也。×

225 上繇辭之例　宋本「上」作「且」，不誤。

226 不與攘公之羭爲韻　閩本、監本「羭」作「揄」，非也。

227 春伐未得志故　淳熙本「未」誤「云」。×

228 衛人出莊公而與晉平晉立襄公之孫　石經「平晉」二字改刻，初刻「晉」誤「人」。

229 般師而還　石經此處殘缺。陳樹華云：「史記衛世家作『班師』，注引傳文同。」

230 削壞其邑聚　岳本「削」作「翦」。案，陳樹華云：「十一年傳『衛人翦夏戊』，注『翦，削其爵邑』。此注句法正相似。」

231 公闔門而請　纂圖本、閩本、監本、毛本亦作「闔」，石經此處殘缺，宋本、淳熙本、岳本作「閉」。

232 潞齊邑　重修監本「潞」誤「洛」。×

233 平公敖也　釋文「敖」作「敬」，云「一本作『驁』」。案，史記作「驁」，司馬貞曰「世本及譙周皆作『敬』」，宋本、淳熙本、足利本同。

234 發陽鄖也　閩本、監本、毛本「也」作「地」，非是。×

235 宋皇瑗之子麇　閩本、毛本「子」誤「于」，釋文同。

236 而奪其兄酁般邑以與之　宋本、閩本、監本、毛本「酁」作「鄒」。此本下「酁」字誤作「劖」字。按，説文曰「酁，宋地也，从邑，毚聲。」

237 不與魋亂　宋本、淳熙本「魋」下有「之」字。

238 皇緩奔晉召之　石經、宋本、淳熙本、岳本、纂圖本「緩」作「瑗」，是也。

傳十八年

239 知用其意　足利本「意」作「兵」。

240 唯能蔽志　釋文云：「能，尚書作『克』，克亦能也。」 ×

241 昆命于元龜　釋文作「昆命于龜」，云「本或依尚書作『昆命于元龜』」。 ×

242 夏書至元龜　宋本此節正義在注文「不疑故不卜也」之下。

243 唯彼能作先耳唯先蔽志　段玉裁校本「先」皆作「克」。

244 然後卜筮　宋本「筮」作「也」，是也。 ×

傳十九年

245 敖東夷地　毛本「地」誤「也」。 ×

246 經今已終　宋本「今」作「文」，是也。 ×

247 爲終萇宏之言　諸本作「萇」，此本誤「長」，今改正，下同。

248 未知敬王有年崩也　宋本、監本、毛本「有」作「何」，是也。

249 故班固以文多牴牾　宋本「牴牾」作「抵捂」字。按，當作「抵牾」。牾从午，亦或假「梧」字爲之。

250 春秋元終　宋本「元」作「經」，是也。

251 子貞定王立　宋本「貞」作「真」，下同。

252 未知劉意能定以否　監本、毛本「以」作「與」。

傳二十年

253 講歸平越　石經、宋本、淳熙本、岳本、纂圖本、監本、毛本「講」作「請」，是也。

254 親暱之極也　石經、宋本、淳熙本、岳本、纂圖本

「暱」作「暱」，是也，釋文同。

255 先主與吴王有質　閩本、監本、毛本「先主」誤「先王」。

256 黄池春十二年　宋本、淳熙本、岳本、纂圖本、足利本「春」作「在」，不誤。十二年，淳熙本、岳本作「十三年」，是也。

257 先王簡子　宋本、淳熙本、岳本、纂圖本「王」作「主」。

258 欲敵越救吴　此本「敵越救」三字空闕，據宋本、淳熙本、岳本、纂圖本、足利本補。閩本、監本、毛本「越」作「魯」，非也。

259 請嘗之乃往先造于越軍　石經初刻脱「于」字，「之乃往先造」五字重刻，因增「于」字也。

260 唯恐君之志不從　石經、宋本、淳熙本、岳本、足利本「之志」作「志之」，不誤。

261 使倍臣隆　石經此處殘缺，宋本、淳熙本、岳本「倍」作「陪」，是也。

262 注簞小笥　宋本以下正義二節揔入「王曰宜哉」之下，無「注」字。

傳二十一年

* 不見答齊地　補：案，「齊」上當有「顧」字。

263 言魯據用禮　宋本、淳熙本、岳本、足利本「用」作「周」，是也。

264 注皐緩至此會　宋本此節正義在「辭曰敢勤僕人」注下。❶

傳二十二年

265 爲吴所囚　淳熙本「囚」作「因」，非也。

266 故繫故言之　宋本下「故」字作「父」，是也。

267 以其尸歸　淳熙本「尸」誤「巳」。　×

268 終史墨子胥之言也　淳熙本「史」誤「夫」，

無「也」字，宋本、足利本亦無「也」字。

269 以役王年　宋本、閩本、監本、毛本「役」作「没」，不誤。

傳二十三年

270 注景曹至祖母　宋本以下正義二節揔入注文「政在季氏」之下。

271 季公若之姊　監本、毛本「姊」誤「姉」。

272 小邾曹姓　閩本、監本、毛本「曹姓」誤倒。　×

273 有不腆先人之産馬　顧炎武云：「石經『馬』誤『焉』。」案，石經此處缺，炎武所據非唐刻也。

274 君命瑶　石經「瑶」字下旁增「瑶」字，非唐刻也。

275 非敢耀武也　石經、宋本、岳本、足利本「耀」作「燿」。

276 犂邱隰也　閩本「隰」作「濕」，釋文同，音習，云「本又作『隰』」。陳樹華云：「後漢書左原傳注引杜注『犂』作『黎』。」

傳二十四年

277 軍吏令繕　石經「繕」下旁有「甲」字。

278 禽顔庚　閩本、監本、毛本「庚」下衍「也」字。

279 又焉能進　石經「能」字改刻，初刻似誤「可」。

280 是躗言也　陳樹華云：「説文引春秋傳曰『噧言』，疑即此『躗言』。」案，錢大昕云：「杜云『躗，過也』，釋文云『躗，户快反』，與『噧』音河介切相近。古文从口、从言之字多相通。説文兼收『噧』『譪』二字，噧訓高氣多言，譪訓譀譀，又訓誇誇，譀義較過尤長。然則『噧言』即『躗言』，亦可作『譪言』也。」

281 注躗過也　宋本此節正義在「敢展謝之」注下。

282 各自以意訓耳　監本、毛本「耳」誤「也」。　×

283 役將班矣　惠棟云：「郭璞曰：班，一作『般』。」

284 在車行　宋本、淳熙本、岳本、纂圖本、毛本、足利本「車」作「軍」，閩本、監本亦誤「車」。「行」下衍「間」字，纂圖本、毛本同。

285 何大子革弟　淳熙本「大」誤「天」。×

286 此禮也則有　石經「有」字下後人旁增「之」字。

287 而以荆爲大子　足利本無「而」字。

傳二十五年

288 衛侯出奔宋　宋本以下正義二節揔入注文「請師伐衛求入」之下。

289 此下但有適城鉏以鈎越　宋本、毛本「鈎」作「鉤」，是也。×

290 蓋衛侯出近宋境　宋本「境」作「竟」，是正字。

291 衛侯爲靈臺于藉圃　石經「藉」字頭改刊，初刻誤从竹。

292 君將嗀之　石經本「嗀」作「𣪊」，釋文作「㱿」。案，説文「㱿」字注云「歐皃，从口，嗀聲。春秋傳曰『君將㱿之』」。六經正誤云「『㱿』作『𣪊』，誤」。

293 不敢解韤　此本「韤」字實缺，據宋本、淳熙本、岳本、纂圖本、足利本補，閩本、監本、毛本亦「脱」。

294 抵徙手屈肘如戟形　釋文亦作「抵」，是也，説詳釋文挍勘記。宋本、淳熙本、纂圖本、閩本、監本、毛本、足利本誤「抵」。纂圖本、閩、監、毛「徙」作「徒」，不誤。

295 懿子公文要　淳熙本「懿」誤「談」。

296 初衛人翦夏丁氏　毛本「翦」作「剪」，俗「翦」字。

297 戊是大叔妄之甥　宋本、監本、毛本

「妾」作「疾」，是也。

298 故謂姊妹之孫爲從孫甥　閩本、監本、毛本「謂」誤「爲」。 ×

299 少畜於公　石經「畜於公」三字改刊，因初刻「公」下衍「宮」字也。

300 欲恥辱也　此本「恥」字實缺，閩本同，據宋本、淳熙本、岳本、纂圖本、監本、毛本補正。

301 韈登席者　宋本、岳本「韈」作「韤」，是也。

302 言不可救　宋本「救」作「故」，非也。 ×

303 城鉏近宋邑　淳熙本「近」作「迫」，非也。 ×

304 以鉤越　釋文云：「鉤，本或作『拘』。」 ×

305 己爲先發而同載寶歸衛也　宋本、足利本「同」作「因」，是也。

306 雖知其爲君閒　此本「雖」作「評」，「知」字實缺；閩本、監本、毛本作「評品」，誤；據宋本、淳熙本、岳本、纂圖本、足利本改正。

307 私共評之　此本「共」字實缺，「評」誤「知」；閩本、監本、毛本作「故知」，亦非；據宋本、淳熙本、岳本、纂圖本、足利本改正。

308 將必請師焉　諸本作「師」，此本實缺，今補正。

309 公宴於五梧　石經「梧」字改刊。

310 飲罰也　宋本、淳熙本、岳本、足利本「也」作「之」。

311 爲二十七年公孫郲起　釋文云：「孫，本又作『遜』。」 ×

傳二十六年

312 后庸　石經、宋本「后」作「舌」，廿七年「越子使舌庸來聘」「舌」字同。段玉裁云：「當依國語作『舌』。」

313 宋司城子納　宋本、淳熙本、岳本、纂圖本、足利本「納」作「潞」，是也。

314 愎狼也　宋本、淳熙本、岳本「狼」作「狠」，與釋文合。

315 民睦　二字在傳文「師侵外州」之上，此本實缺，據宋本、淳熙本、岳本、纂圖本補；閩本、監本、毛本誤作「衛」字，又誤爲傳正文。

316 掘褚師定子之墓　釋文云：「掘，本或作『搰』。」案，玉篇「搰」字注引作「掘褚師定子之墓焚之」，云「本亦作『掘』」。「師」字此本實缺，據諸本補。石經「褚」字起一行，計十一字。

317 定子褚師比之父也　此本「師」字實缺，「比」誤「此」，「父」誤「又」，據諸本補改。岳本「褚」作「楚」，非也。

318 文子使之而問焉　石經、宋本、淳熙本、岳本、纂圖本、毛本「使之」作「致衆」是也。

319 欲以觀衆心　「觀衆」二字，此本實缺，閩本同，據宋本、淳熙本、岳本、纂圖本、監本、毛本補。

320 故不敢入　宋本、淳熙本、岳本、足利本「故」作「使」，是也。×

321 公子黚也　宋本「黚」誤「期」。

322 悼公至黚也　宋本以下正義二節揔入「遂卒于越」注下。

323 季父黚殺出公子而自立　此本「季」字實缺，閩本同，據宋本、監本、毛本補。閩本「子」字亦缺。

324 以城至爲此　宋本「至爲此」三字作「鉏與越人」。

325 退還城鉏　宋本「退」作「乃」。×

326 雖公所在　此本「雖」字實缺，閩本同，監本、毛本空缺，據宋本補。

327 怒期而不得加戮　淳熙本「加」誤「怒」。×

328 爲悼公聘　監本、毛本「公」誤「君」。×

329 注周元至養也　宋本以下正義二節揔入「無相害也」句下。

330 糾父公子耑秦耑秦即元公小子也　「耑秦耑」三字此本實缺，閩本同，據宋本、監本、毛本補。宋本「耑」作「端」，非也。

331 六卿三族降聽政　石經初刻「降」下有「以」字，後改刊。

332 三族皇靈樂也　此本「也」字實缺，據宋本、淳熙本、岳本、纂圖本、足利本補，閩本、監本、毛本誤「者」。

333 言勢重而無德以爲基　此本「勢」字實缺，據宋本、淳熙本、岳本、纂圖本、閩本、監本、毛本、足利本補。德，毛本誤「得」。

334 必叛也　監本、毛本「叛」作「畔」，宋本、淳熙本、岳本、足利本作「敗」，是也。

335 大尹興空澤之士千甲　釋文云：「興，或作『輿』，非。」×

336 大尹惑蠱其君而專其利　監本、毛本「專」作「惠」，非也。

337 令君無疾而死　宋本、淳熙本、岳本、纂圖本、足利本「令」作「今」，與石經合。

338 是無他矣　纂圖本「矣」誤「也」。

339 盧門外失國也　宋本、淳熙本、岳本、纂圖本、足利本「盧」作「在」，是也。

340 已爲鳥而集於其上　此處石經殘缺，宋本、淳熙本、岳本、足利本「鳥」作「烏」。

341 無乃逐我　諸本作「逐」，此本誤「遂」，今改正。

342 司城爲上卿　諸本作「司」，此本誤「可」，今改正。

343 昔成公孫於陳　石經此「孫」字及下「孫於齊」、「再在孫」皆重加辶旁，此後人據釋文「亦作」之字妄改也。

344 盟在僖二十八年　此本「盟」字實缺，據宋本、淳熙本、岳本、纂圖本、足利本補。閩本、監本、毛本「盟在」誤「在魯」。

345 獻公孫於衛齊　宋本、岳本、足利本無「衛」字，與石經合。

346 在僖二十六年　宋本、淳熙本、足利本「僖」作「襄」，是也。

347 今君再在孫矣　諸本有「君」字，此本實缺，今據補。

348 外不聞成之卿　石經初刻「成」誤「城」，後磨去土旁。

349 無競惟人　諸本作「人」，此本誤「民」，今改正。

350 四方其順之　閩本、監本、毛本「順」誤「訓」。顧炎武云「石經『訓』誤作『順』」，非也。錢大昕云：「左傳古本作『順』。」

351 詩曰至順之　宋本此節正義在「而國於何有」之下。毛本「順」作「訓」。

352 詩周頌烈文之篇也　此本「也」字實闕，據宋本補。閩本、監本、毛本誤作「戒」。

353 競彊也　此本「競」字實闕，「彊」誤「言」，據宋本補改。閩本、監本作「餙言也」，毛本作「飾言也」，並非。

354 若得其人　宋本「其」作「賢」，是也。×

355 四方以爲主　石經初刻「以」誤「之」，後改正；此本「主」誤「王」，注同。

356 爲主主四方　此本上「主」字空闕，據宋本、淳熙本、岳本、纂圖本、足利本補。閩本、監本、毛本皆脱下「主」字。

傳二十七年

357 后庸　石經、宋本「后」作「舌」，是也。

358 注西平陽　宋本此節正義在「夏四月」注下。

359 此云盟于平陽　「此云」二字此本實闕，據宋本補；閩本、毛本「云」作「年」。

360 宣八年平陽東平陽也　此本「東平陽也」四字實缺，據宋本補；閩本、監本、毛本誤作「彼注云今」。

361 泰山有平陽縣　此本「泰」字空缺，據宋本、閩本、監本、毛本補。

362 此年平陽西平陽也　此本「西平」二字空缺，據宋本、閩本、監本、毛本補。

363 叔孫文子　諸本作「文」，此本空缺，今補正。

364 皆從后庸盟　諸本作「后庸」，此本空缺，今補正。據石經、傳「后」當作「舌」。

365 思子贛　此三字宋本、淳熙本、岳本、纂圖本皆在「言及子贛」句下，係注文；此本空缺，閩本、監本、毛本遂脱。

366 言季孫不能用子贛　此本「季孫不」三字實缺，「能用」誤作「武伯」，據宋本、淳熙本、岳本、纂圖本、閩本、監本、毛本補正。

367 臨難而思之　諸本作「思」，此本誤「逃」，今改正。

368 言公之多妄　釋文「妄」作「忘」，云「本又作『妄』」。

369 又加之五邑　此本「又加」誤作「文如」，「五邑」二字空缺，據宋本、淳熙本、岳本、足利本補。監本、毛本「之」下衍「以」字，閩本初刻亦無，後擠刊。

370 而父死焉　諸本作「死」，此本空缺，今補正。

371 今君命女以是邑也　宋本作「今」，此本空缺，今補正。

372 乃救鄭　諸本作「救」，此本空缺，今補正。

373 濮水自陳留酸棗縣　諸本作「水」，此本誤「卜」，今改正。岳本「自」作「在」。

374 傍河　諸本作「傍」，此本空缺，今補正。

375 東北經濟陰　釋文「經」作「徑」，音經。×

376 至高平入濟　此本「入濟」二字空缺，閩本同，據宋本、淳熙本、岳本、纂圖本、監本、毛本補。

377 蓋知伯誣陳子　諸本作「誣」，此本誤「註」，今改正。

378 多陵人者皆不在　石經「在」下後人妄增「矣」字。

379 以厭齊師之門　諸本作「厭」，石經初刻同，後加「土」字於「厭」下作「壓」，非是。

380 敢辟之乎　石經初刻「辟」作「避」，後刊去「辶」。

381 成子疑其有爲晉之心也　淳熙本「心」誤「爲」，脱「也」字。×

382 無及寡　宋本以下正義二節揔入「不亦難乎」注下。

383 欲求諸侯師以逐三桓　諸本作「逐」，此本誤「遂」，閩本同，今改正。

384 遇孟武伯於孟氏之衢　此本「衢」字實缺，據諸本補。「氏」誤作「武」，依宋本、淳熙本、岳本、纂圖本、足利本改正。

385 問可德壽死否　岳本、纂圖本、足利本「問」下有「己」字，「得」下有「以」字，宋本亦有「以」字，「己」作「所」。宋本「否」作「不」，淳熙本、岳本亦作「不」。

386 **公欲以越伐魯**　諸本作「越」，石經此處殘缺，此本誤「趙」，今改正。

387 **而去三桓**　淳熙本「桓」作「相」，避所諱。

388 **秋八月**　淳熙本「秋」誤「利」。　×

389 **有陘氏即有山氏**　此注文七字在「公如公孫有陘氏」之下，此本實缺，依宋本、淳熙本、岳本、纂圖本、監本、毛本補。閩本初刻亦空缺，後擠刻，「陘」作「陉」，「即」作「郎」，非也。

390 **因孫於邾**　宋本、淳熙本、岳本「於」作「于」，與石經合。諸本作「孫」，石經初刻同，後加辶，非也。

391 **悼公哀公之子寧也哀公出孫魯人立悼公**　此注文十七字，在「晉荀瑶帥師圍鄭」下，此本實缺，依宋本、淳熙本、岳本、纂圖本、監本、毛本補。閩本脱「寧也」二字，「魯人立悼公」作「魯人立之」。

392 **注悼公至悼公**　此本下「悼公」二字空缺，依宋本、監本、毛本補；閩本作「立之」。宋本以下正義三節揔入「遂喪之」節注下。

393 **正義曰魯世家云**　此本「世」誤「出」，「家云」二字實缺，閩本同，依宋本、監本、毛本補正。

394 **哀公奔越**　此本「越」誤「趍」，閩本同，依宋本、監本、毛本改正。

395 **卒於有山氏**　此本「卒」誤「立」，「於有山氏」四字實缺，閩本同，依宋本、監本、毛本補。

396 **子寧立**　此本「寧」字實缺，閩本同，依宋本、監本、毛本補。

397 **傳稱國人施罪於有山氏**　此本「施」字、「山氏」字實缺，閩本同，依宋本、監本、毛本補。

398 **不得復歸**　此本「歸」誤「謂」，閩本同，依宋本、監本、毛本補。

399 **馬遷妄耳**　此本「妄」字實缺，閩本同，依宋本、監本、毛本補。監、毛「耳」作「爾」，非。

400 **早下之**　釋文「早」作「卑」，云「一本作『早』」。×

401 **行去也**　此本「也」誤「聲」，依宋本、淳熙本、岳本、纂圖本改正；閩本、監本、毛本亦誤作「聲」，「行」字上妄加「○」，遂與音義誤合爲一條。

402 **鄸魁壘晉士**　此本「魁」字誤作正文，「鄸」字脱；閩本、監本「魁」作注字，亦非，依宋本、淳熙本、岳本、纂圖本、毛本改正。

403 **欲使反爲鄭**　此本「欲使反」三字實缺，「爲鄭」二字作「魁壘」，今據宋本、淳熙本、岳本、纂圖本、監本、毛本補正。閩本作「致賂魁壘」。

404 **將攻鄭門**　宋本、淳熙本、岳本、纂圖本、足利本無「將」字。

405 **對曰主在此**　諸本作「主」，此本誤「王」，今改正，注同。

406 **何不自入**　閩本、監本、毛本「入」下衍「也」字。×

407 **簡子奔敵子而立襄子**　宋本、淳熙本、岳本、足利本「奔敵」作「廢嫡」，「而」上有「伯魯」二字，纂圖本亦作「廢嫡」。

408 **何以立爲子**　宋本、淳熙本、岳本、纂圖本、足利本作「何故立以爲子」。

409 **趙世家云孤布子卿見簡子**　此本「世家云孤布」五字實缺，「卿」誤作「欲」，據宋本、監本、毛本補正。

410 **簡子偏召諸子相之**　此本「偏」字實缺，「相」作「伯」，閩本同，據宋本、監本、毛本補正。

411 **無爲將軍者**　此本「無」誤「師」，「者」字實缺，閩本同，據宋本、監本、毛本補正。

412 簡子召子毋恤毋恤至　此本「簡子召子」四字及下「毋」字實缺，閩本同，據宋本、監本、毛本補正。

413 子卿起曰此真將軍矣　此本「子卿起曰此真將軍」八字實缺，閩本同，據宋本、監本補正。毛本「矣」作「突」，非也。

414 此其母賤翟婢也奚道貴哉子卿曰天之所授雖賤必貴自是之後簡子盡召諸子與語　此本自「召」字以上實缺，閩本同，據宋本、監本、毛本補正。

415 召諸子與語毋恤最賢乃廢大子伯魯而以毋恤爲大子　此本自「語」字以下實缺，閩本同，依宋本、監本、毛本補。

416 史記晉懿公之四年　此本注文自「晉」字以下，閩本全缺。

417 與趙氏謀殺知伯於晉陽之下　此本自「謀」字以下實缺，據宋本、岳本、纂圖本、監本、毛本補，淳熙本「下」字亦缺。

418 注史記至七年　此本「七年」二字實缺，閩本同，據宋本、監本、毛本補。

419 定公三十三年　此本「定公」二字實缺，閩本同，據宋本、閩本、毛本補。

420 三十七年定公卒則晉定公以魯哀公二十年卒也又云　此本自「卒」字以下實缺，閩本同，據宋本、監本、毛本補。

421 子出公鑿立十七年出公奔齊則出公之奔在魯悼公之十年也　此本自「鑿」字以下實缺，閩本同，據宋本、監本、毛本補。

422 又云出公既奔知伯立昭公曾孫驕爲晉君是爲哀公　此本自「出公」「出」字起，至「是爲」「爲」字止實缺，閩本同，據宋本、監本、毛本補。

423 哀公之四年趙襄子韓康子魏桓子共殺知伯　此本自「趙」字起，至「殺」字止實缺，閩本同，據宋本、監本、毛本補。監、毛「桓子」作「桓公」，非也。

424 是殺知伯當魯悼公之十四年也又六國年表亦云晉哀公四年　此本「殺知伯」三字、「悼」字、「也又六國年表亦云晉哀」十字實缺，據宋本、監本、毛本補。閩本「當」上衍「用」字。

425 魯悼公十四年韓魏趙敗知伯於晉陽戰國策説此事云　此本「悼」字及自「韓」至「事」十五字實缺，閩本同，「云」誤「去」，據宋本、監本、毛本補正。

426 知伯帥韓康子魏桓子攻趙襄子於晉陽引汾水以灌之城不没者三版知伯行水魏桓子御車韓康子爲右

427 知伯曰　此本自「知伯帥」字、「康子」字、「之城」「之」字、「不没」「不」字、「知伯曰」字外皆實缺，閩本同，據宋本、監本、毛本補。

吾今乃知水可以亡人之國汾水可以灌安邑絳水可以灌平陽安邑魏也平陽韓也魏桓子肘韓康子韓康子躡魏桓子之足其夜趙襄子使張孟談私於韓魏韓魏反與趙合遂殺知伯於晉陽之下而三分其地事在春秋獲麟之後二十七年　此本自「亡人」「亡」字以下實缺，閩本同，「知水」「水」字誤作「之」，據宋本、監本、毛本補正。考文「韓康子躡」無「韓」字，是也。

36—428 後序　宋本正義、淳熙經注本、明萬曆監本注疏並載此序；十行本、閩本失刊，毛本仍之。大康元年三月，吳寇始平，余自江陵還襄陽，解甲休兵，乃申杼段玉裁挍本作「抒」，是也。舊意，脩成春秋釋例及經傳集解。始訖，會汲郡汲縣有發其界内舊冢者，大得古書，皆簡編科斗文字，發冢者不以爲意，往往散亂。科斗書久廢，推尋不能盡通。始者藏在祕監本誤「祕」。府，余晚得見之。所記大凡七十五卷，多雜碎怪淳熙本作「恠」，俗「怪」字。妄，不可訓知。周易及紀年最爲分了。周易上、下篇與今正同，别有陰陽説，而無彖、象、文言、繫辭，疑于時仲尼造之於魯，尚未播之於遠國也。其紀年篇起自夏、殷、周，皆三代王事，無諸國别也。唯特記晉國，起自殤叔，次文侯、昭侯，以至曲沃莊伯。莊伯之十一年十一月，魯隱公之元年正月也，

皆用夏正，建寅之月爲歲首，編年相次。晉國滅，獨記魏事，下至魏哀王之二十石經「二十」作「廿」，下同。年，蓋魏國之史記也。推挍淳熙本、監本「挍」作「校」。哀王二十年，大監本誤「太」。歲在壬戌淳熙本「戌」作「戍」，非。是周赧石經「赧」字右半重刊。王之十六年，秦昭王之八年，韓襄王之十三年，趙武靈王之二十七年，楚懷王之三十石經「三十」作「卅」，下同。年，燕昭王之十三年，齊湣釋文作「涽」，石經作「暋」。王之二十五年也，上去孔丘卒百八十一歲，下去今大康三年五百八十一歲。哀王於史記，襄王之子、惠王之孫也。惠王三十六年卒；而襄王立，立十六年卒；而哀王立。古書紀年篇惠王三十六年改元，從一年始，至十六

年，而稱惠成王，卒即惠王也。疑史記誤分惠成之世以爲後王年也。哀王二十石經「二十」作「廿」，似改刊。三年乃卒，故特不稱謚，石經、淳熙本、監本作「謚」，是也。謂之今王。其著書文意，大似春秋經，推此足見古者國史策石經作「筞」。書之常也。文淳熙本「文」誤「丈」。稱「魯隱公及邾莊公盟于姑蔑」，即春秋所書「邾儀父」，未王命，故不書爵，曰儀父，貴之也。又稱「晉獻公會虞師伐虢，滅下陽」，即春秋所書「虞師、晉師滅下陽」，先書虞，賄故也。又稱「周襄王會諸侯于河陽」，即春秋所書「天王狩釋文作「守」，云「本亦作『狩』」。于河陽」，以臣召君不可以訓也。諸若此輩甚多，略舉數條，以明國史皆承告，據實而書時事，仲尼脩春秋，以義而制異文也。又稱「衛懿公及赤翟戰于洞澤」，疑「洞」當爲「洞」，即左傳所謂「熒澤」也。「齊國佐來獻玉磬、紀公之甗」，即左傳所謂「賓媚人也」。諸所記多與左傳符同，異於公羊、穀梁，知此二書近世穿鑿，非春秋本意審矣。雖不皆與史記、尚書同，然參而求之，可以端正學者。又別有一卷，純集疏左氏傳卜筮事，上下次第及其文淳熙本「文」誤「丈」。義皆與左傳同，名曰師春。師春似是抄集者人名也。紀年又稱「殷仲壬即位，居亳，其卿士伊尹。仲壬崩，伊尹放大甲于桐，乃自立也。伊尹即位，於石經、淳熙本作「放」，是也。大甲七石經、淳熙本同，宋本作「十」。年。大甲潛出自桐，殺伊尹，乃立其子伊陟、伊奮，命復其父之田宅，而中分之」。左氏傳「伊尹放大甲而相之，卒無怨色」，然則大甲雖見放，還殺伊尹，而猶以其子爲相也。此爲大與尚書敘説大甲事乖異，不知老叟之伏生或致昏釋文作「昬」。忘，將此古石經「將此古」三字重刻，初刻似脱一字。書亦當時雜記，未足以取審也。爲其粗有益於左氏，故略記之，附集解之末焉。正義曰：「王隱晉書武帝紀：『大監本作「太」，非。康元年，諸軍伐吳，三月至江陵縣，而孫皓面縛詣王濬降。杜預先爲荆州刺史，鎮襄陽，督諸軍伐吳，將兵向江陵，因東下伐吳，吳平，又自江陵還襄陽。』束晳監本作『晳』，非。傳云：『大康元年，汲郡民盜發魏安釐王塚宋本、監本「塚」作「冢」，下同。得竹書，漆字科斗之文。科宋本、監本有「斗」字，是也。文者，周時古文也。其字頭麤尾細，似科斗之蟲，故俗名之焉。』大凡七十五卷，晉書有其目録，其六十八卷皆有名題，其七卷折簡碎雜，不可名題。有周易上下經二卷、紀年十二卷、瑣語十一卷、周王遊行五卷，説周穆王遊行天下之事，今謂之穆天子傳，此四部差爲整頓。汲郡初得此書，表藏祕府，詔荀勗、和嶠以隸字寫之，勗等於時即已不能盡識其書，今復闕落，又轉寫益誤。穆天子傳世間偏多。史記魏世家云：哀王二十三年卒；子昭王立，十九年卒；子安釐王立。哀王是安釐王之祖，故安釐王之塚藏哀王時之書。哀王二十一年是赧王之十七年。并下秦、韓、趙、楚、燕、齊之年皆史記六國年表文也。竹書説伊尹傳宋本、監本「傅」作「傳」，非。之事，與書序大乖，杜不見古文，唯以書序考工，閩本亦衍「工」字，宋本、監本作「考正」，是也。疑伏生昏忘虛傳此事，又疑竹簡雜記未足取審。今據古文尚書説伊尹之事，與左傳宋本、監本作「氏」，是也。符同，明是竹書不可盡信。杜以紀年記事大似春秋之經，知古之史官記事如此，爲其有益於左氏，令人知左氏不妄，故略記之以附集解之末。」此段十行本、閩本誤接前卷正義之末，毛本裁之不載。

經傳正義都計壹伯肆萬壹阡伍伯叁拾字

經傳叁拾陸萬字

正義陸拾捌萬壹阡伍伯叁拾字

承奉郎守光禄寺丞　臣趙安仁書

以上五行明監本分作四行。

勘官承奉郎守國子禮記博士賜緋魚袋臣李覺

勘官承奉郎守國子春秋博士賜緋魚袋臣袁逢吉

都勘官朝請大夫守國子司業柱國賜紫金魚袋臣孔維

詳勘官登仕郎守高郵軍高郵縣令臣劉若訥

詳勘官登仕郎守將作監丞臣潘憲

詳勘官朝請大夫太子右贊善大夫臣陳雅

詳勘官朝奉郎守大理正臣王炳

登仕郎守大理評事臣王焕再校

文林郎守大理寺丞臣邵世隆再校

中散大夫守國子祭酒兼尚書工部侍郎柱國會稽縣開國男食邑三百户賜紫金魚袋臣孔維都校

淳化元年庚寅十月　日

推忠佐理功臣金紫光禄大夫行尚書户部侍郎叅知政事上柱國太原郡開國侯食邑一千二百户食實封二百户臣沔等進

推忠佐理功臣金紫光禄大夫行尚書户部侍郎叅知政事上柱國隴西郡開國侯食邑一千二百户食實封二百户臣辛仲甫

起復推忠協謀佐理功臣光禄大夫中書侍郎兼户部尚書同中書門下平章事兼修國史上柱國東平郡開國公食邑二千三百户食實封六百户臣吕蒙正

自李覺以下至吕蒙正名銜，計一十三人，乃淳化單疏本舊式。慶元庚申吴興沈中賓彙刻經、傳、正義時，附刊於後者也。玉海云：「端拱元年三月，司業孔維等奉敕校勘孔穎達五經正義一百八十二卷，詔國子監鏤版行之。易則維等四人校勘，李説等六人詳勘，又再校，十月版成以獻。書亦如之，二年十月以獻。春秋則維等二人校，王炳等三人詳校，邵世隆再校，淳化元年十月版成。詩則李覺等五人再校，畢道昇等五人詳勘，孔維等五人校勘，淳化三年四月以獻。禮記則胡迪等五人校勘，紀自成等七人再校，李至等詳定，淳化五年五月以獻。」按，王炳、孔維、邵世隆等銜與玉海合。卷末載沈中賓自跋云「左氏傳、杜氏集解、孔氏義疏發揮聖經，功亦不細，萃爲一書，則得失盛衰之跡與夫諸儒之説是非異同，昭然具見」，又云「諸經正義既刻於倉臺，而此書復刊於郡治，合五爲六，炳乎相輝」，是經、傳、集解、義疏萃見一書始於中賓。他經如易、書、周禮則三山黄唐合經、注、疏三者刻於紹興以前，毛詩、禮記刻於紹興辛亥間。前此所行各經正義惟有單疏。元和惠棟校禮記七十卷本而以爲北宋刻者，未核其實。黄唐云「春秋一書顧力未暇」，然則至中賓才補其未備。跋云「合五爲六」，似即指黄唐所刻而言。後之附釋音本、兼義本皆權輿於此。又云「聞給事中汪公之爲帥也，嘗取國子監春秋經傳集解、正義，以閩、蜀諸本，俾其屬及里居之彦相與校讎，毋敢不恪。又自取而觀之，小有訛謬，無不訂正」。所謂「閩、蜀諸本」，蓋即岳氏九經三傳沿革例中所據蜀大字舊本、蜀學重刻大字本、建大字本，俗謂「無比九經」者是也。惜汪未詳其名，其於此書可謂勤摯。中賓分閩、浙左，適繼其後，以承其志刊刻之，使宋代善本流傳至今，其功亦大矣。

附釋音春秋左傳注疏卷第六十　止

校　記

❶「言魯據用禮」與「注皋緩至此會」二條，南昌本位置互换，與南昌本左傳注疏合。又，「據」字南昌本誤作「季」。

春秋左傳釋文校勘記卷一

f01—001 春秋音義之一 起第一盡第五 ○徐本注文六字分作二行，行三字，盧文弨抱經堂本同，非宋板舊式也。此依長洲顧之逵所校北宋刻本及葉林宗影抄宋本改正，後同。

002 春秋序 本或題爲春秋左傳序者沈文何以爲釋例序今不用 ○盧文弨本「左」下增「氏」字。案，陳書作「沈文阿」，隨書經籍志同，釋文全書作「何」，今並仍之。

003 杌 杜云頑凶無儔匹之貌 ○北宋本、葉抄本「貌」作「皃」，後同。

004 之乘 一云兵車 ○盧文弨本「兵車」作「邱乘」，依浦鏜正誤本改，非也。

005 參會 七南反 ○盧文弨攷證云：「注疏本作『士南反』，譌。」案，文弨是也。廣韻卷首論曰「切韻者，紐以雙聲疊韻」，此蓋刱立反語之本。如參七爲雙聲，參南爲疊韻，若作「士」乃不合也。又案，注疏本散載之釋文，其中同異並不置一辭，以省煩複，此就攷證所引者辨正之。

006 璧假 ○葉抄本凡「璧」字作「辟」，石經同。

007 譜第 本又作諜 ○葉抄本「諜」作「諡」字，作「諡」、「譜」皆不見於説文，而「諜」字祈古。

008 隱公 謚法不尸其位曰隱 ○葉抄本、盧文弨本「謚」作「諡」，是也。盧文弨云：「舊本皆作『謚』，出後人所改，以五經文字攷之，作『諡』爲是。」案，文弨所云舊本即通志堂本也。

009 無謚 ○葉抄本、盧本「謚」作「諡」。

010 大子 舊太字皆作大後大子皆放此 ○按，葉抄本「舊太」作「舊大」。段玉裁云：「陸氏當本作『舊大字皆作太』，陸以作『太子』爲非，易爲『大子』而音太也。漢以前云『大』而已，不云『太』，後世乃恐『大』

有未盡而稱『太』，不當施於經典也。」

經元年

011 以見賢遍反　○葉抄本、盧文弨本「反」下有「下同」二字。

傳元年

012 夏殷三代之號可以意求　○葉抄本「號」作「号」，下同。

013 自斃本又作弊　○北宋本、葉抄本「弊」作「獘」。从大者與从廾無二字。説文之體本作「獘」，从犬，後人訓死者，則改爲「斃」，其他義則改爲「獘」、「弊」。

014 孫滑于八反又乎作反　○葉抄本、盧文弨本「于」作「干」，誤。

經二年

015 氏羌　○北宋本、葉抄本、盧文弨本「羌」作「羌」，是也。

傳三年

016 石碏七畧反　○北宋本、盧文弨本「畧」作「略」，後並同。按，凡古人「略」字、「畂」字田皆在左。

傳四年

017 耄矣至報反　○北宋本、葉抄本「至」作「毛」，是也。盧文弨本作「莫」，亦同位同等字。

經五年

018 二嫡丁歷反　○葉抄本「丁」作「都」。案，「丁」亦同位同等字。

019 捕魚一音搏　○北宋本、葉抄本「搏」作「傅」，是也。

020 八音木柷敔　○北宋本「敔」作「梧」，與周禮注合。

傳六年

021 芟説文作發匹末反　○北宋本、盧文弨本「末」作「末」，是也。

傳九年

022 侵軼又音逸突也　○葉抄本「突」誤「空」。

經十年

023 伐載字林作戴　○案，當云「字林作『𢦔』」。說文「𢦔」字注云「𢦔，故國在陳留」，是也；車部「載」字下不言故國在陳留。「𢦔」者本字也，「載」者叚借字也，亦或作「戴」。

024 易也以豉反傳注同　○北宋本、葉抄本脱「注」字。

傳十一年

025 公孫閼安葛反　○盧文弨云：「注疏本『於葛反』，譌。」案，於讀如烏，不誤。

026 餬其口說文云寄食　○葉抄本「寄」誤「癖」。

027 緱氏一音苦候反　○北宋本「候」作「侯」，不誤；葉抄本作「俠」，非也。

028 在沁七浸反郭璞三蒼解詁音狗沁之沁　○段玉裁云「當作『狗吣之吣』」，是也。案，玉篇作「㕣」，云「犬吐也，亦作『吣』」。

桓公

傳元年

029 父督　○北宋本、葉抄本「督」作「督」，後同。廣韻云「俗『督』字」。

經二年

030 取郜古報反　○北宋本、葉抄本「古」作「吉」。

傳二年

031 子馮皮冰反　○北宋本「冰」作「氷」，非。

032 遂相下注傅相同　○北宋本、葉抄本「傅」作「傳」，非。

033 越席越席結草　○葉抄本「席結」作「蓆結」。案，說文「席，籍也」，葉抄本作「蓆」，非也。

034 粢食音嗣餅也　○北宋本「餅」作「餠」，非。案，

「餅」與「飯」同。

035 不鑿子各反精米也字林作毇　○北宋本「各」作「洛」，「毇」作「糳」字。按，北宋本是也。字林云「糲米一斛舂爲八斗」不誤，今本説文作「九斗」誤也。説文「毇」下云「米一斛舂爲九斗」，今本説文誤作「八斗」。

036 馬膺於稜反　○北宋本、盧文弨本「稜」作「陵」，是也。

037 錫　○葉抄本「錫」作「鍚」，非也。

038 馬頟顏客反　○葉抄本「客」作「洛」，誤。

039 而寘之豉反置也　○葉抄本「置」作「間」，非也。

040 君之名子或彌政反　○葉抄本「彌」省作「弥」，後同。

傳五年

041 曼伯音萬　○北宋本、葉抄本「萬」省作「万」，後同。案，錢大昕養新録云「古有重脣，無輕脣」，故「曼」、「萬」同音。今吴中方音「千萬」之「萬」如「曼」，此古音也。六朝人讀「萬」爲輕脣音，邾夫子習於所聞，并讀「曼」爲輕脣，則失之遠矣。春秋「戎蠻子」，公羊作「戎曼子」。❶

042 旝説文作檜　○葉抄本「旝」作「檜」，「檜」作「旝」。

043 而烝之丞反　○北宋本「丞」作「承」。

傳六年

044 隨張豬亮反　○葉抄本「豬」作「音」。案，作「音」非也。

045 瘯蠡説文作瘰云瘯瘰皮肥也　○葉抄本「瘰」並作「絫」，「瘯」作「族」，説詳挍勘記六。按，葉本作「絫」是也。説文「痤」字下云「小腫也，一曰『族絫』」。

經七年

046 筑陽音逐　○盧文弨云：「注疏本『音竹』譌也。」按，「筑」本音竹，而「筑陽」音逐，乃自古漢書音義相傳如此，地名往往與本音異也。

傳九年

047 而北嵇康 ○葉抄本「嵇」作「嵆」，後同。

傳十年

048 交綏苟佳反 ○北宋本、葉抄本此五字在「以見」注下，非也。

傳十一年

049 州蓼隨絞州蓼四國名 ○葉抄本「蓼四」作「了四」，非也。

傳十三年

050 狃忕 ○葉抄本、盧文弨本「忕」作「忲」，是也。說詳校勘記，後準此。

傳十四年

051 盡行此類可以意求 ○葉抄本「此」作「比」，非也。

052 之椽說文周謂之椽齊魯謂之桷 ○按，此條不誤，他處引說文有誤耳，說詳段玉裁說文讀。盧文弨考證非也。

傳十五年

053 檀伯徒丹反 ○北宋本、葉抄本「丹」作「千」，非也。

054 公謫王又丁革反 ○北宋本「謫」作「讁」，注同。葉抄本「王」誤「正」。

莊公

經元年

055 遜于本亦作孫 ○案，「遜」「孫」誤倒，說詳注疏校勘記。

056 鄑子斳反 ○北宋本、盧文弨本「斳」作「斯」，是也。案，杜注「鄑」字云「北海都昌縣西有訾城」，釋文「訾」亦讀子斯反。

057 臨朐其俱反 ○北宋本「其」作「案」，其亦同位同等字。

傳三年

058 **在櫟**或音書約反　○北宋本「約」作「灼」。

傳六年

059 **騅甥**音佳　○葉抄本、盧文弨本「佳」作「隹」，是也。

060 **噬齊**下粗兮反　○段玉裁校本「粗」作「徂」。案，「齊」、「徂」爲雙聲。

061 **齧也**　○案，杜注疑脱「噬齧也」三字，否則衍「也」字。

傳八年

062 **而啼**田兮反　○北宋本、葉抄本此五字誤在「欒安」之上。

傳九年

063 **解**嫌蟹反　○北宋本、葉抄本「嫌」作「姑」，是也；盧文弨本作「古」。

傳十年

064 **其轍**宜列反　○北宋本、葉抄本、盧文弨本「宜」作「直」，是也。

經十一年

065 **鄀**子靳反　○北宋本、葉抄本、盧文弨本「靳」作「斯」，是也。

傳十一年

066 **爲乘**　○北宋本、葉抄本「乘」作「宋」，非也。

067 **橈敗**一音乃巧反　○葉抄本「一」誤「二」。

068 **搏之**音博取也　○葉抄本「博」作「愽」，非也。

傳十二年

069 **長萬于**　○北宋本、葉抄本「于」作「於」。

傳十四年

070 **繩**　○盧文弨云「舊本誤在『以語』下，今乙轉」，是也。案，北宋本、葉抄本在「以語」下。

071 堵敖 杜云楚人謂未成君爲敖 ○北宋本「未」作「末」，非也。

傳十六年

072 公子闕 距此三十五年 ○北宋本「三十」作「二十」，非也。

073 公父 音甫王音如字 ○葉抄本「甫」作「父」，非也。

經十七年

074 多麋 ○葉抄本「麋」作「麇」，非也。

經十八年

075 有蜮 本草謂之射工 ○葉抄本「工」作「干」，非也。

傳十八年

076 以畔 本或作叛俗字 ○北宋本「叛」作「扳」，非是也。

077 那處 那又作眀 ○葉抄本「眀」作「明」，亦非。案，元和顧之逵云「『眀』乃『眲』字之譌，兩見宋刊皆如此」。

傳廿一年

078 鑑 上暫反 ○北宋本、葉抄本、盧文弨本「上」作「工」，是也。

傳廿二年

079 將將 本又作鏘 ○北宋本、葉抄本重「鏘」字，是也。

080 太史 ○北宋本、葉抄本「太」作「大」，不誤。

經廿三年

081 于穀 ○北宋本、葉抄本「于」作「丁」，非也。

經廿七年

082 于洮 徒刀反 ○北宋本、葉抄本「徒」作「他」。案，徒刀反讀如濤，訓盥、訓淅。他刀反則讀如滔，杜注云「魯地當讀如滔」。

傳廿八年

083 **疆** ○北宋本、葉抄本、盧文弨本「疆」作「彊」，是也。

084 **諜告**音牒 ○葉抄本「牒」作「條」，非也。

傳廿九年

085 **嚮入**本或作向同 ○北宋本、葉抄本無「同」字。

傳三十年

086 **鬭穀**奴走反楚人謂乳曰穀漢書作彀音同 ○葉抄本「作彀」作「作穀」，亦非。盧文弨本改作「作㝅」，是也。按，段玉裁説文注云「釋文曰『奴走反』，宣四年左傳曰『奴口反』，以音定字，則其大字必作『㝅』無疑」。説文子部云「㝅，乳也，从子，殸聲」，「㝅」切奴走，即今「奶」字之雙聲也。漢書作「穀」，如淳音構，師古曰「如字，又音乃茍反」，然則漢書乃假「穀」爲「㝅」也。今通志堂本改作「彀」，謬爲不可識之字。

傳卅二年

087 **講肄** ○北宋本、葉抄本「肄」作「肆」。

閔公

傳元年

088 **可厭**於鹽反 ○北宋本、葉抄本「於」作「一」。案，「於」亦同位同等字。

089 **勞來**下力代反 ○葉抄本「下」作「一」，非也。

090 **適子**丁歷反 ○葉抄本「歷」作「日」，非也。

傳二年

091 **孔嬰齊殿**丁見反 ○北宋本、葉抄本「見」作「殿」。段玉裁挍本作「練」。案，盧文弨云：「書内多作『丁練反』，此處注疏本亦作『丁練反』，挍本是也。」

092 **熒澤** ○盧文弨云「注疏本作『滎』，譌」。案，文弨是也。釋文凡「熒」字皆從火，于隱元年注云「本或作『滎』，非」，尤爲此字起例。段玉裁云：「凡熒澤、熒陽古無從水者。尚書禹貢今本從水，釋文亦同者。崇文總目云『宋開寶中詔以德明所釋乃古文尚書，與唐明皇所定今文駁異，令大子中舍陳鄂删定，其文改從隸書』。蓋今文自曉者多，故音切彌省，然則衛包庸妄改『熒』作『滎』，而陳鄂和之，所當訂正者也。至於經典、史、漢、水經注皆爲淺人任意竄易，善本僅有存者。」

093 **迸散** 檗諍反　○按，「檗」字不誤，他本或異，非也。

僖公上

傳二年

094 **懦** 字林愞音乃亂反偄音讓丈反　○北宋本「愞偄」作「偄愞」，「丈」作「夫」。盧文弨本「夫」作「犬」，云「舊『讓犬』作『讓丈』，譌，今改正也」。按，北宋本是也。「耎」聲故乃亂反，「需」聲則斷無乃亂之音矣。讓丈，盧作「讓犬」，是。

傳三年

095 **夏六**　○盧文弨本作「夏四」，云「舊作『夏六』，譌」。案，考證是也，石經作「四」。

096 **于囿** 音又苑也　○北宋本、葉抄本「苑」作「菀」。案，說文云「囿苑有垣也」。

傳四年

097 **徼福**　○北宋本、葉抄本「徼」作「儌」。毛氏六經正誤云「釋文作『儌』，是。然傳訛日久，不敢改也。『儌倖』之『儌』，工堯反，从人；『巡徼』之『徼』，居嘯反，从彳，彳音斥」。案，李氏字鑑云「儌，堅堯切。說文『𡴘也，从心，敫聲』。『憿𡴘』之『憿』當從此正，俗作『儌』，又作『徼』，非也」。

098 **不如** 或一音而據反　○北宋本、葉抄本「而」作「如」。案，集韻九御云「如倨反，似也。左氏傳『不如從長』，陸德明讀如倨，即如據」。今從宋本。

經五年

099 **遂譖** 側鴆反　○葉抄本脱「側鴆反」三字。

100 **軑縣** 音犬　○葉抄本、盧文弨本「軑」作「軑」，「犬」作「大」，是也。說詳注疏校勘記。

101 **童齔**　○北宋本「齔」作「齓」。案，玉篇作「齔」，云「谷作『齓』」。

傳六年

102 輿櫬 ○北宋本「櫬」作「襯」，非也。

經七年

103 甯毋 ○北宋本、葉抄本「毋」作「母」字。按，北宋本非也。惟大字作「母」，故注曰「如字，又音無」，不然「毋」「無」同音，立辭不如此。

傳七年

104 釁隙 ○北宋本、葉抄本「隙」作「隟」，非。毛氏六經正誤云「隙，从兩小字，中从白，非从少、从𡭴也」。案，説文「隙」字注「壁際孔也，从𨸏，从𡭴，𡭴亦聲」。

105 惡大叔叔又作州 ○北宋本、葉抄本、盧文弨本「州」字皆作「𠮷」，是也。「𠮷」與「州」形相似耳。

經八年

106 大廟音太 ○北宋本、葉抄本、盧文弨本「太」作「泰」。

傳八年

107 期年本或作朞 ○北宋本「朞」作「基」字。按，此左傳古文之僅存者。士虞禮鄭注曰「古文『朞』皆作『基』」。

經九年

108 殤式羊反 ○北宋本「羊」作「長」。

109 殺其君之子公羊音試 ○北宋本、葉抄本「試」作「弒」。

傳九年

110 無猜七才反 ○葉抄本「七」作「士」，非也。

傳十年

111 雎歂音佳 ○葉抄本、盧文弨本「佳」作「隹」，是也。

傳十三年

112 戍卒 ○北宋本、葉抄本「戍」作「戎」，非也。

傳十四年

113施注及下而施毛十五年皆同　○北宋本、葉抄本「而」作「除」字。案，「除」是也，謂除注中「施毛」之「施」讀平聲，其餘皆讀去聲也。

經十五年

114愎諫皮逼反　○北宋本、葉抄本此五字在「己卯晦」上，非也。

傳十五年

115三施年末注同　○葉抄本脱「末」字。

116輅秦　○葉抄本「輅」字闕。

117子罃於寅反　○北宋本「寅」作「庚」，盧文弨本作「耕」，是也。

118上下　○葉抄本「闕」下字。

119曰上天降災此凡四十七字檢古本皆無　○北宋本、葉抄本「七」作「一」，亦非。盧文弨本作「二」，是也。案，臧琳經義雜記云：「正義説後人妄增者至『唯君裁之』止，凡四十二字。此本作『七』，連下『乃舍諸靈臺』五字方合數。然此句杜氏有注，釋文亦云『鄠縣，音户』，則陸亦不數下五字，與正義同，『七』爲『二』字之譌耳。」

120子縶張執反　○葉抄本「執」誤「軌」。

121復相扶又反　○葉抄本「扶又」作「息亮」，爲「相」字作音，不爲「復」字作音，今注疏本皆作「扶又」。

122喪君後注同　○葉抄本脱「同」字。

123之虚去魚反　○葉抄本「魚」作「奂」，非也。

f01—124盍行　○葉抄本「盍」作「並」，非也。

校　記

❶ 養新録，底本誤作「養心录」，今改正。

春秋左傳釋文校勘記卷二

僖中

傳十七年

f02—001 爲長丁丈反　○盧文弨本作「于僞反」，云「舊作『丁丈反』」，上文『長衛侯』已云『下注同』。此當音『爲』字，不當音『長』字，今改正」。案，當音「爲」是也，附釋音本皆音「爲」。長衛侯，宜作「長衛姬」。

傳十八年

002 不勝音升又升證反　○盧文弨敓證下「升」字作「尺」，非也。

經廿一年

003 爲邢下爲郱同　○葉抄本「郱」作「郜」，非也。

004 緫見　○葉抄本「緫」作「揔」，後同。

005 大皥　○北宋本、盧文弨本作「暤」，後同。說詳注疏校勘記。

傳廿二年

006 兢兢本或作矜　○北宋本、葉抄本「矜」字重，是也。

007 蠭本又作螽　○葉抄本「螽」誤「蠭」。

008 登陘本亦作升陘　○北宋本、葉抄本「升」作「并」，誤。

009 俘芳扶反　○葉抄本「扶」作「夫」。

010 馘戰所獲　○北宋本、葉抄本「獲」下有「截耳」二字。

傳廿三年

011 魏犨尺油反　○北宋本、盧文弨本「油」作「由」。

012 賈佗徒何反　○葉抄本「何」作「河」。

013 廧　○葉抄本「廧」作「廧」，後同。案，五經文字亦作「廧」。

014 脅 說文云駢脅并也廣雅云脅幹謂之肋　○段玉裁校本「駢」作「骿」。盧文弨本作「并脅」，考證云「說文骨部『骿，并脅也』，引此傳舊本作『脅并』，倒，今乙正。廣雅『膀胠胉脅也，幹謂之肋』，與所引微異」。

015 湔也 又音牋　○葉抄本「牋」作「賤」。

016 自拘 音俱　○葉抄本「俱」誤「拘」。

傳廿四年

017 絏 說文云繫也　○北宋本、葉抄本「繫」作「係」。按，說文作「紲系也」，此亦唐人避諱所改之一。

018 閱于 訟爭貌　○北宋本、葉抄本、盧文弨本「訟爭」作「爭訟」，是也。

019 桃子　○北宋本、葉抄本「子」作「叔」。

020 膰焉 符袁反　○葉抄本「符」作「苻」。

021 官守　○北宋本「官守」誤「守宮」。

傳廿五年

022 柩 其久反　○北宋本作「其又反」，盧文弨本作「其救反」，攷證云「舊『其久反』，注疏本『其九反』，皆譌。據卅二年音改正」。按，文弨誤也。陸氏彼時自讀上聲，集韻所載「巨九切」即陸之「其久反」也。卅二年「其救反」，則陸時亦讀去聲，不可繩之以一律。

傳廿六年

023 壼飧　○盧文弨本「飧」作「飱」，與石經合，後同。

024 茲𠀾　○北宋本、葉抄本「𠀾」作「丕」。案，玉篇作「丕」，云「或作『𠀾』字」。按，古作「𠀾」，中直冣長，後人乃中直分爲二筆作「𠀾」，又或中直短遂作「丕」。

025 縣罄 音元注同　○北宋本、葉抄本注誤「罄」。

026 熊摯　○北宋本「摯」作「摰」，後同。案石經作「摯」。

027 自竄又于外反　○葉抄本、盧文弨本「于」作「千」，是也。

028 寘桓　○北宋本「桓」誤「栢」。

僖下

傳廿七年

029 中行户剛反　○葉抄本「剛」作「明」，非也。

傳廿八年

030 爇　○北宋本、葉抄本、盧文弨本「爇」作「爇」，是也。

031 子搏音博　○葉抄本「博」誤「傳」。

032 車乘下及注同　○北宋本、葉抄本注下有「皆」字。

033 韅説文作韅云著掖皮　○段玉裁説文讀「掖」作「亦」，云「亦人之臂亦也」。

034 靷説文云軸也　○盧文弨本「云」下有「引」字。段玉裁據楊倞荀子注作「所以引軸也」，文義乃完。

035 鞅説文云頸皮也　○盧文弨本云：「本書作『頸靼也，靼柔革也，从革，旦聲』。」

036 靽在後曰靽　○葉抄本「曰靽」作「日半」，非也。盧文弨考證正文「靽」誤「絆」。

037 陳于直靳反　○葉抄本、盧文弨本「靳」作「覲」，是也。

038 傅相　○北宋本「傅」誤「傳」。

039 卣　○北宋本、葉抄本「卣」上有「一」字。

040 甯俞　○葉抄本「俞」作「渝」。

041 納橐　○北宋本、葉抄本「橐」作「槖」，是也，後同。

042 泄冶息例反　○葉抄本、盧文弨本「例」作「列」，是也。

043 先蔑立結反 ○北宋本、盧文弨本「立」作「亡」。案，古音「亡」讀如忙，「立」字非。

經廿九年

044 大倉音泰 ○北宋本、葉抄本「泰」作「蒼」。

傳廿九年

045 向戌 ○葉抄本誤「戍」。案，「向戌」之「戌」當作「戍」，後同。

經三十年

046 氾音凡 ○葉抄本「氾」作「汜」，非也。

傳三十年

047 狄閒閒厠之閒 ○葉抄本、盧文弨本「厠」作「廁」，是也，後同。

048 夜縋文僞反 ○葉抄本、盧文弨本「文」作「丈」。考證云「舊『丈』作『文』，譌，今改正」，是也。

049 倍鄰 ○北宋本、葉抄本「倍」作「陪」，是。說詳注疏校勘記。

050 封疆居良反 ○葉抄本「良」作「長」。

051 昌歜昌蒲葅 ○北宋本、葉抄本「葅」作「菹」。

傳卅一年

052 葅 ○北宋本、葉抄本「葅」作「菹」。

053 自洮吐刁反 ○葉抄本作「召」，亦非；北宋本、盧文弨本「刁」作「刀」。

054 三行户郭反 ○北宋本、葉抄本、盧文弨本「郭」作「郎」，是也。

傳卅三年

055 猶卒子忽反 ○盧文弨本「子」作「寸」，云「舊作『子』，從注疏本改」。案，子忽讀如倅，寸忽讀如猝，杜爲「暫」字作訓，當讀如猝。

文上

傳元年

056 江芉杜云江芉成王妹　○葉抄本「妹」作「姝」，非也。

傳二年

057 鞫居　○北宋本、葉抄本「鞫」作「鞠」。

058 故嗤　○北宋本「嗤」作「蚩」字。按，杜氏所用古字也。

059 狼瞫　○葉抄本「瞫」作「瞫」，非也。

060 閔上一本無上字　○盧文弨本「上」作「閔」，考證云「嘗爲臣位，應在下，令居閔上，故曰逆祀。若去『上』字，便不成文，故今定爲『無閔字』。又『令居之上』亦當如前注有『令』字」。案，顧廣圻云「陸言『上』字者，就『閔上』二字言之，『閔』字在『上』字之上」，是也。❶

061 公子成本或作戌音恤　○葉抄本「戌」誤「戍」。

經三年

062 平與　○北宋本、葉抄本「與」作「輿」。

傳四年

063 爲之下文注爲賦爲歌皆同　○北宋本「賦」誤「賊」。

064 肆業依字作肄　○北宋本「肆」作「𨽻」。案，肄訓習，肆訓陳，義自不同。陸云「依字作『肄』」，是也。

065 佯不　○北宋本、葉抄本「佯」作「詳」。按，作「詳」是。史記「佯」多作「詳」。吳太伯世家公子光「詳爲足疾」，蘇秦傳「詳僵而棄酒」，是也。又作「陽」，定十二年釋文「陽不知也」，云「本亦作『佯』」。

經五年

066 歸含本亦作唅　○葉抄本「唅」誤「含」。

傳六年

067 必抒　○北宋本、葉抄本「抒」作「杼」，非也。

068 故復下將復怨同　○葉抄本闕「同」字。

069 軍帥又命帥同 ○葉抄本「又」作「下」。

經七年

070 王臣本或作五臣 ○北宋本、葉抄本、盧文弨本「五」作「壬」。

071 殷適 ○盧文弨本作「廢適」，云「舊『廢』譌『殷』是也」。

傳七年

072 閒晉閒廁之閒 ○葉抄本闕「閒廁」二字。

073 戴己音紀一音杞 ○北宋本、葉抄本「杞」作「祀」，是也，盧文弨考證同。

傳八年

074 公壻俗作聓 ○北宋本、葉抄本「聓」作「婿」。盧文弨本作「聟」。考證作「聟」，云「舊『聟』作『聓』。注疏本改作『婿』」。案，「聟」字見五經文字，今從之。

傳九年

075 執幣傲本又作敖 ○北宋本、葉抄本「傲」作「慠」，非也。

傳十年

076 接好下及注同 ○北宋本、葉抄本「及」作「文」。

077 北徵音懲 ○北宋本、葉抄本「懲」作「徵」，非也。

文下

傳十一年

078 鄋說文作𨞚字林𨞚一音先牢反 ○北宋本、葉抄本、盧文弨本「𨞚」作「鄋」，與說文篆體合。

079 弗狗 ○北宋本、盧文弨本「狗」作「徇」，是也。

傳十二年

080 禱求丁考反 ○北宋本、葉抄本、盧文弨本「考」作「老」。

傳十三年

081 詹嘉章廉反 ○葉抄本「廉」作「簾」。

082 人譟　○北宋本、葉抄本作「譟而」。

083 星孛嵇康音渤海字　○盧文弨本作「嵇康」，北宋本、葉抄本作「嵆康」，後同。

084 不度待洛反　○北宋本、葉抄本「待」作「特」。案，「待」亦同位同等字。

傳十四年

085 貸於公音待　○葉抄本「待」作「特」。

086 子變普協反　○此五字北宋本、葉抄本在「麋」字之上，非也。北宋本、葉抄本「普」作「昔」，是也。

傳十五年

087 爲單下爲孟及下注爲惠叔皆同　○北宋本、葉抄本「孟」下有「氏」字，是也。葉抄本「及」誤「反」。

088 贄幣　○北宋本「贄」作「贄」。

089 爲魯下以爲同　○北宋本、葉抄本、盧文弨本「以」作「似」。案，作「似」是也。

傳十六年

090 伯禽至僖公十七君弟魏公濆子厲公擢子獻公具子順公濞弟武公敖子懿公戲　○北宋本、葉抄本「濆」作「費」，「擢」作「躍」。北宋本「戲」作「獻」。按，順，史記作真，鄒誕本作「慎」。

傳十八年

091 大饑亦作飢音機　○北宋本作「音飢，一音機」。

092 乃掘其勿反　○葉抄本「勿」作「卧」，非也。

093 以扑字宜從手作木邊非也　○盧文弨考證「邊」改「旁」，云「書『扑作教刑』從木。説文無『扑』字，此『手』與『木』必互譌」。段玉裁云：「扑者，『攴』之隸變，手與又同也，从木作卜非。」

094 扑箠　○葉抄本「箠」作「菙」。

095 暱也女力反　○盧文弨云「注疏本『女乙反』，是也」。按，集韻「尼質切」本此。

096 檮 韋昭音桃　○葉抄本「桃」作「投」字。按，此或漢書韋音之僅存者。

097 戭 漢書作戭　○北宋本、葉抄本、盧文弨本注文「戭」作「敳」，是也。

098 謂鯀　○葉抄本、盧文弨本「鯀」作「鮌」。

099 四窻 本亦作聰　○北宋本、葉抄本作「四聰」，本亦作「窻」。案，當以「窻」爲正。説詳注疏挍勘記。

100 宋武氏之族 後人取下文妄改也　○北宋本「改」作「加」。

宣上

傳二年

101 宜其禽也 一本作宜其爲禽也　○葉抄本脱注文「也」字。

102 于思于思 多鬚貌　○北宋本、葉抄本「鬚貌」作「鬚皃」，下同。按，作「須」正字也，一變爲「鬢」，再變爲「鬚」。

103 兕 徐里反　○北宋本「里」作「履」，是也。

104 彫牆 本亦作雕　○葉抄本「雕」作「彫」，非也。

105 公嗾 説文云使犬也服本作㖩　○盧文弨攷證云：「案，説文作『使犬聲』。段玉裁云：字書無『㖩』字，當作『取』。案，類篇收之，音蘇后切，云『使犬聲』。」案，集韻收之，音蘇后切；類篇口部「㖩」字讀遵須切，不云「使犬聲」，文弨誤。

106 諸橐　○北宋本、葉抄本、盧文弨本「橐」作「橐」。

107 以禦　○北宋本、葉抄本「禦」作「御」。

108 詛無 側慮反　○葉抄本「側」作「惻」，誤。

傳三年

109 所底 音旨致也　○盧文弨攷證云「『底』當作『底』，非也」。説詳注疏挍勘記。

110 亢寵　○葉抄本「寵」作「龍」。

傳四年

111 堅長 ○北宋本、葉抄本「堅」作「豎」，誤。

112 皐滸 ○北宋本「滸」作「許」。

113 汏他來反 ○北宋本、葉抄本、盧文弨本「來」作「末」。

傳六年

114 爲于僞反 ○盧文弨云：「當作『爲十』，『十』字不可省。」

傳七年

115 以監古銜反 ○北宋本、葉抄本此五字在「同畝」注下，非也。

經八年

116 猶繹去籥 ○盧文弨攷證云：「『猶繹』二字可省。」

117 管也音館 ○北宋本、葉抄本「館」作「管」，非也。

118 秦誎 ○北宋本「誎」作「諜」，後同。

119 楚彊 ○北宋本、葉抄本「彊」作「疆」，非也。

經十一年

120 播蕩下如字 ○北宋本、葉抄本「下」作「又」，注疏本作「蕩」。

傳十一年

f02—121 板幹本亦作榦楨 ○北宋本、葉抄本「榦」作「幹」，非也。

校　記

❶ 考證，底本誤作「孝證」，今改正。

春秋左傳釋文校勘記卷三

宣下

傳十二年

f03—001 于逵說文作馗云九逵道　○盧文弨本「九逵」作「九達」，是也。

002 肉袒徒旱反　○北宋本、葉抄本「旱」作「旦」，是也。

003 九縣此十一國　○北宋本、葉抄本「此」作「凡」。

004 臾羊朱反　○盧文弨云「毛本誤作『滋朱反』。今案，前文改正」。案，徐本自作「羊朱反」。

005 而勦又于小反　○葉抄本「于」作「千」，亦非；北宋本、盧文弨本作「子」，是也。

006 後勁吉政反　○葉抄本「吉」作「告」。

007 川壅又作雍注皆同　○北宋本「皆」作「音」，非也。

008 咎其九反令力呈反郔音筵沈音審　○段挍本此四字據注疏本增。

009 於管本或作菅古顏反非也　○北宋本、葉抄本無「也」字。

010 篳路　○葉抄本「篳」作「蓽」。案，玉篇云「篳，亦作『蓽』」。

011 爲諂勑撿反　○北宋本、葉抄本、盧文弨本「撿」作「檢」。

012 兩馬徐云或作㭨　○北宋本、葉抄本、盧文弨本作「掚」，是也。案，集韻廿六養引作「御下倆馬」，「倆」乃「掚」字之譌。類篇引春秋傳『御下掚馬』。

013 脱扃薛綜曰　○葉抄本「曰」作「云」。

014 眢井字林云井無水也一皮反　○盧文弨云：「『皮』字定譌，以形聲求之，或是『袁』字。」案，「皮」字不譌。集韻五支有「眥」字，眥讀如萎，音之轉也。

015 而拯 ○葉抄本「拯」作「承」。段玉裁曰：「古『承』爲『拯』，如周易『不承其隨』，音『拯救』之『拯』。列子『使弟子並流而承之』，張湛注『承』音拯，引方言『出溺爲承』。」

傳十四年

016 窒皇窒皇門闕 ○北宋本、葉抄本「闕」作「闔」，亦非。案，杜注作「闕」。

傳十五年

017 黎民 ○北宋本「民」作「氏」，非也。

018 也夫音夫 ○北宋本、葉抄本、盧文弨本「音夫」作「音扶」，是也。

傳十六年

019 兢兢本亦作矜 ○案，當作「矜矜」。

傳十七年

020 于窐 ○葉抄本「于」作「於」。

021 鳩乎徐音豸直是反解也本又作豸 ○段玉裁挍本「鳩」作「廌」，下「鳩解」同，云「此正文必非『鳩』字，必當云『廌，徐音豸，直是反，本又作豸』，『廌』之形誤爲『鳩』也。正義、釋文皆引方言，今本方言無『鳩解也』之文，有『瘛解也』之文，『瘛』亦『廌』之譌。『郭音胡計切』，乃後人妄增也」。

經十八年

022 人戕徐又在精反 ○葉抄本「精」作「情」。案，當作「精」。

023 僭而呼念反 ○北宋本、葉抄本、盧文弨本「呼」作「子」，是也。

成上

傳二年

024 鞫居 ○北宋本、葉抄本「鞫」作「鞠」。

025 賈余音古賣也注同 ○葉抄本「賣」作「買」，非也。

026 左并必政反 ○葉抄本「政」作「致」，非也。

027 桴音浮鼓槌也 ○葉抄本「槌」誤「鎚」。盧文弨云：「注疏本作『枹』。案，説文『枹，擊鼓杖也』，『桴，楣棟名』。今注疏本作『枹』，良是。陸氏本不盡依説文，後來亦多借用，今姑仍之。」按，陸氏本作「桴」，古文叚借字也。石經「已」下本作「枹」，附音者乃改釋文之「桴」爲「枹」耳，不得云「枹」是「桴」非。説詳注疏挍勘記。

028 緌於 ○盧文弨云：「此下始音『驂馬』七南反，則此句首本無『驂』字可知。吕東萊春秋集解云『一本無驂字』，正與釋文合。」

029 辟女子一音扶亦反 ○葉抄本、盧文弨本「亦」作「赤」。

030 用蠡 ○北宋本「蠡」作「蝨」，下注「燒蠡」同。案，「蝨」見説文虫部，作「蝨」，是也。

031 適郢以并反 ○北宋本、盧文弨本「并」作「井」，是也。

032 淫湎 ○北宋本「湎」作「緬」，俟攷。

033 謂暴本又作虣 ○葉抄本脱「虣」字。

傳五年

034 以傳中戀反 ○盧文弨本作「直戀反」，非也。

傳八年

035 餞之錢淺反 ○葉抄本「錢」誤「餞」。

036 平輿 ○盧文弨本作「平與」，與宋本注合。

037 無僻 ○盧文弨本「僻」作「辟」。

038 狡猾干八反 ○葉抄本、盧文弨本「干」作「于」。

039 勇夫重閉一音户旦反 ○盧文弨云：「閉，或作『閈』，故有此一音。」

傳九年

040 緑衣本又作褖 ○北宋本、葉抄本、盧文弨本「褖」

作「祿」，是也。

041 浹辰又音子荅反　○葉抄本脱「反」字。

042 匃亟或欺異反　○盧文弨本「異」作「冀」，非也。

傳十年

043 糴徐徒弔反一音杜敖反又士弔反　○北宋本「士」作「土」，是也。盧文弨本「糴」改作「糶」，攷證云「舊本作『糴』，與徒弔、杜敖、士弔三反俱不合。攷集韻、類篇俱從出作『糶』，今從之」。案，文弨非也。集韻六豪「糴」下云「春秋傳有『糴茷』」，即陸氏云「一音杜敖反」也；廿三錫「糴」下云「亦姓」。廣韻廿三錫亦云「晉有大夫糴茷」，即陸氏云「土弔反」也。惟「徒弔反」，集韻卅四嘯作「糶」，云「晉有糶茷」，乃「糴」字之譌。集韻一書凡陸氏音義莫不畢載。類篇入部「糴」下亦云「春秋傳有『糴茷』」。

044 卷縣字林立權反　○葉抄本、盧文弨本「立」作「邱」，是也。

成下

傳十一年

045 且涖　○葉抄本「涖」作「莅」。案，石經作「涖」。

046 不復下文注復出皆同　○葉抄本「皆」作「音」。

047 伯與音餘本亦作輿　○按，作「與」故曰音餘。葉抄本「亦作輿」作「亦作與」，轉寫之誤。

傳十二年

048 朝而朝日朝　○北宋本、盧文弨本「日」作「曰」，是也。

049 干城户旦反本亦作扞又如字　○北宋本、葉抄本此十二字誤在「以語」之上。

經十三年

050 道過又古卧反　○葉抄本「又」作「或」，非也。

傳十三年

051 戮力吕静字韻　○字韻，段玉裁挍本作「韻集」，是也。

052 迭我直結反 ○葉抄本「直」作「宜」，非也。

053 逞志快也 ○葉抄本「快」作「使」，非也。

054 蝥賊爾雅蟲食苗爲蝥 ○盧文弨本「苗」下有「根」字，據爾雅補。

055 俘我 ○葉抄本「俘」作「浮」，誤。

056 之聚才喻反 ○北宋本「反」上重「才喻」二字，衍文。

057 迓五嫁反 ○葉抄本「嫁」作「稼」。

058 子般林作班 ○北宋本、葉抄本「林」作「亦」，是也。盧文弨攷證云：「注疏本作『班』。字林舊脱『字』字，從山井鼎書補。」案，此山井鼎肊説，不可從也。

059 欣時如字徐云或作款亦音欣 ○盧文弨本改「款」作「欷」，考證云「舊『欷』作『款』，聲不近，誤也，今改正」。案，「欣」、「款」同韻同聲，不誤。集韻二十一欣「款」下云「人名，曹有公子款時」，是也。

傳十四年

060 子相息浪反 ○北宋本、葉抄本、盧文弨本「浪」作「亮」，是也。

傳十五年

061 少司寇詩照反 ○葉抄本「照」作「召」。

經十六年

062 欒黶於玷反 ○葉抄本「玷」作「站」，非也。

傳十六年

063 陂彼宜反 ○葉抄本「宜」作「庇」。

064 復從徐子容反音或如字 ○盧文弨云「『音』字疑衍」。

065 笮其側直反 ○北宋本「直」作「百」，是也。

066 范匄本或作丏古害反 ○盧文弨本「丏」作「丐」，云「舊『丐』作『丏』，則是音勉」，非也。「丏」乃俗字，後人用以代「匄」。

067 掀公字林云舉出也火氣也　○盧文弨云："案，『火氣也』三字，乃『焮』字之訓，不當并引此三字，當爲衍文。"

068 韎韋又音妳　○北宋本、葉抄本、盧文弨本「妳」作「妹」，是也。

069 若袴苦故反　○葉抄本「故」誤「比」。

070 今擡字林云舉首下手也　○北宋本「首」作「手」，非。説詳程易田通藝録。

071 中軍　○北宋本、葉抄本、盧文弨本「軍」作「車」，不誤。

072 晉難乃旦反　○北宋本、葉抄本、盧文弨本「且」作「旦」，是也。

073 儆備　○葉抄本「備」誤「蒲」。

074 偃與　○盧文弨本「與」下有「謀」字，云「與上『偃與鉏』相混，今訂補」，是也。

經十七年

075 北宫括　○葉抄本「括」作「栝」，非也。

076 貍　○北宋本、葉抄本作「狸」。

077 玃　○北宋本、葉抄本作「獲」。

078 而嬖必計反　○盧文弨云："上文有『外嬖』，當先音。注疏本移前，是也。"

襄一

傳元年

079 鄫縣才河反　○盧文弨云："才河之音本當作『鄌』，後人多只作『鄫』。"按，説文作「鄌」，集韻「河」作「何」，是也。

經二年

080 伯輪古困反　○北宋本、葉抄本「困」作「因」，非也。

傳二年

081 之妣必履反　○北宋本、葉抄本「之」誤「不」。必履，葉抄本作「以履」，非也。

082 復憂下文將復復會同　○北宋本、葉抄本無「將」字。

傳三年

083 憂恚一僞反　○北宋本「僞」作「瑞」。

084 子相息亮反皆同　○盧文弨本「皆」作「注」，是也。

085 能舉善也夫一讀以夫爲下句首　○葉抄本「以」作「曰」，非也。

傳四年

086 鮦陽孟康音紂直九反一音童或音直勇反非　○葉抄本「勇」誤「九」。案，段玉裁云：「漢書地理志『汝南鮦陽』，孟康音紂，此葢地名。舊音相傳如是，或以爲脱『紅反』二字者，非也。」説詳説文注。

087 夏納本或爲納夏誤　○北宋本作「納夏，本或爲『夏納』，誤」，是也。案，春秋正義曰「定本『納夏』爲『夏納』」。

088 埸　○葉抄本「埸」作「塲」，非也。

089 畨縣本又作蕃應劭作皮白褒魯國記云陳子遊爲魯相畨子也國人爲諱改曰皮　○北宋本、葉抄本、盧文弨本作「作音」。盧本「遊」作「逸」。葉抄本「改曰」作「故曰」。盧文弨攷證云「『逸』舊譌『遊』，今據後漢書蕃傳改正」。○按，「魯相番」「番」當作「畨」，从艸。

傳五年

090 扃扃徐孔穎反　○葉抄本「穎」作「潁」。

經七年

091 于鄅七報反又禾南反字林千消反　○北宋本、葉抄本「禾」作「采」。盧文弨攷證云：「七報、千消二音於『鄅』合。禾南則太遠，得毋『鄅』或有作『鄒』者與。」案，宋本作「采」，是也，「鄅」、「采」雙聲。

傳八年

092 彤　○葉抄本「彤」作「肜」，非也。

傳九年

093 士輿　○盧文弨本「輿」作「轝」。

094 摽表　○盧文弨本「摽」作「標」，云「六朝人木旁、手旁往往互用，今定從木」。

095 出馬徐尺遂反　○葉抄本「尺」作「失」，非也。

096 内　○北宋本「内」下有「火」字。

097 士雃苦田反　○北宋本、葉抄本、盧文弨本「苦」作「苦」，是也。

098 欒黶於斬反　○北宋本、葉抄本「於」作「乙」。案，「於」亦同位同等字。

099 于氾　○北宋本、葉抄本「氾」作「汎」，非也。

100 餱糧　○北宋本、葉抄本「餱」作「糇」。案，説文「餱」字注「乾食也」。

101 更攻　○盧文弨云：「注疏本此下有『復扶又反』四字。案，注有『復侵』，自當有音，恐漏也。」

襄二

傳十年

102 相大子下同　○北宋本、葉抄本「下」作「注」，非也。

103 彌徐音弥　○盧文弨本「弥」作「弭」。

104 及著徐都慮反　○盧文弨本「都」改作「張」，是也。

105 令居下令在勸令同　○葉抄本「勸」作「藋」，非也。

106 問繇　○北宋本、葉抄本「繇」作「䌛」。

107 爭競下文與之爭同　○北宋本、葉抄本「與」作「有」，非也。

108 東厎　○盧文弨攷證作「東底」，云「舊作『厎』誤，今改正」。案，作「厎」不誤，説詳注疏校勘記宣二年。

傳十一年

109 説之音悦　○北宋本、葉抄本「悦」作「税」，非也。

110 閒茲命本或作茲盟誤　○段玉裁云：「僖廿八年傳有『渝此盟』，此云『或閒茲盟』，一也。下云『司慎司盟』，說文作『司慎司命』，是也。此正『命』與『盟』互譌耳。陸以『盟』爲誤，非也。」

111 己姓或音杞　○北宋本、葉抄本「杞」作「祀」。

112 師悝普回反　○北宋本「普」作「苦」，是也。

113 于櫟徐失灼反　○北宋本、葉抄本、盧文弨本「失」作「夫」，非也。

傳十三年

114 卒乘下繩證反　○北宋本、葉抄本「反」作「切」，非也。

115 爲汰　○北宋本、葉抄本、盧文弨本「汰」作「汏」，是也。

116 少主詩照反　○北宋本、葉抄本「照」作「召」。

117 以共音供　○北宋本「供」作「恭」。

118 昊天胡考反　○北宋本、盧文弨本「考」作「老」。

傳十四年

119 棫林徐于目反　○北宋本、葉抄本「目」作「曰」，非也。

120 公奭許亦反　○北宋本「許」作「詩」，是也。

121 之麇　○葉抄本「麇」作「麇」，非也。

122 懼難　○葉抄本「懼」作「戄」，非也。

123 弗儆　○北宋本、葉抄本「弗」作「不」。案，石經作「弗」。

124 險阸於革反　○北宋本、葉抄本「革」作「責」，是也。

傳十五年

125 公監工銜反　○北宋本、葉抄本「工」作「古」。案，「工」亦同位同等字。

f03—126 湨古闃反　○北宋本、葉抄本「闃」作「歷」。

春秋左傳釋文校勘記卷四

襄三

經十六年

f04—001 湨梁古闃反徐公壁反　○葉抄本「壁」作「里」，非也。

傳十六年

002 向戌　○葉抄本「戌」誤「戍」。

003 比執　○北宋本、葉抄本「執」作「及」，非也。

004 無鳩居牛反集也　○盧文弨云：「注疏本作『居九反』，譌。」

傳十七年

005 必騁　○葉抄本「騁」作「聘」，非也。

006 執扑杖也　○葉抄本「杖」作「抶」，非也。盧文弨云：「案，『扑』字當作『朴』，非也。」

007 苴七余反　○葉抄本「余」作「徐」。

008 屨也具反以草爲屨　○北宋本、葉抄本「也」作「九」，「爲屨」作「爲履」。案，作「九」是也。

009 枕甴　○葉抄本「甴」誤「由」。

傳十八年

010 純留徒温反　○葉抄本「温」作「溫」，非也。

011 守官　○葉抄本「官」作「宦」，非也。

012 敢復下注復欲同　○葉抄本「欲」作「次」，非也。

013 塹防七艷反　○葉抄本「七」作「士」，非也。

014 乃脱勑括反　○葉抄本「括」作「居」，非。盧文弨攷證改「勑」作「吐」，是也。

015 旗幟　○北宋本、葉抄本「幟」作「識」，是也。案，説文無「幟」字；言部「識」字云「識，常也，从言，戠聲」，識訓爲常，即周禮「司常」之「常」。釋名釋言語云「識，幟也，有章幟可按視也」。禮記檀弓上「孔子之喪，公西赤爲志焉」注「識謂章識」，檀弓下「銘明旌也，以死者爲不可别，已故以其旗識之」；又儀禮士喪禮「爲銘各以其物」注「銘明旌也，雜帛爲物，大夫之所建也。以死者爲不可别，故以其旗識識之」。是古「旗幟」字多作「識」。

016 **及濰**本又作維　○葉抄本作「及維」，本又作「濰」。

017 **滍水**音雌　○北宋本、葉抄本、盧文弨本「雌」作「雉」，是也。

經十九年

018 **西郛**芳扶反　○北宋本、葉抄本「扶」作「夫」。

019 **督揚**　○北宋本、葉抄本「督」作「督」，俗「督」字。

傳十九年

020 **癉**　徐音旦　○葉抄本「旦」作「冕」。

021 **生瘍**　○葉抄本「瘍」作「瘍」，非也。

022 **乃瞑**非其有所知也　○葉抄本「有」作「存」，非也。

023 **則借**一音倩亦反　○北宋本『倩』作「情」，不誤。葉抄本「亦」作「下」，非也。案，集韻廿一昔「借」讀秦亦切，引春秋傳「計功則借人也」，云「陸德明讀」。

024 **而懲**直升反　○葉抄本「升」誤「卦」。

025 **鼜聲**　○葉抄本、盧文弨本「鼜」作「鼜」，是也，後同。

經二十年

026 **公子燮**悉協反　○葉抄本「協」作「移」，非也。

傳二十年

027 **呼於**火故反　○葉抄本「火」誤「大」。

經廿一年

028 **以漆**本或作淶徐音七　○盧文弨本「淶」作「涞」，

攷證云「舊作『涞』，梁仲子云『韓勑禮器碑涞不水解，涞亦漆字，知作涞爲誤』」。案，引韓勑碑非也。陸氏因「桼」「來」字相混已久，正謂或從來作「涞」也。

傳廿一年

029 公姑姊　○北宋本、葉抄本「姊」作「姉」，注同。案，唐宋人從「𠂔」，是也。

030 轘轅　○北宋本、葉抄本「轘」作「環」，非也。

傳廿二年

031 雨過　○葉抄本「雨」作「兩」，非也。

032 游昄 呼板反　○北宋本、盧文弨本「昄」作「眅」，攷證云「石經同，説文引此傳亦從目」，是也。北宋本「呼」作「普」，與玉篇合。

襄四

經廿三年

033 立少 詩照反　○北宋本、葉抄本「照」作「召」。

傳廿三年

034 既乘 下驂乘超乘并注同　○葉抄本「驂」誤「騎」。

035 廷 本亦作庭　○葉抄本「庭」作「廷」，非也。

036 少水 少水地名　○葉抄本「地」作「也」，非也。

037 大蔡 一云龜出蔡地因以爲名　○葉抄本「出」作「州」，非也。

038 且于　○葉抄本「于」誤「干」。

傳廿四年

039 婁 本亦作樓　○北宋本、葉抄本「樓」作「摟」，是也。

040 皆踞 俱慮反　○北宋本「俱」作「居」。案，「俱」亦同位同等字。

傳廿五年

041 閒伐 注閒晉之難同　○盧文弨云：「『閒晉之難』即在本注，注疏本删之，但作『注同』，是也。但下文有『獲閒閒公』及注『閒隙』亦皆同音，疑本是注及下文并『注同』寫者脱誤耳。」

042 **掫** 側留反說文云掫夜戒有所擊也　○北宋本「留」作「柳」，是也。案，「側」當作「則」。盧文弨本「戒」下有「守」字，云「依本書增，但昭廿年正義所引亦無『守』字，疑所見本不同」。案，廣韻十九侯、集韻四十四有引並有「守」字。

043 **埋之**　○葉抄本「埋」誤「堙」。

044 **木刊** 苦干反　○盧文弨云「注疏本作『古干反』，譌」。案，文弨是也。

045 **辨別**　○北宋本、葉抄本「辨」作「辯」。

046 **鹵** 說文云鹵西方鹹也　○盧文弨本「也」作「地」，云「舊『地』作『也』，誤，今據本書改正」，是也。

047 **豬** 停水曰豬　○北宋本、葉抄本「豬」並作「猪」，俗字。

048 **衍沃** 有溉曰沃　○葉抄本「溉」誤「流」。

049 **而輕**　○葉抄本「輕」誤「輊」。

襄五

傳廿六年

050 **騫裳** 本或作褰音雖同非也　○盧文弨本依注疏本「非」上增「義」字，攷證同。

051 **頷之** 本又作頷五感反　○葉抄本「頷」作「頷」。段玉裁挍本「作頷」作「作顉」，盧文弨本同。攷證云：「舊『顉』作『頷』，譌，今以說文、玉篇定作『顉』字。五感，注疏本作『户感』。」案，定作「顉」則當作「五感反」。此上二節盧文弨考證誤入襄四之末。

052 **復愬** 悉路反　○盧文弨云：「案，上文『孫氏愬于晉』，下文始言『復愬于晉』，今爲『愬』字作音，不當并連『復』字。下當有『復愬扶又反』，疑傳寫者失之。」

053 **鄭七穆** 子石公孫叚豐氏也　○北宋本「叚」作「段」，是也。

054 穿封戌　○北宋本、葉抄本「戌」誤「戍」。

055 穆公十一子子罕公子喜也子駟公子騑也　○杜氏世族譜同。葉抄本「喜」作「熹」，「騑」誤「騤」。

056 欿用古感反　○北宋本、葉抄本「古」作「口」，是也。案，「古」乃「苦」字之誤，古音口讀如苦。

057 之鄐徐又起六反　○北宋本「起」作「超」，是也。

058 不復下復仕同　○葉抄本「仕」作「注」，非也。

059 于汜　○葉抄本作「子汜」。案，「子」字誤。

傳廿七年

060 衹成　○北宋本「衹」作「祇」，是也。案，石經亦作「祇」。

061 之蠹　○北宋本作「之蠓」，葉抄本作「之蠓」。案，說文作「蠹」。

062 我焉焉能害我同　○葉抄本「我同」作「戎同」。案，石經及諸本作「安能害我」。

063 既覯　○北宋本、葉抄本作「既遘」；今本作「覯」者，依詩改之耳。

064 盧蒲嫳徐敷結反　○葉抄本「敷」作「敖」，亦非；當依集韻十六屑作「蒲結切」。

065 堞其音牒　○葉抄本「牒」作「楪」。

傳廿八年

066 日其　○盧文弨云：「石經作『日』，不開口，亦仍是『日』字。」案，文弨是也。石經「日」字皆作「日」，不缺左角，以別于「曰」。顧炎武金石文字記云：「呂望碑『其辭曰作其辭粵』，古『曰』字與『日』同一書法，故變其文爲『粵』，欲讀者之易曉也。」又書内侍李輔光墓誌云：「唐人『日』、『曰』二字同一書法，惟『曰』字左角稍缺。石經『日』字皆作『日』，此碑及元奘塔銘亦然。近以長者爲『日』，方者爲『曰』，失之遠矣。」

067 見封　○葉抄本「封」誤「於」。

068 **無宇從** ○葉抄本「無」作「无」，非也。

069 **税服**吐活反一音如字 ○北宋本、葉抄本「税」作「説」。

070 **必瘁**本或作萃 ○北宋本、葉抄本「萃」下有「同」字，是也。

071 **駕** ○北宋本「駕」作「駕」，宋本正義同。

襄六

經廿九年

072 **仲孫羯**居謁反 ○葉抄本「謁」作「褐」，非也。

傳廿九年

073 **啓跪** ○葉抄本「跪」作「跌」，非也。

074 **安樂**下注和樂聲 ○案，「注」字衍文。

075 **盡被** ○葉抄本「被」作「披」，非也。

076 **以思**下注憂思同 ○北宋本、葉抄本無「注」字，是也。

077 **驅除**一讀上邱其反 ○北宋本、葉抄本、盧文弨本「其」作「具」，是也。

經三十年

078 **佞夫** ○葉抄本「佞」誤「傷」。

079 **于澶**字林文仙反澶水在宋 ○北宋本、葉抄本「澶水」作「云水」。

傳三十年

080 **譆譆**許其反 ○北宋本、葉抄本「反」下有「熱也」二字。

081 **芋尹** ○葉抄本「芋」作「芊」，非也。

082 **北宮佗** ○北宋本、葉抄本「佗」作「他」。

傳卅一年

083 **渻竈**一音息并反 ○北宋本、葉抄本「并」作「井」，是也。

084 **閦** 讀者因攷左傳皆作各音　○北宋本、葉抄本、盧文弨本「攷」作「改」。

085 **葺牆** 一音七入字　○北宋本、葉抄本「七」作「子」。

086 **寡君使丐** 或作丏字不應與范宣子同名作丏是也　楚令尹陽丏字子瑕　○北宋本、葉抄本、盧文弨本「丏字」、「丏是」作「正字」、「正是」，誤也。北宋本「陽丏」作「陽丐」。案，石經作「匄」，陸氏亦云「作『匄』者是也」。蓋「丐」者俗「匄」字，「丏」別爲一字，音彌兖切。

087 **巾車** 周禮劉音居覲反　○北宋本、葉抄本「覲」作「𪰩」誤。

088 **屈狐庸** 居勿反　○葉抄本「居」作「君」。案，「居」亦同位同等字。

089 **選數** 下同　○葉抄本「同」上有「文」字。

090 **昭元** 昭公名裯凡三十三年　○葉抄本「裯」作「稠」，「三年」作「二年」。北宋本亦作「二年」，是也。案，當作「裯」，説詳注疏校勘記。

傳元年

091 **耕鉏** 住居反　○北宋本、葉抄本、盧文弨本「住」作「仕」，是也。

092 **小旻** 亡巾反　○葉抄本「亡巾」二字闕。

093 **持之** 本或作特誤　○盧文弨本「特」作「恃」，云「舊『恃』作『特』，譌。今依十九年音改正」，是也。

094 **埸** 音亦　○葉抄本「埸」作「場」，非也。

095 **兄弟比** 下注德比同　○葉抄本「德」誤「得」。

096 **亦遠績功** 本或作亦遠績禹功　○北宋本「績禹」作「續禹」，與周禮大司徒疏引合。

097 **欲贏**　○葉抄本「贏」誤「羸」。

098 **翫歲** 又作玩貪也　○北宋本、葉抄本、盧文弨本

「玩」作「忨」。案，作「忨」是也，說詳注疏挍勘記。

099 方震又音申懷妊也 ○葉抄本「妊」作「任」。按，作「任」假借字。漢書元后傳「初李親任政君在身」，注云「任，懷任」。又敘傳上「初劉媪，任高祖」，注云「任謂懷任也」。

100 底 ○葉抄本「底」作「底」，石經同。按，丁禮反則當作「底」。

101 不祐音反 ○盧文弨云「注疏本音右，非」。

102 皿蟲 ○葉抄本「蟲」誤「蟲」。

103 鰥寡古頑反 ○北宋本、葉抄本「頑」作「顏」。

104 薳啓彊又居良反 ○葉抄本「良」作「長」。

105 四臣閎夭 ○北宋本作「宏夭」，非也。

傳二年

106 四輔謂先後奔奏疏附禦侮 ○葉抄本「奏」作「走」。按，詩作「奏」，釋文：「奏，如字，本又作『走』，音同。」

傳三年

107 召南 ○北宋本、葉抄本「召」作「邵」，俗字也。

108 在衰七雷反 ○葉抄本「七雷」二字闕。

109 道殣毛詩作殣傳云殣路冢也 ○葉抄本、盧文弨本「殣」作「墐」，非。按，依說文當作「殣」，「道中死人人所覆也」；今詩作「墐」，假借字。「冢」字葉抄本作「塚」，俗字。

110 讒鼎士咸反鼎名也 ○北宋本「士」作「仕」，葉抄本「名」誤「言」。

111 怠解佳賣反 ○北宋本、盧文弨本「佳」作「佳」，是也。

112 湍已 ○葉抄本「已」誤「己」。

113 之汰 ○案，「汰」當作「汏」，石經作「汏」，是也。

114 猶荷 ○葉抄本「猶」誤「酋」。

f04—115

經四千八百三十二字注一萬一千二百六十 北宋本、葉抄本六字下有「十六」二字。字。

校記

❶「戌誤戍」之「戌」，底本誤作「戍」，今改正。

春秋左傳釋文校勘記卷五

昭二

傳四年

f05—001 **有難**下及注同　○葉抄本「及」作「文」，是也。

002 **恒**在冀州案作恒者是也北岳本名恒山　○北宋本「北」誤「此」。

003 **三塗**山名服云大行轘轅崤澠也　○葉抄本脱「大行」二字。崤澠，北宋本、葉抄本、盧文弨本作「崤黽」。按，正義引服注作「澠」，則爲譌字。「澠」音繩。

004 **泝鄉**又音示或一音肆則當水旁作示恐非　○北宋本、葉抄本「示」並作「尔」，「肆」作「隸」。盧文弨本亦作「隸」，惟下「示」字作「尔」。按，此本作「又音示」不誤，與十二年音義合；下「示」恐當作「沴」，故陸氏云恐非。

005 **以禳**　○北宋本、葉抄本「禳」誤「攘」。

006 **輿人**　○葉抄本「輿」作「與」，非也。

007 **夭札**夭死曰札字林作壯列反云夭死也　○北宋本、葉抄本、盧文弨本「作」下有「殀」字，與十九年傳音義合。葉抄本「夭」作「大」，是也。凡大死曰殀，謂死者甚多也。

008 **鄷官**　○北宋本、葉抄本「官」作「宮」，是也。

009 **汰也**　○北宋本、葉抄本「汰」作「汏」，是也。

010 **播於**徐云字或作幡敷袁反　○葉抄本「幡」作「播」，非也。

011 **輿櫬**初覲反　○盧文弨云：「注疏本作『所覲反』。按，作『所』非也。」

012 **於夏**户雅反　○盧文弨本「反」下增「注同」二字。

013 **啓彊** ○北宋本、葉抄本同。盧文弨攷證云：「舊作『疆』，今從宋本改。」案，徐本自作「啓彊」，盧云舊作「疆」，非也。

014 **而猳** 豬也 ○葉抄本「豬」作「猪」。盧文弨云：「『猳』當依注疏本作『豭』。」按，「豭」、「豬」皆正字，「猳」、「猪」並俗字。

015 **曰唯** 唯應辭猶呩也 ○北宋本、葉抄本「呩」作「𠯈」。盧文弨云：「字書作『𠯈』，音惹，字從尒，或當讀如古詩『諾諾復爾爾』之『爾』。」按，依集韻當作「呩」。

傳五年

016 **日昳** 由結反 ○北宋本、葉抄本「昳」作「跌」，「由」作「田」字。按，皆是也。古書「日昳」字皆作「跌」，田結反，後人始造「昳」字以改古書。

017 **于汜** ○盧文弨本作「于氾」，云「舊『氾』譌『汜』，今改正」。按，文弨是也。

018 **爲閽** 音昏 ○葉抄本「音昏」作「音昬」，後同。

019 **於鄢** 於晚反 ○北宋本、葉抄本「於晚」作「謁晚」。案，於晚反即廣韻之於幰切、集韻之隱幰切。

020 **羊舌四族** 見注不録 ○盧文弨云：「案，陸氏於已見注者往往重述，不避重複。此『見注不録』四字自是後人删省如此。」

021 **坻箕** ○葉抄本「坻」作「坁」，與石經同，北宋本作「岻」。

022 **婁** 如淳音樓 ○北宋本、葉抄本「僂」作「慺」。按，「雩婁」始見襄二十六年傳，釋文作「如淳音樓」。

傳六年

023 **錐刀** 音追 ○北宋本、葉抄本「追」作「隹」。

024 **柳** 良久反 ○盧文弨云：「注疏本『久』作『九』，同。」

025 **士鞅** 令相范鞅 ○北宋本、葉抄本、盧文弨本「令」

作「今」，是也。

傳七年

026 公孫晳 ○北宋本「晳」作「哲」。案，石經作「晳」。

027 先夸 ○北宋本、葉抄本「先」誤「光」。

028 大屈居勿反 ○葉抄本「居」作「君」。

029 庇其又音秘 ○案，秘，俗「祕」字。北宋本、盧文弨本作「祕」，是也。

030 孟僖子病不能相禮相音息亮反 ○葉抄本無「音」字。

031 而傴紆羽反 ○葉抄本「傴」誤「區」，「羽」作「甫」，北宋本、盧文弨本亦作「甫」。

032 必屬音燭 ○盧文弨本「燭」下據注疏本補「説音悦」三字。

昭三

傳八年

033 祁一音巨支反 ○北宋本「巨支」作「臣之」。

034 廢疾 ○北宋本、葉抄本「廢」作「癈」，是也。

035 封戌 ○葉抄本「戌」誤「戍」。

經九年

036 郎囿音又苑也於郎地築苑也 ○葉抄本、盧文弨本「苑」並作「菀」。

傳九年

037 屏必并反 ○葉抄本「并」作「井」，是也。

038 賓滑呼八反 ○葉抄本「呼」作「乎」，是也。

經十年

039 宋公成何休音恤 ○盧文弨云：「案，公羊作『戌』，故音恤，非讀成爲恤也。」

傳十年

040 **蘊利** ○北宋本、葉抄本「蘊」作「薀」，下同。案，蘊，俗「薀」字。

041 **見新**下文因見同 ○葉抄本「因」作「可」，非也。

經十一年

042 **北宮他**徒河反 ○北宋本「河」作「何」。

043 **厥愸**一音五轄反 ○北宋本、葉抄本、盧文弨本「五」作「牛」，是也。

傳十一年

044 **非胙**本又作祚 ○北宋本「祚」作「胙」，是也。

045 **之簉**本又作造 ○北宋本、葉抄本、盧文弨本「造」作「⿱艹造」。案，説文無「簉」字；周伯琦六書正譌云：「⿱艹造，艸相次也，借爲『簉倅』字。别作『簉』，非也。」

046 **公子愸** ○葉抄本「愸」作「憖」，非也。

經十二年

傳十二年

047 **而塴** ○北宋本、葉抄本「塴」作「堋」。案，作「堋」是也。説文無「塴」字；「堋」字注云「喪葬下土也，從土，朋聲。春秋傳曰『朝而堋』」。

048 **沾縣**韋昭音拈字林他兼反 ○北宋本「拈」作「玷」，葉抄本作「坫」。案，「玷」、「坫」並讀都念反，集韻五十六㮇可證也。盧文弨云：「注疏本『兼』作『廉』，譌。」

049 **無頗**偏也 ○葉抄本「偏」作「徧」，非也。

050 **攸乎**如字徐以帚反 ○盧文弨云：「舊『帚』譌『帝』，今從注疏本改。」案，文弨非也，徐本自作「帚」。

051 **汎卜** ○葉抄本「汎」誤「況」。

052 **遇坤**苦門反。○北宋本、葉抄本「苦」作「困」。案，「苦」亦同位同等字。

053 **之杞** ○北宋本「杞」誤「把」。

054 **通稱**又證反 ○北宋本、盧文弨本「又」作「尺」，是也。

055 守于　○葉抄本「于」誤「干」。

056 吕級本又作汲　○北宋本「作汲」作「音伋」。盧文弨云：「詩齊風譜正義亦作『吕汲』，注疏本改『伋』。」案，北宋本「音」字誤。

057 愔愔一心反　○葉抄本「心」誤「文」。

058 數日色主反　○盧文弨云：「注疏本作『所主反』，當從之。」案，「所」亦同位同等字。

昭四

傳十三年

059 犨櫟　○葉抄本「櫟」作「⿰犭樂」，非也。

060 王柩其久反　○葉抄本「久」作「又」。

061 人齊側皆反　○葉抄本「側」作「便」，非也。

062 皆厭徐又於艷反　○北宋本、葉抄本「艷」作「輒」。

063 鄍故亡杏反　○北宋本、葉抄本「亡」作「工」，是也。

傳十四年

064 司徒老祁字林上夷反　○北宋本、葉抄本、盧文弨本「夷」作「尸」。

065 長孤幼丁丈反　○葉抄本「丁丈」作「于又」，誤。

066 收介特又古賀反　○盧文弨云：「介，本亦作『个』，故有古賀一音。」

067 公子鐸符洛反　○北宋本、盧文弨本「符」作「待」，是也。

068 鄐又超六反　○盧文弨本「超」作「起」，非是；北宋本、葉抄本並作「超」，是也。

069 之稱人證反　○北宋本、葉抄本、盧文弨本「人」作「尺」，是也。

070 乃施口氏反　○北宋本、葉抄本、盧文弨本「口」作

「戸」，是也。

傳十五年

071 去樂起呂反注及下同　○盧文弨本此九字改在「故爲」上，是也。

072 好惡下並注皆同　○北宋本、葉抄本「並」作「并」，是也。

073 請降戶江反　○葉抄本「江」作「汪」，非是。

傳十六年

074 下邳普悲反　○北宋本、葉抄本「普」作「被」。

075 類注同徐又力猥反　○北宋本、葉抄本「徐」在「注」字之上，非也。

076 子齹說文作𪘏云齒差跌也　○按，今說文作「齒差跌皃」。

傳十七年

077 欒且　○葉抄本「且」誤「旦」。

078 己姓音紀又音杞　○盧文弨云：「案，音杞則『己』本一作『巳』，下『師己』放此。」

079 少皞　○北宋本、葉抄本「皞」作「暤」，下同。案，「暤」从日，不从白，作「暤」是也。

080 鷦鳩音焦本又作焦本或作鵻子遥反　○北宋本、葉抄本「鷦」作「鵻」，「焦」並作「隹」，「作鵻」作「作鷦」，是也。盧文弨本同。說詳注疏校勘記。

081 嘖嘖又音蹟　○北宋本、葉抄本「蹟」作「賾」。

082 相搏音博本又作薄音同　○葉抄本「本又」作「一反」，非也。

083 魴也音房　○北宋本、葉抄本此四字在「乘舟」上。

昭五

傳十八年

084 將有大祥本或作火祥非也　○葉抄本「火」作「大」。梁履繩云：「『火祥』如上年傳所云『水祥』也，不可謂非也。」按，左傳又云「赤黑之祲，非祭祥也，喪氛也」，句例皆同，梁説是也。

085 **身泯**而忍反　○北宋本、盧文弨本「而」作「面」，攷證云「舊『面』作『而』，譌」，是也。

086 **使輿**　○北宋本、葉抄本「輿」作「與」。按，當作「與」，故陸氏云「音餘」。

087 **其柩**巨久反　○北宋本「久」作「又」。

088 **四鄘**音庸　○北宋本「庸」作「容」。

089 **袯襫**芳弗反　○盧文弨本「弗」作「佛」，云「舊『佛』作『弗』，今依注疏本改」，非也。

090 **登陴**婢支反　○葉抄本「婢」誤「如」。

091 **撊然**　○葉抄本「撊」作「橌」，从木，非也。

092 **勁忿**古政反　○北宋本、葉抄本「古」作「吉」。

傳十九年

093 **以持**本或作恃怙之恃非也　○北宋本「之恃」誤「之字」。

094 **伍員**　○北宋本「伍」作「五」，是也。

095 **向戌**　○葉抄本「戌」誤「戍」。

096 **舍蘖**注及下注舍子同　○葉抄本「子」誤「孟」。

097 **札**夭死也字林作殀　○北宋本、葉抄本、盧文弨本「夭」作「大」；殀，北宋本、盧本作「殀」，皆是也。

098 **瘥**千河反　○北宋本、盧文弨本「千」作「才」，是也。

099 **沈尹戌**　○葉抄本「戌」誤「戍」。

傳二十年

100 **辰及地皆元公弟**是景公之母弟地是辰兄　○葉抄本「地」作「也」，非也。

101 **無慼**　○葉抄本「慼」作「戚」。案，「戚」、「慼」正俗字。

102 從欲下淫從同　○葉抄本「淫從」誤「淫欲」。

103 撞鍾　○葉抄本「鍾」作「鐘」。

104 至自佃　○盧文弨攷證「至」上增「齊侯」字，非也。

105 遄臺七專反　○北宋本、葉抄本、盧文弨本「七」作「市」，是也。

106 燀之然也　○北宋本、葉抄本「然」作「燃」。案，「然」、「燃」正俗字。

107 以泄減也　○葉抄本「減」作「減」。按，「減」、「減」正俗字。

108 哀樂下及注皆同　○葉抄本「及」作「同」，非也。

109 苻　○葉抄本「苻」作「符」。

傳廿一年

110 泠州鳩或作冷字非　○北宋本、葉抄本「非」下有「也」字，是也。

111 亟言欺冀反　○北宋本、葉抄本「欺」作「敗」，非也。

112 鄭翩音篇　○葉抄本「篇」作「萹」，非也。

113 濮音卜　○葉抄本「卜」下衍「反」字。

114 楊徽説文作微云識也　○北宋本、葉抄本、盧文弨本「微」作「徽」，是也。今説文作「徽，幟也」，「幟」乃俗字，古本作「識」，是也。

傳廿二年

115 傅矢　○北宋本、葉抄本「矢」誤「夭」。

116 省臧悉并反　○葉抄本、盧文弨本「并」作「井」。

117 王子朝此音朝　○北宋本、葉抄本、盧文弨本作「音潮」，是也。

118 略行丁孟反　○葉抄本、盧文弨本「丁」作「下」，是也。

119 奔平時 一本作于平時 ○葉抄本「于」誤「干」。

昭六

傳廿三年

120 期焉 從旦至莫爲朞 ○北宋本、葉抄本「莫」作「旦」，是也。

121 敦陳 直覲反下未陳并注同 ○葉抄本缺「直覲反下未陳」六字。

122 在郹 古閴反 ○北宋本、葉抄本、盧文弨本「閴」作「闃」，是也。

123 吴大子諸樊 先儒又以爲遏弟何容僚子乃取遏號爲名恐傳寫誤耳 ○葉抄本闕「大」字、「儒」字、「名恐」字，「號」作「号」。

傳十四年

124 蔾 本又作鼈 ○北宋本、葉抄本「鼈」作「婺」。

125 蠢蠢 動擾貌 ○北宋本、葉抄本無「擾」字。

經廿五年

126 鸜 本又作鴝 ○葉抄本「鴝」作「鳩」，非也。

傳廿五年

127 將爲 于僞反 ○北宋本「于」作「士」，非也。

128 逞其志 ○盧文弨本在「焉得」上，云「案，上文有『無民而能逞其志』，當先音，今乙轉，亦當有『下同』二字」。

129 六畜 又褚六反 ○葉抄本「褚」作「楮」，同。

130 昬媾 ○北宋本、葉抄本「昬」作「昏」，下同。案，說文「昬」字云「日冥也，从日，氐省。氐者，下也。一曰民聲」。段玉裁曰：「氐省者，省『氐』爲『氏』也，然則此字本作『昏』無疑。『一曰民聲』四字乃後人所妄增，許君果用民聲之字，則當大書篆文『昬』，而後解之曰昬或从民，今說文不然，則非其例也。」

131 徵褰 字林巳偃反 ○北宋本、葉抄本、盧文弨本「巳」作「已」是也。又按，方言注引「徵褰與襦」，音騫。

132 稠父　○段校本作「裯父」，云「從禾則與襄卅一年不合，今改正」。

133 謀去　○葉抄本「去」字闕。

134 日冥　○北宋本、葉抄本「日」作「曰」。

135 以藉　○北宋本、葉抄本「藉」作「籍」。案，當作「藉」。

傳廿六年

136 朐又作軥同車軛　○葉抄本「軛」誤「軏」。

137 白皙　○北宋本、葉抄本「皙」作「晳」。

138 鑿又音罄　○北宋本、葉抄本「罄」作「磬」。

139 闢塞　○北宋本、葉抄本「闢」作「闕」，是也。案，石經亦作「闕」，説詳注疏校勘記。

140 非適丁歷反　○北宋本、葉抄本「反」下有「下文同」三字。

141 于堯直制反　○北宋本、葉抄本「制」作「例」。

142 避難乃旦反　○北宋本、葉抄本「反」下有「注同」二字。

143 剝亂布角反　○盧文弨攷證「布」作「市」，又云「注疏本作『邦角反』」。案，「市」字不同位，攷證非也。

144 攸厎　○盧文弨云「當作『底』」。案，字音旨，作「厎」不誤，文弨非也。

145 毋速　○葉抄本「速」誤「逑」。

146 少惰本亦作憜同　○葉抄本「憜」作「惰」。案，「亦作憜」是也。説文「憜」字注云「憜，不敬也，或省自作『惰』」。

147 臣共音恭下同　○葉抄本「恭」誤「未」。

f05—148 經六千五百五字注一萬一千六百五十五字　此十八字從北宋本、葉抄本補。

春秋左傳釋文校勘記卷六

昭七

經廿七年

f06—001 祁犂力兮反　○盧文弨云：「此爲『犂』字作音，廿九年傳可證。注疏本删去『犂』字大謬。」

002 沈尹戌　○葉抄本「戌」誤「戍」。

003 沙汭如鋭反　○葉抄本「鋭」作「説」。

004 炙者夜反　○北宋本、葉抄本、盧文弨本「者」作「章」。案，「者」亦同位同等字。

005 好甲呼報反　○葉抄本「呼」作「乎」，非也。

006 爇　○葉抄本、盧文弨本「爇」作「爇」，是也。

007 炮之陟交反　○北宋本「陟」作「步」，是也。

008 疆埸　○葉抄本「埸」作「場」，是也。

009 重見賢遍反　○葉抄本「反」作「切」，非也。

傳廿八年

010 鄔臧音於建友闞駰音厭飫之飫　○北宋本、葉抄本、盧文弨本「友」作「反」，不誤。○葉抄本「闞」作「間」，非也。

011 貪惏力躭反　○北宋本、盧文弨本「躭」作「耽」，是也；葉抄本作「眈」。

012 無饜於鹽反　○葉抄本「鹽」作「塩」，俗字。

013 妲巳丁達反下音几　○北宋本「几」作「紀」。

014 褒姒音姒　○北宋本、葉抄木、盧文弨本「音姒」作「音似」，是也。

015 孋姬莊子云艾封人之子　○葉抄本「艾」作「支」。

傳廿九年

016 君祇　○北宋本「祇」作「袛」，是也。

017 鬱堙　○北宋本、葉抄本「堙」作「湮」，與石經合。

傳三十年

018 明厎　○盧文弨云「當作『厎』」，非也。

經卅一年

019 重丘　○葉抄本「重」誤「童」。

傳卅一年

020 攻難乃旦反　○葉抄本「旦」作「但」。

021 羸本又作祼　○北宋本、葉抄本「祼」作「羸」。按，當作「羸」，从衣，𣎆聲也。

定公上

傳元年

022 駕鵞　○北宋本、葉抄本「駕」作「鴐」。案，説文無「鴐」字。「駕」古音歌，「駕鵞」即説文之「駉䮁」也，子虚上林賦皆作「駕鵞」。

傳二年

023 以敲説文作敲又口卓反訓此敲云橫撾也　○北宋本、葉抄本「橫撾」作「橫擿」。作敲，北宋本作「作毃」，盧文弨本並同。葉抄本「口卓」誤「口單」。案，説文攴部「敲」字訓「橫擿也，从攴，高聲」，口交切，故陸云「訓此敲爲橫擿也」；殳部「毃」字訓「擊頭也，从殳，高聲」，口卓切。

傳三年

024 鉼水本又作瓶　○北宋本、葉抄本「瓶」作「瓴」，俗字之無理者。

025 先葬息薦反　○北宋本、葉抄本「息」作「悉」。案，「息」亦同位同等字。

經四年

026 并數所主反　○葉抄本缺「主」字。

傳四年

027 令賤 下欲令蔡同 ○葉抄本「欲」誤「次」。

028 嘖有 仕責反 ○葉抄本「仕」作「社」，非也。

029 祝佗 ○葉抄本「祝」作「柷」，非，下同。

030 夏后 下音同 ○北宋本、葉抄本、盧文弨云「『下音』作『下皆』」，是也。

031 倍敦 本亦作陪 ○葉抄本「陪」誤「賠」。

032 之昭 説文作紹 ○段玉裁云「『紹』當作『侶』」。

033 舍舟 又音捨弃也 ○葉抄本「弃」誤「舟」。

034 難而 乃旦反 ○葉抄本「乃」誤「所」。

035 季芈 面彌反 ○北宋本、葉抄本、盧文弨本「彌」作「爾」，是也。

036 鑢金 本又作鑪 ○葉抄本「鑪」誤「鏞」字。按，古今人表作「鑢」。

037 草茅 亡交反 ○葉抄本「亡」作「日」，非。亡讀如芒，即集韻之謨交切也。或謂本作「白」而寫者誤爲「日」。案，「白」、「茅」非同位字。

傳五年

038 堂谿 芳兮反下同 ○攷證作「苦兮反」，云「舊『苦』作『芳』，譌」，是也。

039 成臼 其九反 ○葉抄本「其」作「具」，是也。

040 謀殺 申志反 ○北宋本、葉抄本「申」作「式」。案，「申」亦同位同等字。

傳六年

041 小惟子 本又作帷 ○北宋本、葉抄本大字作「帷子」，「作帷」作「作惟」，是也。説詳注疏校勘記。

定下

經八年

042 曲濮 ○北宋本、葉抄本「濮」作「漢」。案，石經作「濮」。

傳八年

043 乃呼火故反　○葉抄本「火」作「大」，非也。

044 伐盂音于　○北宋本、葉抄本「盂」作「盂」，「干」作「于」；盧文弨本亦作「于」，不誤。案，僖廿四年「邗國亦曰盂國」，即此盂也。

045 鄟澤本亦作隩音同　○北宋本「作隩」作「作鄟」，葉抄本誤「鄟」。

046 挨衛子對反　○葉抄本「對」誤「計」。

047 及捥烏喚反　○北宋本、葉抄本、盧文弨本「烏」作「烏」，是也。

048 夾之五洽反　○北宋本、盧文弨本「五」作「古」，是也。

傳九年

049 舍鍾　○北宋本、葉抄本「鍾」作「鐘」。

050 而祇　○葉抄本「祇」作「祇」，亦非，當作「衹」，音支。

051 鍥　○段玉裁云：「依爾雅音義引作『契』爲是。按，郭景純注釋詁云『今江東刻斷物爲契斷』，邢疏引傳文及杜注亦並作『契』，是也。然五經文字云『鍥，苦結反，見左傳』，據此則承訛已久矣。」

052 必娶七住反　○北宋本、葉抄本「住」作「注」。

053 致祥諸志反　○北宋本、葉抄本、盧文弨本「志」作「若」，是也。

傳十年

054 秕音鄙又作粃　○葉抄本「鄙」誤「鄙」。北宋本「粃」作「秕」，葉抄本同。按，作「粃」不誤，説詳注疏挍勘記。

055 如植音直　○北宋本、葉抄本作「一音值」，盧文弨本亦有「一」字。

056 若貌音邈又口小反　○北宋本、葉抄本「邈」作「貌」，「口」作「亡」，是也。

057 在揚水之卒章本或作揚之水卒章　○北宋本、葉抄本「揚水」作「楊水」，是也。案，詩揚之水釋文云「或作『楊』」，毛傳云「楊，激揚也」。

傳十三年

058 封疆居良反　○葉抄本「居」作「君」。

059 荀躒力狄反　○北宋本、葉抄本此五字在「三」字之上，非也。

經十四年

060 檇　○北宋本「檇」作「槜」，與石經合。案，五經文字亦作「槜」。

061 聵　○葉抄本「聵」誤「瞶」。

傳十四年

062 自剄　○北宋本、葉抄本「剄」作「頸」，俟攷。案，石經作「剄」。

063 闔廬户獵反　○葉抄本「獵」誤「擸」。

064 婁豬字林作貗　○北宋本「貗」作「䝁」。案，作「貗」是也。集韻、類篇引字林並作「貗」字，是从毌、豭而婁聲也。

065 艾字林作𧳜　○北宋本、葉抄本、盧文弨本「𧳜」作「豛」。案，集韻、類篇引字林亦作「豛」。

066 籍父音甫　○葉抄本缺「音甫」二字。

哀上

傳元年

067 廣丈　○葉抄本「丈」作「大」，非也。

068 高陪　○北宋本、葉抄本「陪」作「倍」。

069 出降户江反　○葉抄本「江」作「工」。

070 夫椒又作梀子消反　○葉抄本「梀」作「松」，「消」

作「工」，非也。

071 寒促 ○北宋本「促」作「浞」。

072 昬亡亡亮反 ○北宋本、葉抄本無此五字。

073 少康詩照反 ○北宋本、葉抄本「照」作「召」。

074 之績 ○北宋本、葉抄本「績」誤「續」。

075 務施下同 ○葉抄本缺「下同」二字。

076 妃嬙本又作廧或作嬙 ○北宋本、葉抄本「廧」作「廧」，「嬙」作「嫱」。案，錢大昕云：「說文無『嬙』字，當依石經作『牆漢』。隸爿旁字，或變從广。『廧』『牆』實一字也。」

經二年

077 于鐵尺結反 ○北宋本、葉抄本、盧文弨本「尺」作「天」。案，作「天」是也。

傳二年

078 志父杜云志父趙簡子之改名也 ○北宋本、葉抄本「改」作「一」，不誤。

079 王棺四重水兕革棺被之杝棺一被水牛及兕之革爲一重 ○葉抄本「被之」誤「破之」，「水」誤「木」，「杝」作「柂」。

080 樸馬普卜反 ○北宋本、葉抄本「卜」作「角」，是也。

081 斃于本亦作弊 ○北宋本、葉抄本「弊」作「獘」，同；依說文當作「獘」，下從犬。

082 姚般子姚子般 ○葉抄本「姚」作「般」，「般」作「殺」，並非。

傳三年

083 吐也他露反 ○葉抄本「露」作「悛」，非也。

084 乘馬下皆同 ○葉抄本「皆」作「音」，非也。

085 鬱攸音由鬱攸火氣也 ○葉抄本「由」誤「史」，「火」作「水」。

086 之稾　○葉抄本「稾」作「稾」。按，杜云「稾積」，則字當从禾也。

經四年

087 蔡侯申未詳何者誤　○北宋本、葉抄本、盧文弨本「誤」下有「也」字。

088 亳社步洛反　○葉抄本「洛」作「各」。

傳四年

089 販　○北宋本「販」誤「販」，葉抄本作「販」，亦非也。按，「販」見說文，左傳有「游販」。

090 入郢又以政反　○葉抄本「政」誤「豉」。

經六年

091 于柤莊加反　○葉抄本「莊」誤「荘」。

傳六年

092 需一音懦懦弱持疑也　○北宋本、葉抄本「懦」作「濡」，是也；「濡」字不重，非。

093 睢　○北宋本、葉抄本、盧文弨本「睢」作「睢」，从且，是也。

094 夏書書無帥彼天常一句　○北宋本、葉抄本「天」作「五」字。按，此可證陸氏左傳作「帥彼五常」，今本作「天常」不同。

095 殳音殊　○葉抄本「殊」誤「列」。

傳七年

096 不樂一音洛　○葉抄本「洛」作「各」，非也。

097 鄒縣側留反　○葉抄本「側」作「則」，非也。

經八年

098 官使　○北宋本、葉抄本「官」作「盲」，是也。

099 斃婢世反　○北宋本、葉抄本「婢」作「裨」。案，「婢」亦同位同等字。

100 水滋本亦作玆　○北宋本、葉抄本「滋」、「玆」互易，是也。又按，説文引左傳「何故使吾水兹」。

101 荐之在薦反 ○北宋本、葉抄本「薦」誤「薦」。

傳九年

102 武子賸 ○盧文弨本作「賸」，與石經合。

103 城邗音寒 ○葉抄本「邗」作「邗」，非是。

104 射陽食亦反 ○盧文弨本亦作「夜」，是也。

傳十一年

105 蒐乘所求反 ○北宋本、葉抄本「求」作「留」。

106 繇役本或作徭 ○北宋本、葉抄本「徭」作「傜」，是也。

107 能默亡北反 ○葉抄本「北」誤「比」。

108 粱糗以粱米爲之 ○北宋本、葉抄本「以粱」作「以粱」，非也。

109 問遺唯季反 ○葉抄本「唯」作「惟」。

傳十二年

110 玉暢一本作士暢 ○「士」非也，葉抄本作「壬」，北宋本音義作「王」。

111 喦 ○葉抄本「喦」作「喦」，非也。

經十三年

112 鍚 ○葉抄本「鍚」作「錫」。案，石經作「鍚」。

113 男成本或作戌 ○盧文弨本「作成」作「作戌」，北宋本作「戈」，葉抄本作「戍」字。按，當作「作戌」。

傳十三年

114 德輕 ○北宋本、葉抄本「德」、「輕」誤倒。

115 而祇 ○葉抄本作「而衹」，按，當作「衹」。

116 鼃本或作黿 ○葉抄本「或」作「又」。

哀下

經十四年

117 寘于 ○葉抄本作「真于」，非也。

118 子狂 ○北宋本、葉抄本、盧文弨本「狂」作「狅」，説詳注疏挍勘記。

傳十四年

119 要我又一遥反 ○葉抄本「一」作「於」。

120 而遺唯季反 ○葉抄本、盧文弨本「唯」作「惟」。

121 狹路 ○北宋本「狹」作「俠」，似非。

122 橋命 ○盧文弨本作「撟命」，是也。

傳十五年

123 具殯 ○北宋本、葉抄本「具」誤「且」。

124 禚媢諸若反 ○葉抄本「諸」作「詩」，非也。

125 斷纓下管反 ○北宋本、葉抄本、盧文弨本「下」作「丁」，是也。

126 褚師中吕反 ○盧文弨云：「此與成三年音同，注疏本作『申吕反』，譌。」案，文弨是也。

傳十六年

127 無聚下同 ○葉抄本「下」作「注」，非也。

128 以徇似俊反 ○葉抄本「似」作「以」，非也。

傳十七年

129 皆相并注同 ○北宋本、葉抄本「注」誤「經」。

130 己氏又音杞 ○葉抄本、盧文弨本「杞」作「祀」。

131 平公敖 ○北宋本、葉抄本「敖」作「敬」。案，作「敬」是也，説詳注疏挍勘記。

132 郠地 ○北宋本、葉抄本「地」作「也」。案，當作「也」，説詳注疏挍勘記。

傳廿三年

133 宗祧 ○葉抄本「宗」作「字」，非也。

傳廿五年

134 轞亡伐反　〇盧文弨云：「舊本『亡』作『户』，譌。」案，徐本自作「亡」，不作「户」也。

135 抵徒　〇北宋本、葉抄本「抵」作「扺」，是；「徒」作「徙」，非也。段玉裁云：「『扺』音紙，『抵』不音紙也。扺，側擊也。凡言『扺』者皆手中有物，如『扺掌而談』是以右手側擊左手之掌，『扺几』是以手側擊几，『扺璧於谷』是以璧側擊谷，此欲擊而手中無物故曰『扺徒手』。」

136 屈肘斤九反　〇北宋本「斤」作「竹」，是也。

137 譟以素報反　〇葉抄本「素」作「息」。

138 惡郭烏路反　〇北宋本、葉抄本「路」作「洛」。按，注云「訾毀其貌，故讀如孟子『雖有惡人』之『惡』」。

139 劬勞其居反　〇盧文弨本「居」作「俱」，是也。

傳廿六年

140 惑蠱　〇北宋本、葉抄本「惑」作「或」。案，「惑」正字，「或」假借字。

傳廿七年

141 涿聚中角反　〇葉抄本作「中用中角反」，上二字衍文也。

142 徑　〇葉抄本「徑」作「俓」。

143 不悛　〇葉抄本「悛」作「俊」，非也。

後序

144 申杼　〇葉抄本「申」誤「甲」。

145 經五千二百三字注一萬一千二十四字　此十六字依北宋本、葉抄本補。

附　次第及三傳注解傳述人

146 穀梁赤　〇葉抄本「赤」誤「亦」。

147 故不顯于世後有餘年　〇葉抄本「有」作「百」，

是也。

148 胡母生公孫宏亦頗受焉　○葉抄本「母」作「毋」，是也。「公孫宏」上有「丞相」二字。案，漢書儒林傳無此二字。

149 泠豐字次君菑川太守　○葉抄本「泠」作「冷」。顏師古注漢書云「音零」，則作「冷」非也。菑川，葉抄本作「甾川」。案，漢書作「淄川」。

150 又疎廣　○葉抄本「又」字空缺。

151 皓星公　○葉抄本「皓」作「浩」。案，漢書作「皓」。

152 詔劉向受穀梁　○葉抄本「受」字空缺。

153 鍼膏肓　○葉抄本「鍼」作「針」。案，「鍼」、「針」正俗字。

154 起廢疾　○葉抄本「廢」作「癈」。案，「癈」正字，「廢」假借字。

155 鄭興父子奏上　○葉抄本「上」字空缺。

156 穀梁用范甯注恐其學遂絶　○葉抄本「遂」作「隊」。

f06—157 唐固注十二卷字□下□□人　○盧文弨本作「字子正丹陽人」，是也。